에이블

1,200억 투자가의 마인드

에이블

초판 1쇄 인쇄 2022년 7월 11일 **초판 1쇄 발행** 2022년 7월 20일

지은이 김현준
펴낸이 이승현

편집2 본부장 박태근
MD독자 팀장 최연진
편집 임경은
디자인 김준영

펴낸곳 ㈜위즈덤하우스 **출판등록** 2000년 5월 23일 제13-1071호
주소 서울특별시 마포구 양화로 19 합정오피스빌딩 17층
전화 02) 2179-5600 **홈페이지** www.wisdomhouse.co.kr

ⓒ 김현준, 2022

ISBN 979-11-6812-389-2 03320

에이블

1,200억 투자가의 마인드

김현준 지음

ABLE

위즈덤하우스

훌륭한 투자가는 날 때부터 정해질까?

누군가가 나에게 왜 주식투자를 시작했느냐고 묻는다면 여러 이야기를 해줄 수 있다. 자신의 어린 시절을 어떻게 다 기억하겠는가만, 내가 이문利文에 밝았다는 점만큼은 분명하다. 왜 그런 사람 있지 않은가. 친구와 식사를 한 후에 더치페이를 하기로 했다면 그 자리에서 '1원' 단위까지 입금해야 직성이 풀리고, 생활하는 데 전혀 지장이 없는 금액이라도 들어와야 할 돈이 제때 안 들어오면 전전긍긍하는 사람. 그게 바로 나다. 좀 나쁘게 말하면 좀생이(놀랍게도 표준어다)라고 할 수도 있지만, 사실 나는 돈 쓰는 걸 아까워하지 않는다. 회사 생활을 5년이나 했는데 왜 창업 자금이 없었겠는가.

그냥 계산이 딱 떨어지지 않는 걸 지극히 싫어해서 창업보다 주식 투자를 택했을 따름이다.

누구나 그렇듯 어릴 적에는 장래 희망이 여러 번 바뀌었는데 초등학생 시절에는 과학자가 꿈이었던 적도 있고, 소방관의 헌신에 감명받아 소방관을 꿈꾼 적도 있다(지금의 팔 근력을 생각하면 절대 불가능했을 성싶다). 고등학교에 들어가서는 선택 과목을 정해야 했는데 왠지 모르게 경제를 선택하고 싶었다. 경제는 어렵다고 생각해 수능 점수를 잘 받을 수 있다는 사회문화를 선택한 친구들이 많아서 더 그랬는지도 모른다. 항상 남들과 다른 길을 가고자 하는 반골기질이 발현됐을 것이다. 그즈음부터 펀드매니저와 경제학 교수라는 구체적인 직업을 목표로 정했다. 내 눈에 그럴싸해 보여서 그런 직업을 꿈꿨던 것 같다.

펀드매니저가 어떤 일을 하는지, 어떻게 해야 그 직업을 가질 수 있는지 전혀 몰랐고 알아보려고 하지도 않았다. 약간의 유명세를 얻고 나서 자주 받는 질문 중 하나는 "펀드매니저가 되려면 어떻게 해야 하나요?"다. 내 답은 질문한 사람의 준비 자세에 따라 달라진다. 똑똑하면서도 올바른 투자관을 가지고 있어서 평생 주식투자에 몸 바칠 수 있는 사람에게는 직접적인 조언을 해준다. 본인의 투자 스타일과 잘 맞는 투자회사에 입사할 수 있도록 말이다. 그러나 역설적이게도 그런 사람들은 애초에 이런 질문을 하지 않는다. 자신이 장차 어떤 일을 하고 싶은지, 그 일을 하려면 어떻게 해야 하는지 이미 잘 알기 때문이다.

그런데 내가 그랬듯이, 펀드매니저가 어떤 일을 하는지조차 잘 모르는 채 이 분야에 뛰어드는 사람이 많다. 나야 운 좋게 첫 번째 직업이 평생의 업이 됐지만 그렇지 못한 사람들이 주변에 너무 많다. 오죽하면 신입사원의 최대 고민거리가 이직이라는 우스갯소리까지 있겠는가. 입사 방법을 묻기 전에 그 직업을 가지면 어떤 일을 하는지 구체적으로 알아보길 권한다. 출근은 몇 시에 하는지, 양복은 입어야 하는지 그리고 넥타이를 꼭 매야 하는지까지 말이다. 그것이 서류상 스펙 쌓기가 아닌 인턴십의 진정한 목적이다.

아버지보다 더 나은 사람이 되고 싶어서

사실 주식에 투자하겠다고 마음먹는 데 가장 큰 영향을 미친 사람은 아버지다. 아버지는 지금으로 말하면 자산운용사라고 할 수 있는 투자신탁회사와 투자금융회사에서 일하셨다. 사업을 하기 전 샐러리맨으로서 마지막 시절은 증권회사에서 보내셨다(1990년 '금융기관의 합병 및 전환에 관한 법률안'에 따라 투자금융업이 은행, 증권, 종합금융업으로 전환됐다). 내가 태어난 해가 1984년이고 한국에 처음으로 펀드 바람을 몰고 온 현대증권의 바이코리아 펀드가 1999년에 출시됐으니, 그야말로 1세대 펀드매니저라고 할 만하다(당시 '펀드'라는 단어가 없었으니 '펀드매니저'라는 호칭도 있었을 리 만무하지만).

우리 집은 '부자'가 아니었다. 나는 다섯 살 때부터 결혼해서 독립하기 전까지 서울 도봉구 방학동에서 살았다. '학이 노닐다 가는 곳'이라는 훌륭한 뜻을 지닌 곳이지만, 웬만한 사람들은 잘 알지 못하는 지역이다. '4호선 끝자락'이라고 설명하기보다 그냥 '의정부 근처'라고 말하는 것이 편했다. 쇼핑을 하거나 영화관에 가려면 마을버스를 타고 나와 지하철로 갈아타서 동대문까지 나가야 하니 서울이라고 하기도 민망했다. 재화의 목적에 어긋나는 소비를 '쓸데없다'라고 생각하는 부모님은 그 흔한 아반떼 한번 타신 적이 없고 경차만 고집하셨다. 자동차는 이동이 목적인 재화이니까. 명품이라는 것을 만져본 적도 없다. 그래서 나는 우리 집이 부자라고 생각해본 적이 한 번도 없다. 아버지가 증권사에 다니시는데 왜 우리 집은 부자가 아닐까? 가끔 의아하게 생각했다.

오히려 주식투자 성과가 나쁘다는 이유로 부모님이 다투는 소리를 잠결에 들은 적이 있다. 나중에야 안 사실이지만, 아버지가 다니던 D 증권의 우리사주가 외환위기 이후 무상감자*를 실시해 주식이 휴지 조각이 됐다.

아버지가 지옥 같은 시기를 겪고 있을 때 아들이란 놈은 아버지와 큰 대립각을 세우고 있었다. 한국에서 대부분의 부자 관계가 그런 것처럼(?) 머리가 커지면서 아버지와는 데면데면해져갔다. 시간이 흘러 내가 당시 아버지의 나이가 되고 나서야 알았다. 흠칫할 정도로 나는 아버지를 많이 닮았고, 내 삶의 가치관 역시 많은 부

● 자본을 감소시키는 방법 가운데 하나로, 누적 결손금이 커졌을 때 자본금 규모를 줄여서 회계상의 손실을 털어내는 데 이용된다. 자본금은 줄이되 주주에게는 아무런 보상을 하지 않기 때문에 주주는 결정된 감자 비율만큼 주식 수가 줄어든다.

분 아버지의 영향을 받았다는 사실을. 그러나 어린 마음에 '답정너(답은 정해져 있으니 너는 대답만 해)' 스타일의 아버지께 대들기도 많이 대들었다. 내가 멋지게 '복수'하는 방법은 아버지보다 더 잘난 사람이 되는 거라고 생각했다. 그래서 주식투자를 하고 싶었다. 아버지가 주식을 업으로 삼았는데 크게 성공하지 못한 것 같으니, 나는 같은 일을 해서 반드시 성공하겠다!

돈이 어디로 흘러가는지 보자

문제는 주식투자가 무엇인지, 어떻게 하는 것인지 전혀 몰랐다는 것이다. 계좌를 어떻게 만드는 것인지, 어떤 버튼부터 눌러야 하는지 기본 중의 기본도 몰랐다. 완전히 다른 나라, 아니 다른 행성의 말과 글을 접하는 듯한 느낌이랄까. 그때의 막막함이 생생하기에 "주식투자를 어떻게 하는 거예요?", "무슨 주식을 사면 되죠?", "지금 주식 사도 되나요?"와 같은 질문을 하는 사람들을 충분히 이해할 수 있다.

몇 번의 시행착오를 겪은 후 어찌어찌 HTS를 설치하고 공인인증서를 받았다. 교보문고에 가서 주식 책을 읽어볼까 생각도 했지만, 평소에도 책과 친하지 않은데(2014년 이후 회사 옆 도서관을 다니면서 책과 친해져 지금은 꽤 다독하는 편이다) '잡기雜伎' 때문에 책을 읽기는 귀찮았다. 그때의 그 귀찮음이 나를 가치투자의 길로 이끌었으니, 천만다행이라고 생각한다.

뭔가 이뤘다는 사람들을 보면 무수한 실패를 불굴의 의지로 딛고 일어섰다고 하는데, 나는 외국어고등학교 입시에 떨어진 것 외에는 실패를 해본 적이 없다. 그것도 너무나 순진하게, 중학교에 입학 설명회를 온 선배들이 "성적은 상관없고 영어만 잘하면 된다"라고 한 말에 속아 넘어간 것일 뿐 시험 성적은 꽤 준수했다. 가채점을 해보고 당연히 합격했다고 떠들었을 정도니까.

내 인생에 실패가 없는 것은 역설적으로 실패를 너무 두려워하기 때문이다. '투자가 김현준', '방송인 김현준', '작가 김현준', '사업가 김현준'은 수많은 고민과 이미지트레이닝을 통해 될 만한 것들만 하는, 즉 이겨놓고 싸우는 사람이다. 대학 입시 때 대강당에서 생중계되는 경쟁률에 쫄아 원서 제출 직전에 수정해 하향 지원한 것도 같은 이유였다. 또 일정을 분 단위로 짜고, 외출할 때면 가방 속 준비물을 여러 차례 반복해서 점검한다. MBTI에서 P$_{perceiving}$(인식형)인 내 동생의 표현을 빌리면 '극혐'인 계획성까지도 사실은 실패를 두려워하는 마음에서 나왔다.

이런 성격은 조금 느리게 구를지언정 한순간도 눈덩이를 깨뜨려서는 안 되는 투자가의 성향으로 나쁘지 않다. 한 시대를 풍미한 가치투자자이자 라이프자산운용의 이채원 대표도 스스로 '겁쟁이'라고 칭한 것처럼 말이다. 겁이 많아 주식투자를 못 한다고 생각하는 건 편견이다. 이길 싸움만 해도 충분히 수익을 낼 수 있다.

만일 내가 귀찮음을 이겨내고 교보문고에 갔다면 어땠을까? 필연적으로 차트 매매나 테마주 선별과 같은, 지금도 변함없이 초보를 기만하는 부류의 책을 골랐을 것이다(2000년대 초반 한국에는 좋은 투자서가 별로 없었다). 그리고 쓰디쓴 실패를 맛봤을 것이고, 다시는 실패하지 않기 위해 주식을 멀리했을 것이며, 지금의 투자가 김현준이나 더퍼블릭자산운용은 존재하지 못했을 것이다. 그리고 이 책도 세상에 나오지 못했을 것이다.

당시 책상 앞에 앉아서 곰곰이 생각한 끝에 산 주식이 대우증권(현 미래에셋증권)이었다. 왜일까? 지금 주식시장이 좋다고 하니까. 돈 벌기 쉽다니까. 그렇다면 증권사가 제일 좋은 거 아닐까? 생각을 끝내고 1등 회사가 어디인지 검색한 후 대우증권에 '몰빵'했다. 1년이 지나 주가는 2배 가까이 올랐다. 증권사가 어떤 비즈니스 모델을 가지고 있는지 전혀 모를 때였다. 그저 뉴스를 통해 객장에 손님이 많은 것을 보고 한 결정이었다. 순전히 운이었다. 이런 접근법을 보고 유튜버 신사임당은 '떡잎부터 달랐다'라고 치켜세웠지만. 사실 불필요한 정보가 너무 많아서 거르기가 어려울 뿐이지 투자는 그만큼 상식적인 것이다. 돈이 누구의 지갑에서 나와 누구의 주머니로 가는지 조금만 생각해보면 어디에 투자해야 할지 금세 떠올릴 수 있다. 투자는 이렇게 하는 것이다. 돈이 어디로 흘러가는지를 항상 살펴야 한다.

차례

1장 | 공부하고 노력한 만큼 나아진다. 수익률도 인생도

2장 | 위기는 맷집과 생각을 키운다

3장 | 12년 만에 963퍼센트의 수익을 올린 비결

공부하고 노력한 만큼 나아진다.

수익률도 인생도

평범한 문과생에서
투자가로!

tvN 〈유 퀴즈 온 더 블럭〉에서 20대로 돌아가면 무엇을 하고 싶냐는 질문에 대학을 중퇴하겠다고 답했다. 대기업에 다니거나 공채 전선에 나서본 적이 없어 속 편한 소리를 하는 것인지는 모르겠지만, 100퍼센트 진심이었다. 나는 과장해서 말하기를 좋아하지만, 거짓말은 하지 않는다. 대학을 중퇴해도 괜찮다고 생각한 것은 대학 생활에서 얻은 것이 없기 때문이다. 딱 두 가지만 제외하면.

내 대학 생활은 연애와 투자 동아리를 빼면 시체다. 저학년 때는 연애하느라 수업을 듣는 둥 마는 둥 했고, 고학년 때는 동아리 활동에만 집중했다. 특히 고려대학교 가치투자 동아리 'KUVIC'은 나에게 평생의 놀이와 먹고살 만한 돈 그리고 다른 무엇과도 견줄 수 없는 반려자를 줬다. 그래서 가장 소중한 유산 중 하나로 꼽는다.

학과 생활은 어땠을까? 나는 스스로 '축출된 반란군'으로 칭한다. 내가 다니던 문과대학은 2000년대까지도 이른바 '운동권'의 색채가 짙었다. 신입생 때 그들의 활동과 외치는 구호를 가만히 지켜보고 있자니 잘 이해가 안 되는 내용이 많았다. 민주화가 한창이던 시절에서 벗어나지 못한 채 반대를 위한 반대를 하는 것처럼 보일 때도 있었다. 정치색이나 사회를 바라보는 시선은 개인의 자유이자 권리라고 믿는다. 하지만 그것을 타인에게 강요하는 순간 이야기는 달라진다. 나는 그것이 좀 불편했다. 그래서 헌내기(대학에서 새내기를 벗어난 2학년 학생들을 이르는 말)가 되자마자 이런 문화를 바꾸려고 노력했다.

먼저 신입생 환영회 준비를 자처했다. 그 자리는 3학년 때 학생회장으로 가는 지름길로, '새터 주체'라고 불렸다. '새내기 배움터를 준비하는 총책임자'를 뜻하는 말이다. 새터에서는 막걸리를 사발로 마시고 구토하는 것 외에는 새로 배울 것도 별로 없었다. 게다가 '주체'라는 단어에 위화감을 느꼈다. 그래서 나는 행사 이름을 '새내기 맞이 행사'로, 내 자리를 '새내기 맞이 준비 팀장'으로 바꿨다. 운동권 색을 덜어내기 위해 무던히 노력했다. 그러나 결과는 실패였다. 일부 선배들 눈에 오랜 기둥을 뽑으려는 내 모습이 별로 달갑지 않았던 듯하다. 그 이후에는 학과 생활을 하기가 어려워졌다.

이러니 사실상 학벌 위주의 사회에서 내세울 간판 외에 대학에서 얻은 것은 없다고 해도 과언이 아니다. 간판 하나 얻기 위해 4년이라는 세월을 바쳐야 한다니 너무 아깝지 않은가. 그렇기에 이왕 대학에 진학했다면 4년을 공부하거나 취업하는 데 매진할 것이 아니라 하고 싶은 일을 마음껏 시도해 적성을 찾고 미래를 그리는 기간으로 써야 한다. 우리 회사가 신입사원을 채용할 때 학점이 너무 높으면 부정적인 눈초리로 바라보는 것도 같은 이유다. 그들이 진심으로 주식투자에 빠진 기간이 짧다는 반증이기 때문이다.

1,000퍼센트 수익률보다 1,000배 따뜻한 사람들

투자 동아리에 들어간 계기는 정말 우연이었다. 내가 다니던 문과대학과 다소 거리가 있던 경영대학 지하에 '파라'라는 카페가 있었는데, 그 지하로 가는 계단에 동아리를 홍보하는 벽보가 붙어 있었다. 박사모를 쓴 호랑이 캐릭터가 멍한 표정의 학생에게 투자를 가르치는 만화의 벽보였다. '단기 투자는 안 돼', '묻지 마 투자는 안 돼', '왜냐하면 세계 2위 부자인 워런 버핏 할아버지가 그랬거든.' 대강 이런 내용이었다. 그전에 혼자서 대우증권으로 괜찮은 수익을 올렸지만, 이는 특별한 노력을 기울여서 얻은 성과가 아니었다. 주식투자의 갈피를 전혀 잡지 못하던 나에게 구원과도 같은 이야기였다. 강력한 힘에 이끌리듯 휴대전화를 들었다. 워런 버핏이 누구인지도 잘 모르던 때였다.

나는 어떤 일을 하든 경우의 수를 모두 점검하고, 일단 결정한 후에는 거침없이 행동하는 편이다. 멀리 여행을 갈 때마다 아내와 자주 다투는 것도 그 때문이다. 나는 동선, 식당이나 카페의 영업시간 등을 밤새 검색해 한 치의 오차도 없이 이동하려고 하는 반면 아내는 조수석에 앉아 대시보드에 두 다리를 올린 채로 풍경을 보다가 "와, 저기 가자"라고 던진다. 간밤의 노력이 한순간에 헛수고가 되니 나는 부글부글 끓는다.

이런 사람이 동아리에 들어간다는 것은 엄청난 마음의 장벽을 넘어야 한다는 뜻이다. 짧으면 6개월, 길면 몇 년 동안 어떤 일이 일어날지도 모르는데 동아리에 충성을 맹세해야 하기 때문이다. 고민을 마치고 투자 동아리에 들어가니, 선배들의 환영이 이어졌다. 나는 동아리라고 할 수도 없는 작은 스터디 모임의 최초 신입 회원이 됐다. 알고 보니 이전까지는 각자 좋아서 주식투자를 하던 사람들이 인터넷 게시판을 통해 삼삼오오 모이기 시작했다고 한다. 별다른 체계도 없이 책을 읽고 기업에 관해 토론하는 것이 전부였던 선배들이 어느 순간 동아리를 만들어야겠다고 생각했고, 처음 한 일이 내가 본 벽보를 만든 것이었다.

나로서는 매우 감사한 일이다. 첫째로는 투자에 매우 식견이 높은 여러 선배가 앞다투어 나만 가르쳐주니 내게 투자는 처음부터 즐거운 일이었다. 유서 깊은 동아리에 들어가면 운영 체계가 잘 잡혀 있어 우왕좌왕할 일이 없다. 그러나 특별한 경우가 아니라면 후배를 이끄는 사람들은 보통 한두 학번 위의 선배다. 학교에 다닐 때는 그 차이가 너무 커 보이고 그들의 노하우가 경이롭지만, 사회에 나와서 보니 몇 살 차이는 친구처럼 지내거나 심지어는 위아래가 뒤바뀌는 일도 흔하다. 당시 우리 동아리는 조직으로서는 별로였을지 몰라도 선배들의 투자 실력은 대단했다. 사실 20년 전만 해도 주식투자에 편견이 심했고 투자정보를 얻기 힘들었다. 그런 시절에 번역도 안 된 외국 책을 사전을 찾아가며 읽고, 자신만의 논리를 세워 투자했으니 그 선배들의 진심을 알 만하지 않은가.

척박한 동아리 환경에 감사한 두 번째 이유는 내가 리더 역할을 할 기회가 많았다는 것이다. 이미 수년간 투자 경험이 있던 선배들이 대부분이었던 만큼 다들 졸업을 앞두고 있었다. 호랑이는 죽어서 가죽을 남기고 사람은 이름을 남긴다고 하지 않는가. 지금의 나도 가끔 후배들을 만나 동아리 소식을 들으면 '우리가 만든 조직이 우리가 떠났는데도 면면히 숨 쉬고 있네'라는 뿌듯함이 앞선다. 하물며 동아리를 처음 만들었던 선배들은 오죽하랴. 그들은 나에게 많은 기회와 짐을 넘겨줬다. 내가 무엇을 한다고 할 때 반대하거나 가르치려 하기보다는 전폭적으로 지원했다.

리더 연습

동아리 활동으로 얻은 것은 비단 투자 실력만이 아니다. 특별히 자부심을 갖는 부분은 내가 활동하던 당시 많은 제도를 만들었다는 점이다. 예를 들면 회칙, 신입회원 리크루팅, 교육 시스템과 교과서, 지도교수 초빙 등이다. 틀을 만들고 원칙을 세우는 데 내가 재주가 있다고 느낀 것도 이때다. 나는 무에서 유를 창조하는 사람은 아니지만 멍석을 깔아주면 일은 잘한다. 지금 경영하는 더퍼블릭자산운용도 마찬가지다. 창업자인 정호성 대표의 깃발이 없었다면 시작할 수 없었겠지만, 몇몇 중요한 기둥과 빠른 성장기의 주춧돌 아래에는 내 이름이 새겨져 있으리라 믿는다.

가끔 대학 후배들이 찾아와 동아리 활동에 관한 고민을 털어놓을 때면 리더 자리를 권한다. 대학 시절이 합법적인 테두리 안에서 응석을 부릴 수 있는 마지막 기회라면, 대학교 자치단체의 임원 자리는 준거집단 안에서 정체성을 파악하는 데 탁월한 기회를 제공한다. 나이가 조금 어리긴 하지만 주변 선후배나 친구들은 모두 성인이다. 그들을 통솔하고 조직을 만드는 연습은 사회인이 된 이후에는 쉽게 할 수 없다.

내가 어떤 종류의 일과 잘 맞는 사람인지, 나는 어떤 리더십을 선호하는지, 내가 어떤 사람인지 등을 미리 아는 사람은 진짜 기회가 주어졌을 때 더 좋은 성과를 만들어낼 수 있다. 꼭 리더가 아니어도 좋다. 굿 리스너good listener나 굿 팔로워good follower도 조직에서 꼭 필요한 존재다. 그리고 나에게 맞는 옷이 무엇인지 알 때 그 자리에서 더 큰 힘을 발휘할 수 있다.

가치투자를
공부하다

가치투자는 기업의 가치보다 낮을 때 사서 그보다 높을 때 파는 것을 말한다. 너무 당연한 소리 아닌가? 그런데 가치투자의 세계에는 이런 말이 있다. "가치투자라는 말을 처음 들었을 때 바로 이해되지 않는다면 평생 이해할 수 없다."

나는 전자에 속한다. 동아리에 들어가서 공부해보니 어떤 반론도 제기하기 어려울 만큼 합리적이고 당연하게 느껴졌다. 그래서 이제껏 다른 방법을 찾아본 적도 없다. 편협하게 들릴 수도 있겠지만 차트 매매 등 다른 방법을 이야기하는 사람들이 오히려 이해되지 않는다. 가끔 방송에서 정말 차트 볼 줄 모르냐고 묻는데 진짜 모른다. 나에게 차트란 빨간색은 상승이요, 파란색은 하락에 불과하다.

좋은 주식을 싸게 사려면

가치투자를 공부할 때 가장 처음 배운 것이 '싼 주식을 사라'였다. PER Price Earning Ratio (주가수익배수)이나 PBR Price Book Value Ratio (주가순자산배수)이 낮으면 저평가된 주식이라는 의미다. 이는 언젠가 저평가가 해소되면 주가가 오른다는 이야기다. 너무 쉽지 않은가? 재무제표만 조금 읽을 줄 알면 누구나 기업가치를 계산할 수 있다니 끌릴 수밖에 없었다.

초보 투자자들이 가장 알고 싶어 하는 것이 '적정 주가'다. 다른 것은 어려우니 잘 모르겠고, 그냥 그 주식의 적정 가치를 계산하는 방법만 알려주면 그것이 투자의 시작이자 끝이라고 생각한다. 그래서 이은원 선배가 쓴 《워런 버핏처럼 적정주가 구하는 법》(부크홀릭, 2009)이 베스트셀러가 된 건지도 모르겠다. 그것도 모르고 유명세에 무임승차 하려고 내 첫 책의 제목을 시리즈인 척 《워런 버핏처럼 사업보고서 읽는 법》(부크온, 2014)이라고 붙인 부끄러운 일화도 있다.

투자가 그렇게 쉽다면 누구나 돈을 벌었을 것이다. 아니, 좀 더 정확히 말하면 아무도 돈을 벌지 못했을 것이다. 모든 시장 참여자가 모든 종목의 적정 주가를 계산할 수 있다면 주가와 기업가치 간 괴리가 없을 테니 말이다. 이를 경영학에서는 '효율적 시장 가설'이라고 하는데, 오마하의 현인 워런 버핏이 가장 비웃는 경영학 이론이다.

그러나 2005년의 나는 주식 초보였다. PER이 낮은 주식들을 골라서 샀다. 풍력발전기의 타워(기둥)를 만드는 동국산업, 건설 폐기물을 처리하는 인선이엔티, 세계적으로 유명한 절삭 공구들을 파는 와이지-원 같은 기업이 기억난다. 각자의 사업 영역에서 훌륭하게 자리 잡았으면서도 PER이 3~4배에 불과했다. 그런데 웬걸, 아무리 기다려도 별다른 수익이 나지 않았다. 그렇다고 큰 손실을 본건 아니었지만.

당시 한국 시장은 내가 주식투자를 시작한 이후 서브프라임 모기지 위기[*]가 닥치기 전까지 수년간 장기 호황이었다. 웬만하면 주가가 우상향했는데 이 또한 나에게 큰 행운이었다.

PER이 낮아도 주가가 오르지 않는 것은 주식시장이 현재 기업이 창출하는 이익의 지속 가능성이 작다고 판단하기 때문이다. PER의 개념은 주식을 살 때 지불한 가격(시가총액)을 회사가 주주들에게 벌어주는 이익(순이익)으로 나눈 것으로, '투자금을 몇 년 만에 회수할 수 있느냐'로 이해할 수 있다. 1년에 1억 원을 버는 대박집 우동 가게 사장이 후계자를 찾지 못해 매물로 내놓았다고 가정해보자. 당신은 권리금 5억 원을 내고 이 가게를 살 수도 있고, 그 돈을 미국 나스닥 지수 ETF_{Exchange Traded Fund}[**]에 투자할 수도 있다.

---

[*] 서브프라임은 프라임 등급에 해당하지 않는 저신용자층을, 모기지는 주택담보대출을 의미한다. 2007년 미국의 은행들이 저신용자층에 무분별하고 과도하게 주택담보대출을 제공한 탓에 원리금 상환이 문제가 되면서 세계적인 금융위기로 번졌다.

[**] 특정 지수와 같은 수익률을 얻을 수 있도록 설계된 지수연동형 펀드. 지수를 추종하는 인덱스펀드와 거래소에 상장해 자유롭게 사고팔 수 있는 뮤추얼펀드의 특성을 결합한 상품이다.

5억 원을 내고 해마다 1억 원씩 벌 수 있다면 기대수익률이 20퍼센트에 달하므로, ETF보다는 낮겠다고 생각해 우동 가게를 샀다고 해보자. 이때 PER은 5배다(시가총액 5억 원 ÷ 순이익 1억 원). 그런데 만일 대부분의 고객이 이전 우동 가게 사장의 손맛에 반한 단골이었다면 어떨까? 아마 당신이 가게를 인수한 이후로는 순이익이 하락해 원하던 수익을 올리지 못할 것이다. 어쩌면 적자에 허덕일 수도 있다. 분명히 높은 수익률을 기대할 만큼 낮은 PER에 매수했지만 충분한 수익을 내지 못할 수도 있다는 이야기다.

이후 나는 워런 버핏에 심취했다. 버핏파트너십Buffet Partnership으로 부를 일군 젊은 날의 워런 버핏은 저평가된 직물회사를 샀다가 큰 어려움을 겪었다. 개발도상국들이 낮은 임금을 앞세워 점유율을 높이자 미국에서 직물 산업은 사양산업이 됐다. 주식을 제아무리 싸게 샀다고 해도 지하실이 있다는 사실을 버핏은 이때 깨달았다. 이후 경영참여를 선언해 사업 구조조정을 하면서 큰 손실은 피할 수 있었다. 그 기억을 잊지 않기 위해 실패한 인수 기업의 이름을 스스로 경영할 회사의 이름으로 낙점했는데, 그게 바로 버크셔 해서웨이Berkshire Hathaway Inc.다.

워런 버핏을 새로운 길로 인도해준 인물로 필립 피셔와 찰리 멍거를 들 수 있다. 두 사람 모두 투자할 때의 가격보다는 투자할 기업의 질적인 면을 중시했다. 좋은 비즈니스 모델과 훌륭한 경영자가 있다면 가격이 조금 비싸 보여도 망설이지 말고 투자하라는 것이다. 워런 버핏은 "적당한 기업을 좋은 가격에 투자하지 말고, 좋은 기업을 적당한 가격에 투자하라"라고 정리했다.

그렇게 내가 고른 기업이 농심과 포스코였다. 포스코는 세계 최초로 파이넥스 공법을 상용화해 원가를 낮췄다. 그런데도 PER이 한 자릿수에 불과했다.

경제에 관심 있는 한국 사람치고 포항제철 영일만 신화를 모르는 사람이 있을까? 허허벌판 모래사장에 차관으로 얻은 타국의 돈과 국민주●를 발행해 국민의 돈으로 일관제철소를 건설한 이야기는 언제 들어도 감개무량하다. 내가 포스코에 투자한 데는 학생 시절 견학하면서 본 드넓은 부지와 시뻘건 쇳물이 큰 이유를 차지했다. 포스코가 정말 대단한 혁신을 했는지, 다른 제철소보다 원가 우위에 있는지를 비교할 생각도 없었고 방법도 몰랐다.

기업분석, 어떻게 하는 건데?

가치투자를 처음 접하면 '기업분석'이라는 놈을 만난다. 그리고 보통은 해당 기업의 A부터 Z까지 나열하는 분석을 시작한다. A4 용지 채우기에 급급한 형태다. 우리 동아리도 같았다. 기업분석을 하는 사람은 증권사 애널리스트이고, 증권사 애널리스트의 리포트는 마음만 먹으면 누구나 볼 수 있다. '아, 기업을 분석하려면 기업

● 정부가 대중의 소득 향상과 국민 경제 발전에 기여할 목적으로 널리 보급한 우량 공공 기업의 주식.

분석 보고서를 써야 하는구나! 그런데 그런 걸 써본 적이 있어야 말이지'라면서 회사 홈페이지에 들어가 CEO 인사말, 연혁부터 샅샅이 찾아 옮겼다. 이런 작업을 하면 그 회사를 조금은 이해할 수 있다. 이 역시 충분히 중요한 일이지만, 투자와 연결되진 않는다.

더 정확히 말하면, 투자하기 위해서는 기업을 분석하는 것이 아니라 투자 아이디어를 검증해야 한다. 투자 아이디어를 검증하려면 당연히 투자 아이디어가 있어야 한다. 예를 들어 파이넥스 공법 덕에 포스코의 원가가 낮다고 생각했다면 그것이 왜 주가 상승으로 이어지는지 논리를 세워야 한다. 파이넥스 공법을 모든 고로에 차례차례 적용해 이익률을 점차 높인다든지, 원가 우위를 이용해 철강 판매처를 늘린다든지 하면 이익이 늘어날 것이다. 이익이 늘어나는 기업은 대체로 주가가 오른다. 주가는 이익과 PER의 곱으로 설명할 수 있는데 PER은 주식시장 참여자들의 기대치다. 한 길 사람 속도 알기 어렵다는데 수많은 시장 참여자의 마음을 어떻게 알겠는가. 지금의 메타버스 관련주나 NFT와 같이 모두가 열광하는 자산군이 아니라면 기대치는 일정하다고 가정하자(이와 관련해서는 나의 책《부자들은 이런 주식을 삽니다》(위즈덤하우스, 2020)를 참고하기 바란다). 이것이 투자 아이디어의 일종이다. 그냥 '경제적 해자● 중 하나인 원가 우위가 있다', '파이넥스 공법은 훌륭한 기술이다' 정

● 소비자의 구매 패턴 변화, 경쟁자, 정부의 규제 등 기업의 가치를 파괴할 수 있는 외부 환경으로부터 기업을 지키는 방법들을 의미한다. 워런 버핏이 창안한 개념으로 중세 유럽에서 외적의 침입을 막기 위해 성 둘레에 파놓은 연못에 비유했다.

도로는 투자 아이디어라고 할 수 없다.

우리 동아리는 경영대학 소속이기는 하나, 전공을 가려서 학생을 받진 않았다. 프로 투자자를 양성하는 것이 아니라 누구나 알아야 할 투자의 기초를 익히고 평생 갈 친구를 만드는 것이 목적이었기 때문이다. 학창 시절에는 농담으로 이런 말을 했다. "열심히 투자를 공부해야 돈 벌었을 때 같이 놀 친구가 있지. 나 혼자 은퇴하고 골프 치러 다니면 무슨 재미가 있겠어." 10년이 훌쩍 지나 이 말은 현실이 됐다. 이미 100억 원이 넘는 자산을 보유하고 경제적 자유를 누리는 친구가 있는가 하면, 아직 자기 집도 없이 회사와 상사의 험담을 하면서도 월급에 목매는 친구도 있다.

경제적·사회적 지위의 차이로 인간관계를 규정하는 건 조금 매정하다 싶지만, 이는 자연스러운 현상이다. 상황이 다르면 생각하는 것도 다르고 화제도 다르다. 신세 한탄과 험담을 들어주다 보면 금세 지친다. 취미로 삼는 골프와 수집한 그림을 이야기할 때 혹시 자랑하는 것처럼 들릴까 걱정하면서까지 사람을 만나고 싶지는 않다. 그런 이들은 시샘할 줄은 알지만 그 마음이 평생 시샘에 갇히게 한다는 사실은 영영 깨닫지 못한다.

나에게는 투자 동아리 친구들이 그래서 더욱 소중하다. 그들이 모두 비슷한 속도로 부와 자유를 얻었으면 좋겠다. 하지만 어쨌든 동아리의 신입 중 절반은 상경 계열을 전공하지 않아 재무제표는 커녕 경제나 경영 관련 용어에도 익숙하지 않았다. 그래서 그들에게 주문하는 것이 '1페이지 페이퍼'라는 과제였다.

먼저 회사를 정하고 그 회사의 개요나 투자 아이디어를 적는다. PER, ROE_{Return On Equity}● 등 간단한 재무지표도 기재한다. 마지막으로 회사의 강점·약점·경제적 해자 등 정성적인 내용을 쓰는데, 여기서 초보 투자자가 주의할 점이 있다.

마케팅 용어 중 SWOT 분석이라는 것이 있다. 기업의 내재적인 강점_{strength}과 약점_{weakness}, 외부 환경에 따른 기회_{opportunity}와 위협_{threat} 요소를 규정하고 그에 따른 전략을 수립하는 분석이다. 투자할 기업에 관해 진지하게 고민한 후 어떤 특징을 가졌는지 빈칸을 채우고 나면 몹시 뿌듯할 것이다. 그러나 우리는 투자자다. 강점으로 약점을 덮고, 기회를 살리며, 위협 요소를 회피하는 방법은 회사 내부의 경영자나 직원이 할 일이다. 즉, 우리는 참견할 수 없다. 참견할 시간에 다른 투자 대상을 찾는 것이 훨씬 효과적이다. SWOT 분석 또한 기업에 관해 나열하는 방식 중 하나지만, 구체적인 투자 아이디어에 집중하자. 물론 강점이나 기회에서 투자 아이디어를 찾을 수도 있다. 하지만 약점이나 위협이 있다고 해서 투자하지 못하는 것은 아니다. 충분히 고려한 후에 리스크보다 높은 수익이 기대된다면 투자할 수 있다.

'강점이 몇 개고, 약점이 몇 개니까 어떻다'라는 식의 접근은 더더욱 안 된다. 당연히 세계 최초 기술력, 세계 최고 원가 우위와 같은 수식어에 마음을 줄 필요도 없다. 냉정하게 어떤 일이 일어날 확

● 부채를 제외한 자기자본만으로 얼마의 이익을 냈는지 나타내는 지표로, '자기자본이익률'이라고 한다.

률과 그럴 때 예상되는 주가 변동률을 곱한 기댓값에 따라서만 행동해야 한다.

이 많은 것을 깨닫기까지는 오랜 시간이 필요했다. 그러나 다행히 포스코 주가는 내가 보유하는 동안 4배 가까이 올랐다. 후배들에게 우쭐대며 자랑했지만 사실 중국이 세계의 공장으로 성장하면서 많은 물자를 빨아들였고, 철강도 그중 하나였을 뿐이다. 리먼 브러더스Lehman Brothers가 파산하기 전까지 철강의 판매량과 가격은 우상향했고 포스코 주가는 그 때문에 상승했다. 이후 현재까지 그때의 주가를 회복하지 못하고 있다. 그나마 투자의 귀재 워런 버핏이 "포스코는 세계에서 가장 낮은 생산원가를 자랑하면서도 가장 저평가된 철강 기업이다"라고 말하고 한배를 타주었다는 데서 아주 틀린 투자는 아니었다고 위안할 따름이다.

농심 현준

기업의 퀄리티에 집중하면서 장기 보유했던 또 다른 기업이 '농심'이다. 농심이 만드는 라면과 과자는 소비재이기에 대학생도 제품을 분석하기 쉬웠다. 라면 한 개가 500원 정도로, 대부분 사람이 몇 주에 한 번씩은 구매한다. 비즈니스 모델도 좋다. 오래 보유할 주식으로서 농심의 가장 큰 강점은 강력한 브랜드와 촘촘한 유통망이었다. 브랜드 가치는 경제적 해자 중 하나다. 비슷한 제품이라도 특정 브랜드라는 이유로 더 높은 가격을 받을 수 있다면 경제적 해자를 갖췄다고 할 수 있다.

신라면이 대표적인 사례다. 분식집 찬장에 가득 쌓여 있는 라면이 신라면이라면 더 좋지 않은가? 부대찌개를 먹으러 가서 라면 사리를 주문했을 때 사리면이 아니라 신라면이 나온다면 '오, 이 집 좀 고급스러운데?'라고 생각하지 않는가?

또 전국 어디를 가도 농심 제품은 쉽게 찾을 수 있다. 그곳이 북한산 백운대 턱밑의 백운산장이건, 꼬부랑 할머니가 지키는 깡촌의 구멍가게건 관계없다. 농심 브랜드를 제외하고 소매업을 한다는 것이 불가능하다면 신제품을 판매하기도 굉장히 쉬울 것으로 생각했다. 한국 1등 생수 삼다수, 젊은 모디슈머modisumer●들을 열광시킨 카구리(카레 맛 너구리), 프리미엄 라면 시장을 개척한 신라면 블랙 등을 농심이 아닌 다른 회사가 생산했다고 가정해보자. 얼마나 많은 홍보 비용이 들어가겠는가. 그 홍보 비용을 들였다고 해서 소비자와 충분한 접점을 만들 수 있다는 보장도 없다. 그러나 농심은 신라면과 새우깡, 육개장 사발면을 구매하는 곳에 영업사원을 보내 구석에 신제품을 놓고 오면 그만이다. 판매가 잘되면 좋고, 그렇지 않더라도 소비자들에게 경쟁사보다 훨씬 많은 피드백을 받을 수 있다.

그렇다고 비싼 주식도 아니었다. 지금이야 음식료 주식들의

● '수정하다'라는 뜻의 modify와 '소비자'라는 뜻의 consumer의 합성어로, 제조 업체가 제시하는 방식에서 벗어나 자신만의 방식으로 제품을 활용하는 소비자를 일컫는 말.

PER이 20배에 달하는 경우도 왕왕 있지만, 당시에는 비즈니스의 질이 좋더라도 PER 10배 이상에서 거래되는 기업이 흔치 않았다. 워런 버핏이 아흔 살이 넘은 지금까지 씨즈캔디See's Candy를 자신의 대표 주식으로 언급하는 것처럼 나 또한 평생 주식을 찾은 것만 같았다. 동아리에서도 주름잡던 때였기 때문에 후배들에게 좋은 투자 사례로 강의도 많이 했다. 그런데 주가는 오르지 않았다. 답답하고 불안한 마음이 들었다. 투자금 몇백만 원을 잃을까 봐서가 아니라 밖에 해둔 말이 많아서 그것이 부메랑으로 돌아올까 봐 걱정됐다.

나는 개인주의 성향이 강하다. 그러나 이기적이지는 않다. 내 영역을 침범당하고 싶지 않은 만큼 타인에게 폐를 끼치는 것을 매우 싫어한다. 가족처럼 친해진 관계라고 하더라도 선을 지키고 싶다 (여담인데 만난 지 15년, 교제한 지 13년, 결혼한 지 8년이 지났지만 아직 부부 간에 방귀를 트지 않았다). 그래서 가끔은 주변인들과 스스럼없이 지내는 사람들이 부러울 때도 있다. 나는 예의를 차리느라 그러는 건데 그런 태도가 친해지는 데 벽으로 작용할 때가 있다. 나 같은 사람들은 그래서 약속을 어기는 것을 싫어한다. 타인이 어길 때뿐 아니라 내가 어기는 것도 싫다. 그래서 이 책을 쓸 때도 "언제까지 낸다"라고 떠벌렸다. 그래야 스스로 옥죄어 기한을 맞출 수 있으니까.

농심의 주가가 오르지 않는 것이 두려운 이유도 그것이었다. 기껏 떠벌리고 다녔는데 허튼소리를 한 셈이 되니까. 하지만 어쩌겠는가. 주가는 내가 어떻게 할 도리가 없는 것을. 물론 나를 우상으로 여기는 동아리 친구들에게 그 마음을 드러내지는 않았다. 외려

투자에서 기다림은 수도자들의 고행처럼 반드시 수반되는 것이며, 이를 견디는 행위 자체가 성스러운 거라고 포장했다. 주가는 오르지 않아도 농심이 꾸준히 벌어들이는 순이익의 일부는 내 것이라고 강변했다. 그런 긴 기다림의 시간 동안 MT를 가면 사람들이 카트에 농심 라면을 집어넣는지 늘 확인했다. 이런 모든 것이 모여 내 별명은 '농심 현준'이 됐다. 사족을 달자면, 나는 주로 소비재에 투자하고 그 기업들의 제품과 서비스를 실제로 애용한다. 삼양식품에 투자할 때는 그전까지는 먹어본 적도 없던 불닭볶음면을 매일같이 먹었다. 처음에는 오기로 시작했는데, 시간이 지날수록 검은색 포장 봉지만 봐도 입안에 침이 가득 고이는 지경이 되더라(삼양식품을 매도한 이후에는 한 번도 먹은 적이 없다).

농심의 문제는 그럴싸한 신제품을 내지 못한다는 것이다. 촘촘한 유통망을 이용해 신제품들을 출시하면서 매출액이 늘어나야 하는데 보유하던 수년 동안 그리고 지금까지도 농심의 매출액에는 큰 변화가 없다. 삼양식품은 불닭볶음면을, 크라운제과는 허니버터칩을, 오리온은 마켓오와 꼬북칩을 내는 동안 농심은 답보 상태를 지속했다. 물론 신라면과 새우깡이라는 메가 히트 브랜드들이 짱짱하게 자리 잡은 까닭에 둔한 모습으로 비친 것일 수도 있다. 하지만 그 또한 좋은 주식으로서 실격이다. 높은 수익률을 위해서는 안정적인 대기업 대신 중·소형주를 찾으라는 것도 같은 이유에서다.

우리가 워런 버핏처럼
될 수 없는 이유

여기서 잠깐, 워런 버핏에게 대놓고 쓴소리를 해보자. 워런 버핏은 투자계에서 최고 반열에 오른 사람이다. 수십 년 동안 주식에 투자해 한화로 100조 원이 넘는 부를 일궜다. 직접 경영을 하지 않는 사람 중에는 비교할 만한 상대가 없다. 수많은 사람이 그를 추앙하며 그레이엄과 도드 마을*의 주민이 되고자 한다. 나도 비행기를 두 번 갈아타고 새벽 4시부터 줄을 서서 버크셔해서웨이 주주총회

● '그레이엄과 도드 마을의 위대한 투자자들'이라는 글에서 따왔다. 이 글은 워런 버핏이 1984년 《증권분석》 출판 50주년을 기념해 썼다. 증권분석이 가치투자의 출발점이라고 보고, 본인을 포함한 후배 투자자들을 저자인 벤저민 그레이엄과 데이비드 도드의 후손에 비유했다.

에 참석할 정도로 워런 버핏의 팬이다. 가뜩이나 영어가 서툰데 말이 빠르기로 소문난 버핏의 이야기를 듣고 있자니 한 시간도 되지 않아 머리가 지끈거렸다. 슬쩍 행사장을 빠져나와 굿즈를 산 것은 비밀이다.

워런 버핏은 이제 아흔 살이 넘었다. 매일 맥모닝 세트와 체리코크를 먹어가며 행복하게 살기 때문에 천수를 누릴 것이라고 공공연히 떠들기는 하지만 언제 소천할지 아무도 모른다. 그 전에 투자의 비밀을 밝혀야 한다. 내가 생각하는 그의 사명이다. 워런 버핏은 경제적 해자를 가진 훌륭한 기업을 적당한 가격에 사서 기다리면 반드시 성공한다고 강변한다. 하지만 그것이 많은 사람에게 너무 교조적으로 받아들여진다는 게 문제다. 2006년부터 지금까지 여윳돈이 생길 때마다 내가 농심에 투자했다고 가정해보자. 15년 동안 돈을 하나도 못 벌었을 것이다. 귀신같이 잘 사고 잘 팔았다면 2배 정도는 벌었을 수도 있겠다.

나야 투자가 너무 재밌고 잘하고 싶은 욕망에 끊임없이 도전했지만, 순진한 투자자들은 쉬운 투자법에 푹 빠졌다가 결국 "역시 주식은 안 돼", "그때 아파트를 샀어야 했어"라고 말하며 시장을 떠났을 것이다.

워런 버핏의 네 가지 속임수

사실 워런 버핏은 네 가지 속임수를 쓰고 있다. 첫째, 투자 자산이 너무 크기 때문에 적극적으로 투자할 수 없다. 시가총액이 수천조 원에 달하는 애플Apple 정도 돼야 싸게 사고 비싸게 팔 수 있지 그 외 대부분의 주식은 그가 판다는 소식만 들려도 주가가 급락하고 말 것이다. 현실적으로는 아예 팔기도 어렵다.

둘째, 그는 회사를 완전히 지배할 만큼 소유하고 있기 때문에 자본 재배치가 가능하다. 돈을 잘 버는 회사만 골라내면 버는 족족 본인이 다른 투자를 하는 데 재원으로 쓸 수 있다. 설비 투자가 많이 들어가는 비즈니스를 싫어하고, 반복적인 매출을 일으키는 기업을 좋아하는 것도 그 때문이다. 일반 투자자는 워런 버핏과 같은 투자 실력을 지녔다고 하더라도 기업의 경영진을 멋대로 휘두를 수 없다. 농심처럼 돈을 꾸준히 버는 회사가 곳간에 현금을 가득 채워둔 채 배당도 하지 않고 주가조차 오르지 않는다고 해도 그냥 기다리는 수밖에 없다. 그렇게 평생 저평가 주식으로 남아 있으면 기회비용이 발생하고, 투자자는 점점 조급해진다.

셋째, 버크셔해서웨이는 자동차 손해보험사 가이코Geico와 제너럴리General Re 등을 소유한 거대한 보험 지주회사다. 보험사는 고객에게서 받은 보험료를 운용해 돈을 번다. 은행이 예금금리와 대출금리의 차액으로 수익을 낸다면, 보험사는 나중에 보험금을 지급하기 전까지 시간의 차이로 수익을 내는 셈이다. 그런데 운용하다가 손실을 내서 막상 계약자에게 보험금을 제대로 지급할 수 없다면 큰 문제가 된다. 그래서 보통은 채권 등의 비율을 높여 안전하게 투자한다. 반면 워런 버핏과 버크셔해서웨이는 전 세계에서 투자를 가장 잘한다. 그래서 주식 비중을 높여 더 적극적으로 투자할 수 있는 것이다. 그는 미리 당겨서 투자하는 보험료를 '부유물'을 뜻하는 플로트float라고 부른다. 다시 말해 그는 나중에 갚아야 할 부채를 이용해 투자하고 있으며, 그가 말하는 수익률 또한 당연히 레버리지를 포함한 것이다.

마지막으로 워런 버핏은 투자의 천재다. 그의 두뇌는 너무나 비상해서 나 같은 범인凡人은 도저히 따라잡을 수 없다. 그 점을 절절히 느낀 계기가 벌링턴노던산타페Burlington Northern Santa Fe 투자였다. 벌링턴노던산타페는 버크셔해서웨이가 2010년 인수한 미국의 철도회사다. 한창 투자에 물이 올라 거들먹거리던 펀드매니저 김현준은 이 투자를 정면으로 비판했다. 워런 버핏이 구경제에서 벗어나지 못한 채 독점적 지위만 보고(같은 노선에 철로를 두 개 놓지 않는다) 지는 해와 같은 철도회사에 투자했다는 이유였다.

그러나 몇 년이 지나 벌링턴노던산타페는 이른바 대박이 났다. 워런 버핏은 연차보고서에 이렇게 썼다.

"미국은 위대한 나라이고 계속해서 물동량이 늘어날 것이다. 가장 싼 역내 물류는 철도다. 그리고 자동화 기술의 발달에 따라 상위 철도회사는 단위 물동량당 운반원가가 감소하고 있다."

돌이켜 생각해보면 워런 버핏은 경기의 저점에서 산업을 가리지 않고 성장할 수 있는 인프라를 산 것 같다. 어쩌면 신보호무역주의[*]와 리쇼어링reshoring[**] 트렌드를 예측했는지도 모른다. 원가 절감 등 개별 기업의 경쟁 우위와 이익 증가를 고려해 매수 가격을 결정한 것은 물론이다.

참고로 나는 10년 전 그 부끄러운 실수에도 불구하고 또 한 번 워런 버핏을 비판했다. 2020년 코로나19 위기 국면에서 항공사 주식을 모두 팔아 치운 것은 오판이라고. 주가로는 내가 맞았지만, 코로나19 유행이 생각보다 오래가고 있으니 투자의 귀재도 틀렸다고 할 수는 없다. 계속 지켜보자.

이렇듯 '엄청난 능력자'가 아직도 지역의 작은 초콜릿회사인 씨즈캔디만 반복해 이야기해서는 안 된다고 생각한다. 씨즈캔디가 제아무리 본인의 투자 스타일과 경제적 해자를 단적으로 보여주는 사례라고 해도 그렇다. 지금 버크셔해서웨이의 실적을 좌우하는 것은 애플, 아메리칸익스프레스American Express, 뱅크오브아메리카Bank of America다. 씨즈캔디는 2019년 8,000만 달러의 순이익을 낸 것으로 알려져 있는데 이는 같은 해 버크셔해서웨이가 창출한 순이익의 0.1퍼센트에도 미치지 못한다. 워런 버핏의 대명사 격인 코카콜라Coca-Cola 주식 또한 버크셔해서웨이의 시가총액에서 3퍼센트 정도를 차지할 뿐이다. '씨즈캔디는 높은 브랜드 가치의 상징이

---

[*] 만성적인 국제수지 적자와 빈번한 국제통화 위기 등으로 미국 등 많은 선진국이 무역 및 외화에 규제 조치를 강화해 자국 경제를 우선시하는 경향.

[**] 인건비 등 비용 절감을 위해 해외로 진출했던 기업이 본국으로 돌아오는 현상.

지만 그 자체로 큰 매매 차익을 줬다기보다는 내가 다른 기업에 투자하는 데 꾸준한 재원을 공급했다', '코카콜라는 내가 부를 일구는 데 혁혁한 기여를 했다. 하지만 단순히 경제적 해자를 가졌기 때문이 아니라 장기적으로 그리고 세계적으로 판매량을 늘렸기 때문이다'라고 확실히 고백해야 한다. 지금까지 투자의 지평을 확대한 데 방점을 찍는 일이 될 것이다.

그가 그런 고백을 전혀 하지 않은 것은 아니다. 워런 버핏이 본격적으로 버크셔해서웨이를 경영하기 이전 헤지펀드의 일종이라고 볼 수 있는 버핏파트너십을 경영한 적이 있다. 1969년 버핏파트너십을 청산할 때 그의 순자산은 2,650만 달러였다. 한국은행에 따르면 그때부터 지금까지 소비자 물가가 25배가량 올랐으므로 현재가치로는 7,000억 원이 넘는다. 그때 그의 나이는 서른아홉 살에 불과했다. 버핏파트너십 시절 그는 아주 싼 주식, 훌륭한 비즈니스 모델을 가진 기업, 지배구조 개선을 통해 기업가치가 현저히 제고되는 주식 등 말하자면 '돈 되는' 투자는 다 했다. 꼭 장기 투자를 한 것도 아니었다.

하지만 운용자산이 너무 커 이전처럼 적극적으로 투자할 수 없었고, 이미 경제적 자유를 충분히 누릴 만큼의 재산을 축적했기 때문에 불편하고 귀찮은 돈을 운용할 필요가 없었다. 실제로 워런 버핏은 여러 인터뷰에서 100만 달러밖에 없던 가난한(?) 시절로 다시 돌아간다면 지금처럼 투자하지 않을 것이며, 연 복리 50퍼센트 수익률을 '보장'할 수 있다고 말하기도 했다. 당신도 빨리 부자가 되고 싶어 주식에 투자하는 것이라면 워런 버핏을 배우되, 그의 투자 법을 무조건 따라 할 필요는 없다. 꼭 그래야만 한다면 버핏파트너십 시기의 워런 버핏을 따르라.

재무제표만 봐서는 안 되는 이유

자존심 때문에 농심 현준이라는 타이틀을 버릴 수 없었지만, 농심에 투자한 것이 뭔가 잘못됐다는 것을 알았을 때쯤 선회한 것이 우습게도 재무제표다. 워런 버핏은 전통적 가치주에서 미래를 발견하지 못해 지금의 방법으로 진화했는데 나는 거꾸로 갔다. PER이 낮은 기업, 퀄리티 좋은 기업에 투자해서 실패하니 정말 싼, 말도 안 되게 싼 자산주를 찾아보자는 심산이었다. 자산주의 특징은 기업의 미래를 내다볼 필요가 없는 것이라고 생각했다. 그냥 지금 공시된 자료만 잘 분석한 후 기다리면 수익을 낼 수 있다고 믿었다. 그래서 투자한 것이 신풍제지다.

신풍제지는 치킨, 피자 같은 배달 상자나 종이컵 등에 쓰이는 백판지를 생산하는 기업이다. 말만 들어도 따분해지는 일을 하는 곳이다. 그러니 가치투자에 딱이다. 이 회사는 영업이 악화일로여서 생산능력을 점점 줄이고 있었다. 가지고 있는 공장과 설비도 내다 팔고 허허벌판인 땅만 늘어갔다. 내가 주목한 포인트다. 신풍제지가 보유한 토지는 경기도 평택시에 있었는데, 이 주변에 고덕 신도시가

들어서면서 땅값이 천정부지로 뛰었다. 재무제표에는 장부가 $^{●}$ 로만 기재돼 있어 확실히 저평가된 기업으로 보였다. 인터넷 지도에 거리뷰라는 기능도 없고, 학생이라 자가용도 없던 시절에 직접 가서 사진을 찍고 주변 부동산 중개업소도 몇 군데 들렀다. 본업에서 수년간 적자를 기록했다는 점을 고려하더라도 충분히 상승 여력이 있었다.

그러나 이 또한 주가가 오르지 않았다. 시간이 많이 흘러 해당 토지를 처분할 때 반짝 올랐는데, 그마저도 시장의 주목을 받지 못하고 금세 제자리로 돌아갔다. 지금 생각해보면 당연한 결과였다. 경영자가 회사의 자산을 개인 재산과 동일시하고 주주 몫을 나눠주지 않는다면, 회사의 자산 가치는 아무 의미가 없다. 우리가 주식으로 돈을 벌기 위해서는 주식시장 참여자 대다수가 기업에 관심을 두는 것은 물론, 거래량이 동반돼야 한다. 만일 자산 가치가 풍부한 회사에 투자했는데 아무도 관심을 두지 않는다면? 경영자가 회사 자산을 자기 욕심을 채우는 데 쓰거나 주주가 원치 않는 수익성 낮은 곳에 투자했다면? 이것이 주주행동주의가 필요한 이유다. 숭고한 일을 하는 분들께 경의를 표한다.

그러나 솔직히 말하면, 한국의 주주행동주의는 아직 멀었다. 독립운동가들이 독립이 눈에 보였기 때문에 독립운동을 했겠느냐고 묻는다면 할 말이 없다. 다시 말하지만 그들을 훌륭하다고 생각한

● 말 그대로 회사 장부상에 등록된 가격. 현재 가격 또는 거래되고 있는 가격인 시가와 대비되는 말.

다. 한국은 자본주의나 주식회사 제도가 정착된 지 오래되지 않아 경제 선진국들보다 대주주 지분율이 높다. 점차 낮아져야 하는데 삼성전자 이재용 부회장과 같이 편법을 동원해 회사를 계속해서 지배하려는 사람들이 많다. 조금씩 나아지고는 있다지만 정의나 윤리의식보다는 '그래도 한국 경제를 짊어지고 있는데', '이런 회사들이 일하는 데 발목 잡지는 말아야지'라는 이해 못 할 경제 논리가 팽배해 부도덕한 기업가들이 활개를 친다. 우리는 정정당당하게 부자 되는 방법을 찾아야 하고, 그것이 건강한 사회로 나아가는 유일한 길이다.

결과적으로 대학생 시절 투자 여정은 실패의 연속이었다. 반드시 돈을 벌 수 있다는 믿음으로 지나왔지만 손에 쥔 것은 자동차 한 대 정도 살 만한 돈뿐이었다. 당시의 주식시장이 워낙 상승세여서 누구나 돈을 벌 수 있었기에 그나마 수익을 낸 것이다. 꾸준히 과외를 해서 계좌에 집어넣은 돈이 있었기에 망정이지 수익률은 그렇게 높지 않았다.

펀드매니저가
되겠습니다

남보다 나 자신을 소중히 여기는 성격에 운동 능력도 부족하다는 사실을 깨닫고 소방관이 되기를 포기했다. 그때부터 기자가 되고 싶었다. 어릴 때부터 말하기와 글쓰기에는 자신이 있었고 비판적인 사고를 하는 편이었기 때문이다.

신문 기자가 되고 싶은 마음에 휴대전화 배경화면에 '김 기자 특종이야!'라고 적었다. 나는 펜 하나로 세상을 바꾸고 싶었다. 기자를 포함해 언론사에 입사하기 위해서는 '언론고시'라는 시험을 치러야 한다. 여기서 고시란 정부가 주관해 5급 공무원을 선발하는 고등고시를 뜻한다. 그러나 과거 사법시험이 그랬고 지금도 비슷한 이름으로 불리는 임용시험이 그렇듯, 경쟁이 치열해 합격이 어려운 시험에는 모두 '고시'라는 글자가 붙는다. 언론사 입사 시험도 마찬가지다. (KBS 등 일부 공기업이 존재하나 일반적으로는) 사기업에 취업하는 것임에도 고시라는 단어를 붙이는 것이다. 일반적인 스펙에 더해 상식 시험, 논술 및 작문 등을 겨룬다. 보통은 이를 위해 스터디를 조직해 서로 격려하고 객관적으로 평가하는 기간을 거치는데, 나도 1년 넘게 스터디에 참여할 정도로 기자가 되기 위해 열심이었다. 내가 알기로는 그 스터디의 모든 사람이 제각기 꿈을 찾아 좋은 인생을 살고 있고, 언론인이 된 사람은 아무도 없다는 것이 함정이지만 말이다. 어찌 보면 매스컴에서 뭔가를 전달한다는 점에서 내가 그나마 옛꿈에 가깝게 살고 있는 것 같다.

그런데 왜 기자였을까? 주식투자에 한창 빠져 있을 때인데? 역설적으로 주식을 너무 사랑했기 때문이다. 즐기는 것이 일이 되면 재미가 없어진다고 하지 않는가. 두려웠다. 내가 너무 좋아하는 일인데, 노는 것 빼고 이렇게 좋아하는 무언가가 생긴 것은 처음인데 불평과 욕지거리를 입에 달고 살고 싶지 않았다. 다른 이유는 투자 구루들의 말을 있는 그대로 받아들여서다. 피터 린치의 역작《전설로 떠나는 월가의 영웅》(국일증권경제연구소, 2021) 서문에는 본격적으로 주식에 투자하기 전에 평생 거주할 수 있는 집 한 채는 마련하라는 조언이 있다. 그와 비슷한 개념인데, 주식투자는 내가 열심히 한다고 해서 되는 것이 아니라 투자한 기업의 임직원이 어떻게 하는가에 달려 있다. 그러므로 투자는 투자대로 하고, 소득을 올리는 직업은 따로 가져야 한다. 그게 '더블 인컴'의 지름길이라고 생각했다. 왜 주식투자만으로도 소득을 올릴 수 있다는 것은 생각하지 못했을까? 어쨌든 당시의 나는 주식 다음으로 하고 싶은 신문 기자가 되기로 마음먹었다.

나이 먹어서까지 부모님이 먹여주고 재워주고, 대학교 등록금까지 내주시는 것에 적잖이 부끄러움을 느꼈기에 짬 나는 대로 아르바이트를 하곤 했다. 그중 마지막이 출판사 교열 아르바이트였다. 교정은 틀린 맞춤법이나 비문을 찾아내는 작업이고, 교열은 단어나 문장에 문제가 없더라도 문맥상으로 어색하거나 정리되지 않은 문장을 다시 쓰거나 수정하는 작업이다. 당시 내가 교열을 맡은 책이 벤저민 그레이엄의 《증권분석》이었다. 벤저민 그레이엄은 워런 버핏이 스탠퍼드대에서 공부할 때부터 평생의 스승으로 모신 가치투자의 창시자다. 나의 고용주이자 출판사 사장님은 가치투자에 푹 빠진 투자자였고, 가치투자를 처음 정립한 《증권분석》이 한국에 아직 출간되지 않은 것에 큰 아쉬움을 가지고 계셨다. 그러다가 출판사가 어느 정도 궤도에 오르자 돈이 안 된다는 것을 뻔히 알면서도 '성덕'이 되기 위해 번역서를 내기로 한 것이다. 그런데 문제는 그 출판사가 영어 교재에 특화된 회사라는 점이었다. 기존에 영어 교재를 내던 영문학 교수에게 번역을 맡겼는데 글맛이 영 안 산다 싶었고, 그래서 투자에 관심이 많고 투자 서적을 많이 읽어본 교열자를 찾았다.

영어는 좀 그렇다 치더라도 투자 서적 읽는 데는 둘째가라면 서러울 때라 무서운 줄 모르고 지원했다가 덜컥 일을 맡았다. 초고는 가관이었다. 예를 들면 PER이 '가격 수익 비율'로 번역돼 있었다. 가격보다는 주가가, 수익이 아니라 이익이 더 맞는 표현이다. 'Ratio'라는 단어도 비율보다는 배수라고 하는 것이 더 적확하다. 아니면 그냥 PER이라고 해도 무방했을 것 같다. 번역 원고를 조금 다듬으면 될 줄 알았는데 결국 원문을 모두 읽어야 했고, 처음부터 다시 써야 하는 문장도 수두룩했다. 영어 실력이 부족한 나에게 이런 작업은 고역일 수밖에 없었다.

그런데 웬걸. 그 두 달이 너무나 행복했다. 품이 많이 들고 어려운 일인 건 분명하지만, 14층 서고에 짱박혀 라꾸라꾸 침대에서 시간을 보내기 바빴던 공익근무요원 시절의 내게 아주 알찬 나날을 안겨줬다. 가장 혁신적인 기업으로 철도를 꼽는, 수십 년 전에 쓰인 책을 끙끙대며 읽고 번역하느라 시간 가는 줄 몰랐다. 특히 안전 마진의 개념을 정확히 이해하게 됐을 때의 희열은 이루 말할 수 없을 정도였다. 《증권분석》 제3판은 출판사 사장님의 의지와 나의 노력에도 불구하고 변변치 않은 판매량 탓에 절판됐고, 지금은 더 훌륭한 번역가와 감수자의 손을 거쳐 다시 태어났다. 그러나 내가 그 책을 한국에 처음 선보인 데 한몫했다는 건 인정해줘야 한다. 나는 안전 마진의 진짜 의미를 이해하고 떠들고 다닌 몇 안 되는 사람 중 하나였다.

지금의 안전 마진은 기업의 가치와 주가의 차이를 말한다. 계산한 기업의 가치보다 낮은 주가에 거래되는 주식은 투자하기에 안전하며 그 차이만큼의 수익을 기대할 수 있다는 뜻이다. 그러나 이는 벤저민 그레이엄의 최초 정의를 제자 워런 버핏이 다소 변형한 개념이다.《증권분석》의 안전 마진은 채권투자에서 나온 개념이다. 벤저민 그레이엄은 채권투자의 달인이었고,《증권분석》에서도 채권투자를 비중 있게 다룬다.

손익계산서를 작성할 때 가장 먼저 나오는 계정이 매출액이다. 매출액에서 재화의 생산에 직접적으로 소요되는 비용인 매출원가를 제하면 매출총이익이 나온다. 여기에서 판매비와 관리비를 뺀 것이 영업이익이고, 영업이익에서 영업외수익과 영업외비용, 법인세까지 가감하면 순이익이 나온다. 주주는 기업의 재산을 나눌 때 가장 후순위 청구권자이므로 순이익을 중요하게 여긴다. 그러나 채권자에게는 이자비용을 차감하기 전의 영업이익까지만 중요하다. 기업의 가치가 어떤 쪽으로 가는지는 의미 없다. 오로지 관심 있는 것은 내가 회사에 빌려준 원금과 정해진 이자를 제때 받을 수 있느냐 하는 것이다. 채권투자에서는 주가라는 요소가 등장하지도 않는다.

가치투자의 창시자 벤저민 그레이엄이 채권투자자로서 창안한 안전 마진의 개념은 다음과 같다. 어떤 기업이 사업 확장을 위해 채권을 발행했고, 그에 따라 매년 갚아야 할 원리금이 100만 원이라고 가정해보자. 이때 영업이익이 100만 원이라면 채권투자자는 아무런 걱정이 없다. 영업이익 100만 원에서 원리금 100만 원을 빼고 나면 이익이 남지 않을 것이므로 세금을 걷고 싶어 하는 정부와 배당을 받고 싶어 하는 주주는 발을 동동 구르겠지만, 앞서 말했듯 채권자는 괜찮다.

그런데 기업의 영업이익이라는 것이 어디 해마다 꼬박꼬박 나오는 것인가. 불황기가 닥치거나 새로운 경쟁자가 진입하면 감소할 수도 있다. 경영 상황이 악화해 100만 원씩 기록하던 기업의 영업이익이 50만 원까지 감소했다고 해보자. 이럴 때는 원리금을 절반밖에 상환할 수 없기 때문에 필연적으로 일부 또는 모든 채권자가 피해를 본다. "나는 기대수익률이 낮은 대신 안정적인 수입을 원하는 투자자야", "성장하지 않아도 괜찮으니 내 돈만 꾸준히 갚아다오"라고 했던 채권투자자들은 날벼락을 맞는다. 이런 상황을 방지하는 완충재가 안전 마진이다. 기업을 잘 분석해 최악의 상황에서 미래의 영업이익이 얼마만큼 감소할 수 있는지를 알아보자는 것이다. 앞에서 이야기한 기업이라면 지금은 영업이익 100만 원을 벌고 있지만, 어쩌면 50만 원으로 줄어들 수도 있다. 그러니 이 기업에는 원리금이 50만 원을 넘지 않는 한도 내에서만 돈을 빌려줘야 안전하다. 채권투자자처럼 돈을 직접 빌려주지 않는 경우에도 영업이익이 50만 원까지 감소했을 때 채무불이행 위험이 없는지 검토해야 한다.

종일 주식투자만 하고 싶어서

책을 다시 펼쳐보지 않고 이렇게 줄줄 읊어대는 것만 봐도 내가 그때의 교열 아르바이트를 얼마나 재밌어했는지 알 만하지 않은가? 주식은 부업으로 하는 것이 더 낫다고 막연히 생각했는데 그것은 주식투자를 단순히 돈벌이로만 생각할 때의 일이었다. 종일 어려운 책을 번역하면서 행간의 의미를 파악하는 것조차 이렇게 즐거운데, 하물며 좋은 투자 아이디어를 떠올리고 기업을 분석하는 일은 더 말할 나위가 있으랴. 종일 주식투자에 매진하고 싶었다.

이런 생각은 지금도 같다. 간혹 주식투자를 잘하려면 어떻게 해야 하느냐는 질문을 받을 때가 있는데 나는 "타고나는 거예요"라고 답한다. 이 세상에 쌔고 쌘 것이 투자 전문가다. 물론 번듯한 양복과 윤기 흐르는 입담만 갖추면(아, 요새는 유튜브 채널도 있어야 하는 것 같다) 누구나 흉내 낼 수 있어서 사기꾼과 구별하기가 쉽지만은 않지만. 그들이 운용보수 명목으로 가져가는 돈은 기껏해야 당신 자산의 일부에 불과하다. 가장 잘나간다는 헤지펀드 운용사도 1년에 5~6퍼센트 정도다. 이것도 연간 수익률이 20퍼센트는 되어야 가능한 일이다. 이런 세상에서 모두가 주식투자를 할 필요는 없다. 각자 바쁜 생업과 학업 또는 좋아하는 취미 생활에 시간을 쓰고 간접 투자자로 남아도 부자 되는 데 지장이 없다. 모든 일이 그렇듯, 주식투자 역시 종일 그 생각만 해도 즐거운 사람들이 해야 한다. 세상만사에 호기심이 많고, 승부욕이 활활 불타오르고, 숫자와 논리에 강한 이들이 투자 전문가가 된다. 나는 투자를 위해 아이디어를 발굴하고 기업을 분석하는 것을 일이라고 생각하지 않는다. 나에게 흥밋거리와 짜릿한 경험을 끊임없이 안겨주는 도박과 같은 놀이일 뿐이다.

"주식투자로 큰 수익을 올렸을 때 가장 기분이 좋죠?"라는 질문도 가끔 받는데 물론 기분 좋다. 하지만 '가장' 좋은 것은 아니다. 새로운 주식을 찾아낸 그 순간이 최고다. 근사한 무언가를 발견하고, 주가가 분명히 올랐어야 하는 상황인데 아직 그렇지 못할 때, 나만 아는 것 같은 그때, 지금 당장 매수하지 않으면 주가가 금세 올라버릴 것 같을 때가 쾌락의 극치다. 포커를 칠 때도 아드레날린이 가장 '뿜뿜' 하는 순간은 판을 접고 두둑한 주머니와 함께 집으로 향할 때가 아니다. 내가 올인한 판에서 기다리던 카드가 '또옥' 떨어지는 그 순간일 것이다. 대부분은 내가 뭔가를 잘못 봤거나 계산을 잘못한 것으로 밝혀지지만, '이럴 리가 없는데?' 하면서 하나하나 검증해나갈 때는 마치 오르가슴을 느끼는 것과도 같다. 주식(과 방송)은 일이 아니다. 일이라면 이토록 즐겁게 할 수 없다. 내게 일이란 회사를 경영하는 데 따르는, 내가 생각할 때 다소 부수적이라고 생각하는 작업만을 의미한다. 그러니 주식투자는 내게 천직 아니겠는가. 감사할 따름이다.

"저 언론고시 스터디 그만두겠습니다."

나를 만든
두 가지 좌우명

내 좌우명은 두 개다. 첫째는 정도正道다. 당장은 다소 돌아가는 것처럼 느껴지더라도 원칙을 따라가면 언젠가는 목표에 더 일찍 도달할 수 있다는 뜻이다. 무슨 일이 있더라도 남 앞에 당당하게 살고 싶다는 의미도 된다. 그래서 꼼수 쓰는 것을 무엇보다 싫어한다.

첫 직장에서 모시던 K 이사님은 진정한 보스였다. 어떨 때는 당당한 리더로, 어떨 때는 누구보다 따뜻한 형으로 자산운용팀을 이끌었다. 보스는 가장 늦게 출근하고 가장 일찍 퇴근해야 한다는 것을 알려준 것도 그분이다. 본인의 부지런함을 어찌할 수 없어 가장 일찍 출근한 다음 운동과 사우나를 다녀왔고, 퇴근해서는 술이 고픈 팀원들을 위해 시간과 지갑을 제공했다.

책에 사인을 해달라는 독자를 만나면 "줄기차게 이기려면 괴롭지만 정수正手가 최선이다"라는 말을 함께 쓴다. 이 또한 K 이사님의 취미에서 나온 것이다. 묵묵하게 수를 둬 따분한 듯하지만 결국 반집, 한 집 차이 승리를 이끄는 돌부처 이창호 9단이 한 말이라며 가르쳐주셨다. 바둑 대회는 보통 토너먼트이기 때문에 화려한 대국을 하는 것보다 줄기차게 이기는 것이 중요하다. 묘한 방법으로 상대방을 속이는 암수暗手는 한두 번 써먹을 수는 있지만 결국 들통나게 마련이어서 줄기차게 이기는 일에는 적당하지 않다. 내가 빌려 쓴 말의 원문은 이렇다.

"한 건에 맛을 들이면 암수의 유혹에 쉽게 빠진다. 정수가 오히려 따분해질 수 있다. 그러나 바둑은 줄기차게 이기지 않으면 우승할 수 없고, 줄기차게 이기려면 괴롭지만 정수가 최선이다."

이창호 9단이 세계대회 우승 10주년 기념 인터뷰에서 한 말이다. 지금도 내 책상에 캘리그라피 액자로 자리 잡고 있다.

둘째는 일신우일신日新又日新이다. 날마다 새로워지고 또 날마다 새로워진다는 뜻으로, 나날이 발전해야 함을 이르는 고사성어다. 내가 가장 무서워하는 것은 죽음이다. 지옥불이 무서운 것도, 지금 누리는 삶이나 가까운 사람들을 잃는 것이 무서운 것도 아니다. 무無로 돌아가는 것이 가장 무섭다. 죽음을 가장 논리적으로 풀어낸 셸리 케이건 교수의 《죽음이란 무엇인가》(엘도라도, 2012)를 인생 책 중 하나로 꼽지만, '죽음은 피할 수 없기 때문에 지금을 열심히 살아야 한다'라는 결론은 말처럼 실천하기가 쉽지 않다. 그러나 길어야 100년밖에 되지 않는, 지금은 60년 남짓 남은 인생, 어쨌든 잘 살아야 하지 않겠나. 후회를 남겨서는 안 된다. 무엇이든 꼼꼼하게 설계하는 습관을 지닌 강박증 환자가 선택한 방법은 인생의 어떤 분야든 퇴보해서는 안 된다는 것이다.

가치투자 명가의 일원이 되다

처음부터 일신우일신이라는 좌우명을 품고 산 것은 아니다. 동경에서부터 시작된 일이다. 펀드매니저가 되기로 마음먹은 후 브이아이피투자자문(현 브이아이피자산운용)을 선택한 이유가 무엇인지 아는가? 물론 당시 브이아이피투자자문은 신영자산운용, 에셋플러스투자자문(현 에셋플러스자산운용), 한국밸류자산운용(현 한국투자밸류자산운용)과 함께 '가치투자 4대장'으로 불리던 좋은 회사였다. 그리고 투자를 시작하면서 선배들의 권유로 가장 먼저 읽은 책이 브이아이피투자자문의 두 대표님이 쓴《한국형 가치투자 전략》(이콘, 2004)이기도 했다. 그러나 더 직접적인 이유는 동아리 초대 회장 Y 선배가 다니고 있었기 때문이다.

우리 동아리는 Y 선배가 같이 주식투자 이야기를 할 만한 사람들을 모으는 공고를 올리면서 시작됐다. Y 선배는 내가 인정하는 천재 중 하나다. 천재들이 사람과의 관계를 어색해하고 감정 표현이 서투르다는 것을 알게 된 것도, 왼손잡이에 막연한 환상이 생긴

것도 모두 이 선배 때문이다.

내가 보는 투자계 인물은 우물 안 개구리처럼 좁았다. 그래서 어린 마음에 목표로 삼은 것이 Y 선배다. 'Y 선배가 들어간 회사니까 따라 들어가야지', '그런데 Y 선배는 재수를 했고, 인턴 생활을 하느라 휴학도 했으니 나랑 2년 정도 차이 난다. 어차피 결승점이 브이아이피투자자문이라면 그곳에 한 살이라도 어린 나이에 들어가는 것이 이기는 길이다'라면서 나 혼자 경쟁을 시작했다.

과거 동아리 회장 자격으로 최준철, 김민국 대표님을 만났을 때 명함을 받은 적이 있다. 모집 공고가 있는 것도 아닌데 인터넷 어딘가에서 찾은 지원서 양식을 이용해 이메일을 보냈다. 대략 회사가 구인 중이 아닌 것은 안다. 하지만 난 브이아이피투자자문의 철학에 공감하고 대학생 중에서는 투자를 꽤 공부한 편이다. 한번 만나나 봐달라 정도의 내용이었다. 직접 작성한 기업분석 보고서도 첨부했다. 자신 있었다. 얼마나 자신 있었는가 하면 지원서 내용, 분석 보고서, 면접 과정을 모두 동아리 친구들에게 공개할 정도였다. 특히 지도교수님께 검토해달라는 명목으로(실은 자랑하기 위해) 보여드린 분석 보고서 중 재무제표 작성의 기본이 틀렸다는 것을 알게 됐을 때 그리고 책으로 배운 투자 방법론을 후배들에게 면접 팁을 준답시고 게시했던 것을 몇 년 후 봤을 때를 떠올리면 지금도 아찔하다.

면접 때의 문답도 기억난다. "가장 중요하게 생각하는 투자 지표가 뭔가요?"라는 질문에 당당하게 "유지 가능한 ROE입니다"라고 답했다. 그때까지 워런 버핏은 책을 쓴 적이 없었는데, 그를 연구하는 이들이 많아 '워런 버핏'이라는 이름을 달고 나온 책들이 꽤 있었다. 그 책들에서 공통으로 주장하기를 워런 버핏이 가장 중요하게 보는 것이 ROE라고 했고, 나는 그런 줄만 알았다. 이후《스노볼 1, 2》(RHK, 2021)이라는 전기가 출간되긴 했으나, 버핏 자신이 아니라 앨리스 슈뢰더라는 애널리스트가 썼다. 그 책이 미국에서 출간된 것이 2008년, 한국에 처음 번역돼 나온 것이 2009년이니 브이아이피투자자문 면접을 볼 당시에는 책이 없었다고 보는 것이 타당하다.

지금이라면 워런 버핏이 직접 쓴 책이 아니라고 해도 버크셔해서웨이 주주서한을 보고 간접적으로나마 그의 뜻을 유추하려고 노력했을 것이다. 재테크 유튜버들이 조회 수를 높이기 위해 만드는 자극적인 섬네일만 봐도 그렇지 않은가. "올해 종합주가지수 몇 포인트를 예상하십니까?", "삼성전자 지금 사도 되나요?"와 함께 단골로 등장하는 질문이 "투자 지표 하나만 봐야 한다면?"이다. 출연자들은 "영업이익률이 20퍼센트 이상이면 좋은 기업입니다", "PER이 7배 이하일 때 사야 합니다" 등 단칼에 모범 답안을 제시한다. 그리고 시청자들은 그 말에 낚여서 몇 개월, 길게는 몇 년을 헤맨다. '영업이익률이 20퍼센트 이상인데 왜 주가가 내려가지?', '이 기업은 PER이 30배도 넘는데 계속 올라가네?'라고 고개를 갸웃거리면서 말이다. 쉬운 길은 없다. 투자의 세계가 얼마나 오묘하고 복잡한데 그렇게 쉽게 답이 찾아지겠는가.

당신을 위해 워런 버핏의 책에서 이야기하는 ROE에 관해 간단히 설명하겠다. ROE는 순이익을 자기자본으로 나눈 것이다. 예를 들어 ROE가 20퍼센트라고 한다면 순이익이 자기자본의 20퍼센트라는 것이고, 같은 순이익을 5년 동안 벌어들이면 자기자본이 2배가 된다는 뜻이다. 나머지 조건이 같다면, 당연히 ROE가 높을수록 좋은 기업이다. 한편 PER은 주가를 순이익으로 나눈 것인데, 이 역수는 '순이익을 몇 년 동안 모아야 내가 지불한 가격을 회수할 수 있느냐' 하는 기대수익률 개념이다. 비슷한 관점에서 ROE는 자기자본과 동일한 시가총액(이를 PBR 1배라고 한다)에 기업을 매수했을 때 또는 PER이나 PBR과 같은 시장의 기대치가 변하지 않는다고 가정할 때의 기대수익률과 같다.

예를 들어 시가총액과 자기자본이 1,000원이고 순이익이 200원인 기업은 PBR이 1배, ROE가 20퍼센트다. PER은 5배인데, 이는 순이익 200원을 5년 동안 모으면 시가총액 1,000원을 회수할 수 있다는 의미다. ROE가 20퍼센트이므로 5년 후면 자기자본이 2배로 불어날 수 있고, PBR 1배가 유지된다면 5년 후에는 주가도 2배 오르리라고 생각할 수 있다. 그런데 5년 후, 그 기업의 시장 기대치가 어떤 이유로든 꺾였을 때 함정이 발생한다. 분명히 자기자본은 2,000원이 되겠지만 자기자본의 배수, 즉 PBR이 0.5배가 된다면 주가는 여전히 1,000원에 머물러 있을 것이다. 그래서 2022년의 나는 ROE보다 PER이 더 중요하다고 느낀다.

ROE는 두 가지 조건을 만족하는 투자자에게 더 적합한 지표다.

첫째는 주가에 관심이 없어야 한다. 그 주식을 '영원히' 보유하면서 그 회사가 벌어들이는 순이익을 좌지우지할 수 있는 비상장기업 투자자가 그렇다. 그만큼 주가라는 변수가 빠지면 ROE는 매력적인 투자 지표가 된다. 둘째는 자기자본을 마음대로 사용할 수 있어야 한다. 배당금을 제외한 순이익은 모두 자기자본이 되므로 순이익이 누적된 만큼 자기자본이 늘어난다. 따라서 매년 같은 순이익을 기록하는 기업이 ROE를 유지하려면(주주들에게 같은 기대수익률을 제공하려면) 순이익을 모두 배당금으로 지급해야 한다. 순이익을 배당금으로 지급하지 않은 채 ROE를 유지하기 위해서는 자기자본이 늘어나는 속도만큼 순이익도 증가해야 한다.

예를 들어 순이익 200원, 자기자본 1,000원인 회사의 ROE는 첫해에는 20퍼센트겠지만, 해마다 순이익이 200원이라면 ROE가 둘째 해에는 17퍼센트, 그다음 해에는 14퍼센트로 감소한다. ROE 20퍼센트를 유지하려면 200원이 아니라 240원, 288원, 346원의 순이익을 기록해야 한다. 그렇지만 순이익이 매년 20퍼센트씩 성장하는 기업은 보기 드물다.

다행히도 워런 버핏의 투자는 두 가지 조건을 모두 충족한다. 주로 비상장기업에 투자하며, 그가 희망 투자 기간을 "영원"이라고 이야기한 데서 알 수 있듯이 PEF_{Private Equity Fund}● 처럼 나중에 되팔 일도 별로 없다.

● 경영참여형 사모펀드. 주로 소수의 투자자를 모집해 기업을 인수한 뒤 그 가치를 높여 되파는 전략을 취한다.

그렇다면 배당은 어떨까? 워런 버핏은 배당금을 싫어하는 것으로 유명하다. 배당소득세를 내야 하고, 그 배당금으로 또 다른 투자 대상을 찾아야 하는 일이 번거롭기 때문이다. 훌륭한 경영자가 알아서 자본을 재배치하는 회사에 투자하면 그럴 일이 없을 것이다. 다행히 워런 버핏은 전 세계에서 자본 재배치를 가장 잘하는 사람이다. 소유한 기업이 굳이 배당이라는 이름으로 자기자본을 줄이지 않더라도 그 자금을 이용해서 더 좋은 기업을 인수한다. 그렇기에 본인이 투입한 자금 대비 회사가 얼마나 벌어들이는지가 중요할 수밖에 없다. 단순히 회계장부상의 ROE가 아니라.

아마 대학생에게 그 정도를 기대하지는 않았나 보다. 부끄러운 당당함 속에도 입사 절차는 일사천리로 진행됐다. 인생 첫 면접 날 민방위 훈련 사이렌에 마을버스가 멈춰서 지각할 뻔한 것만 빼면. 그게 2007년 11월로, 대학교 3학년 2학기 스물네 살 때였다.

당시 브이아이피투자자문은 가치투자 4대장 중에서 가장 작은 회사였다. 그럼에도 예정에 없던 신입사원을 채용한 데는 대표님들의 사람 욕심과 더불어 내 일본어 실력도 한몫했다고 믿는다. 중소기업은 멀티 플레이어를 좋아할 수밖에 없다. 다방면까지는 아니더라도 잡기 한두 가지는 가지고 있어야 한다.

내가 전공으로 일어일문학과를 선택한 것은 어떻게 하면 학교 공부를 조금이라도 덜 하고 수월하게 졸업할까 생각한 끝에 내린 결정이다. 중학교 때부터 일본 애니메이션과 드라마에 빠져 독학한 실력만으로도 일어 수업은 만사형통이었으니 그리 나쁜 결정은 아니었다. 이런 일본어가 내 경력의 출발점이 되다니 인생은 참 알다가도 모를 일이다. 그러나 일본어는 회사에 다니는 동안 한두 번 정도를 빼면 써먹어 본 일이 없다.

에머슨퍼시픽(현 아난티)이 추진하고 브이아이피투자자문이 자금을 댄 일본의 고급 료칸 브랜드 호시노야星のや를 체인화하려는 사업을 검토하기 위해서 출장을 간 적이 있다. 신칸센을 타고 나가노현 가루이자와라는 곳까지 가서 융숭한 대접을 받으며 리조트의 사업성에 관해 협의했다. 결국 사업은 결렬됐지만 진하게 남아 있는 기억이 하나 있다. 바로 에머슨퍼시픽의 이만규 대표다. 처음으로 가까이서 본 거부巨富라고 할 수 있는데 당시에는 유행하지도 않던 캐나다구스 패딩을 입었다는 것만 제외하면 그런 느낌을 전혀 받지 못했다. 이만규 대표는 대출을 얼마 일으켜 부지 몇 평을 사고, 언제까지 건설을 마치리라는 이야기에는 전혀 관심이 없는 듯했다. 오히려 그런 것들은 숫자놀음을 하는 우리의 몫이었다. 그는 출장 기간에 호시노야의 리조트, 그것도 디테일에만 신경을 썼다.

"이 조명은 어디서 사 온 것입니까?"

"조식 메뉴는 어떻게 결정합니까?"

"여기 온천의 온도와 조도를 보세요. 근사하지 않습니까?"

이 기억은 나에게 아주 강한 인상으로 남아 많은 사람이 부채가 너무 많고, 분양이 잘 될지 모른다는 이유로 홀대하던 주식을 과감히 매수하게 했다. 이만규 대표가 만드는 리조트라면 입지나 콘셉트와 무관하게 반드시 성공하리라는 믿음이 있었기 때문이다. 물질적 소비에 큰 욕심이 없는 나도 여윳돈이 생기면 구매해보고 싶은 것 중 하나가 아난티 회원권이기도 하다. 인기가 너무 많아 회원권을 가지고 있어도 예약 전쟁이라는 소리에 포기했지만. 주가가 몇 배 오른 것은 당연한 결과였다.

입사에 도움을 준 일본어지만 10여 년 동안 쓸 데가 없었던 것은 '가치 함정'을 깨달았기 때문이다. 가치 함정이란 저평가된 주식을 산다는 가치투자의 가치와 함정을 더한 합성어다. 싼 줄 알고 샀는데 알고 보니 구덩이 같은 함정에 빠져 이도 저도 못 하게 되는 상황을 뜻한다. 주로 장기적으로 업황이 안 좋거나, 가진 것은 많지만 대부분 무수익성 자산이라 투자자들에게 외면받는 경우다. 당시 낮은 PER과 PBR을 보고 일본 주식시장에 관심을 뒀던 대표님들도 금세 일본 투자를 포기했다.

'너보다 빨리'에서 '어제보다 나은'으로

너무 많이 돌아왔다. 일신우일신 입사 스토리로 돌아가 보자. 금융투자업 종사자는 '자본시장과 금융투자업에 관한 법률'에 따라 자기 돈을 건전한 투자 문화에 걸맞게 투자해야만 한다. 건전한 투자 문화라는 것이 너무 모호하므로 업계나 기업마다 자체 규정을 만들어두고 있다. 이를테면 얼마 이상을 투자할 수 없다거나, 일단 투자했다면 며칠 이상은 보유해야 하고, 감독 당국에 투자 현황을 보고해야 한다는 등이다. 하지만 규정을 만들면 만드는 대로 일이다. 회사 입장에서는 그 순간 관리·감독할 의무가 생기기 때문이다. 그래서 당시 브이아이피투자자문은 아예 임직원의 상장주식 투자를 금했다. 지금 와서 각종 규정을 완화해달라는 우리 회사 직원들의 이야기를 듣고, 그것이 피고용인에겐 얼마나 무지막지한 단점이었는지 알게 됐다. 하지만 그때는 좋은 회사에 입사했다는 사실이 마냥 기뻤고 평생 회사와 함께하고 싶다는 마음뿐이었다. 회사 규정은 당연히 지켜야만 한다고 생각해서, 입사 전 가지고 있던 주식을 모두 팔아버렸다.

대학생치고는 꽤 큰돈이었기에 뭔가 의미 있는 일을 해야 했는데, 그때 눈에 들어온 것이 자가용이었다. 금액도 딱 맞는 정도였고, 기업탐방도 많이 다닐 텐데 막내 입장에서 선배나 상사 차를 얻어 타고 다닐 수만은 없다고 생각했다. 아, 그냥 솔직하게 이야기하겠다. 당시 사귀던 여자친구(현 배우자)와 이야기하던 도중 자신은 지금까지 자가용 없는 남자친구와 만나본 적이 없단다. '내가 돈이 없나, 가오가 없나?' 그때부터 자동차 카탈로그를 뒤지기 시작했다.

하지만 그래도 펀드매니저가 되려면 운전을 잘해야 한다는 것은 진실이다. 책상 앞에 가만히 앉아서 생각하는 것도 좋은 일이지만, 역시 현장을 발로 뛰면서 얻는 경험과 단서들이 주식을 찾는 데 가장 빠른 길을 알려준다. 케케묵은 이야기지만 조선업을 예로 들자면 기자재 업체들이 모여 있는 부산 녹산 공단의 야적장에 철강 제품들이 얼마나 쌓여 있느냐, 그 철강을 벌겋게 달구어 집채만 한

망치로 때리는 단조 공정 소리가 들리느냐 아니냐로 업황을 가늠할 수 있다. 그런 곳을 찾아가려면 반드시 운전을 할 줄 알아야 한다. 한번은 S&T대우(현 S&T모티브)라는 기업을 찾아간 적이 있는데 선배들이 그렇게 겁을 주더라. 정말 찾아가기 어렵다면서. 그냥 농담으로 흘려들었는데 정말 찾을 수가 없었다. 스마트폰이나 자가용 매립형 내비게이션이 없던 시절이라 렌터카 회사에서 앞 유리창에 달아주는 내비게이션에 의존할 수밖에 없었는데, 시동을 켜면 GPS를 잡는 데 30분이 넘게 걸리기도 했다. 그런데 알고 보니, 심지어 이 회사는 군에 납품하는 소총도 같이 생산하는 터라 방위산업체로 등록돼 있어 지도에 안 나오는 것이었다.

이렇게 실리적인 이유가 아니더라도 운전을 해야 하는 이유는 또 있다. 펀드매니저가 직업으로 좋은 이유 중 하나는 업무 시간에 당당하게 외출할 수 있다는 것이다. 건물 숲을 벗어나 공기 좋고 풍광 좋은 곳을 지날 때는 스트레스가 사라진다. 그 지역의 맛집을 다니는 기분은 또 어떤가. 미팅과 미팅 사이에 시간이 좀 남으면 사우나에 가서 몸을 지지는 것도 제맛이다. 첫 차를 고를 때 기준은 금액과 디자인이었다. 자동차를 잘 모르기도 해서 그냥 내 눈에 예쁘면 그만이었다. 주식을 모두 판 돈은 2,000만 원이 조금 안 됐다. 현대 아반떼, 기아 프라이드, 르노삼성 SM3, GM대우의 라세티(현 크루즈)가 후보에 올랐고 그중 SM3를 선택했다. 디자인이 가장 마음에 들어서기도 하지만 더 큰 이유는 Y 선배와 같은 모델이기 때문이다. 물론 내 것은 뉴SM3라 뒤태가 더 예뻤다. '내가 Y 선배보다

네 살 어린데 같은 차를 산다면?' 또다시 우스운 경쟁을 해버렸다.

Y 선배와의 싱거운 경쟁은 내가 브이아이피투자자문에서 날아다니듯 활약하는 것으로 끝이 났다. 내가 출근하기 시작한 2008년 7월은 서브프라임 모기지 사태의 한가운데라 대표님들과 선임들은 기존에 '싸놓은 똥'을 치우기에 급급했고, 나는 다행히 담당 종목이 없었다. 이후 회사의 투자 정책이 선회했다고 해야 할까, 기본으로 돌아갔다고 해야 할까. 나는 백지와 같은 상태이니 바뀐 이후의 색깔을 입히기만 하면 됐지만, 선임들은 기존의 철학에서 노선을 바꿔 적응하기까지 시간이 걸릴 수밖에 없었다. 또 내가 어느 정도 프로로서의 면모를 갖출 때쯤은 이미 주가가 폭락한 뒤라 대학생 때에 이어 뭘 사도 오르는 손쉬운 장세에 올라탄 면도 있다. 대표님들도 예뻐해주시고, 자산운용팀 내의 성과도 좋아지니 경쟁하고 싶은 마음이 자연스레 사라졌다.

인생도, 수익률도 어제보다 나아진다

그때부터다. 나 자신을 경쟁 상대로 삼기 시작한 것은. 어제보다 오늘, 올해보다 내년은 절대 퇴보해서는 안 된다고 생각했다. 짧은 인생이다. 같은 일로 두 번 후회해서는 안 된다. 이런 이야기를 하면 비웃을지도 모르겠지만 난 일상의 사소한 것부터 일신우일신을 실천하고 있다.

내 직위는 사원과 대리를 거쳐, 이후 작은 회사를 차린 덕에 조금 어린 나이에 이사가 됐고 지금은 대표이사다. 우리 회사의 규모도 날이 갈수록 커가고 있고 보유한 라이선스도 유사투자자문업에서 투자자문업, 투자일임업을 거쳐 전문사모집합투자업을 등록했다. 배수의 진을 쳤다는 마음으로 한 번도 뒤로 간 적이 없다.

일하는 방법도 마찬가지다. 2015년 상반기에만 60퍼센트가 넘는 수익률을 기록하고 나서 하반기 급락을 겪었다. 연간으로는 여전히 40퍼센트가 넘는 준수한 수익률을 기록하고 있었지만 고객들은 심하게 뿔이 났다. 고객의 자산은 대체로 수익률에 후행해서 고점에 들어오는 경향이 있고, 전문가인 우리보다 인내심이 강하지 못하다. 그들이 말하는 장기란 3개월에서 6개월이고, 감내할 수 있는 하락폭은 10퍼센트 수준이다. 그에 비해 우리는 1년 이내에 사고파는 것을 단기라고 하고, 주식시장은 아무 이유 없이도 늘 20~30퍼센트 하락할 수 있다고 생각한다. 실제 고객 자산을 유치하고 1년 만에 깨달은 바다. 그래서 하이패스라는 제도를 만들었다. 장기 투자도 좋지만, 고객이 없으면 장기고 단기고 간에 투자 자체가 불가능하기 때문이다. 고객의 눈높이에 맞춰 6개월 이내에 시세가 날 수 있는 종목군을 일부 편입한다. 물론 이때도 기술적 분석이나 테마를 좇는 투기는 철저히 배제한다. 우리의 특기는 재무제표다. 한두 분기 이내에 깜짝 실적을 낼 기업을 선별한다. 이후 우리는 단 한 해도 종합주가지수에 뒤진 실적을 낸 적이 없다. 이제는 당당히 어깨 펴고 이야기할 수 있을 줄 알았으나, 고객의 눈높이는 점점 높아져만 간다. 비교 지수가 하락하더라도 내 돈은 절대 깨져서는 안 된다는 것이 요즘 고액 자산가들의 요구다.

2018년 미·중 무역분쟁이 격화됐을 때 마이너스 수익률을 기록한 적이 있다. 아주 조금, 한 자릿수 정도의 마이너스였다. 주식시장이 국내는 10퍼센트, 해외는 20퍼센트 넘게 하락한 것과 비교하면 선방한 수치다. 그럼에도 고객들은 불만을 제기했다. 우리도 아쉬웠다. 앞으로는 절대 마이너스 수익률을 내지 말자고 다짐했다. 그러려면 어떻게 해야 할까?

시장이 오를 때 많이 버는 것도 중요하지만, 모호한 주식을 가지고 있으면 하락장에 방어할 수가 없다. 확실한 주식이 없다면 아예 현금을 보유하자. 그전에도 투자를 권유할 때 "고객님의 자산은 이미 투자 성향에 따라 채권·부동산·안정형 주식 등에 잘 분산돼 있고, 단기간 큰 손실을 감내하면서도 고수익을 추구하는 자금에 한해 당사에 위탁하셔야 하며, 이 자금은 거시경제 또는 주식시장 전망과 무관하게 장기 성장성이 기대되는 개별 주식에 항상 전액 투자합니다"라고 설명하지만, 부자라도 화장실 들어갈 때 마음 다르고 나올 때 마음 다르다. 어쩌면 부자가 더한 것 같기도 하다. 우리의 투자 철학이 장기적으로 이기는 방법이라고 봤을 때 현금 비중을 기계적으로 설정하는 것은 기대수익을 낮추는 행위다.

그럼에도 여전히 우리에게는 고객의 돈이 중요하다. 이때부터 몇 가지 거시경제 지표와 주식시장의 과열 정도를 평가해 현금 비중을 최대 40퍼센트로 잡았다. 예를 들어 해당 시기에 도출된 현금 비중이 20퍼센트라면 펀드 자산의 80퍼센트만을 가지고 운용한다. 10퍼센트 편입해야 할 주식을 8퍼센트만 사는 식이다. 그 후 한국 상품은 마이너스 수익률을 기록한 적이 없다. 안타깝게도 해외 상품은 2021년 중국 시진핑 정부가 알리바바 등 빅테크 기업들을 규제하면서 손실을 봤다. 이 또한 극복해야 할 과제다.

2020년에는 코로나19를 잘 이겨내고 근사한 수익률로 마감했다. 그러나 6~7월경 포트폴리오를 정상화하고 보수적인 운용을 하는 동안 하반기에도 언택트 기업들을 필두로 주식시장이 뜨겁게 달아올랐다. 손실을 절대 보지 않겠다는 마음으로 현금관리를 시작한 지 3년, 꽤 성공적인 이 전략을 포기할 수는 없었다. 그러면서도 수익률을 더 끌어올려려 했다. 그래서 택한 방법이 풀 시스템 도입에 따른 적극적 리밸런싱rebalancing이다. 현금 비율이 상대적으로 높은 터에 같은 종목을 가지고 좀 더 큰 수익을 내려면 작은 이슈라도 놓치지 않고 기회로 삼아야 하며, 편입 종목을 끊임없이 비교해 기대수익률이 높은 순서대로 줄을 세워야 한다. 원래는 훌륭한 기업, 우리 투자 철학과 꼭 맞는 기업을 많이 살 계획이었다. 그러나 지금은 분기별로 실적 발표 시즌을 전후해 모든 운용역이 투표를 해 주가가 가장 많이 오를 법한 주식을 가장 많이 산다. 장기 투자를 위한 일보 후퇴라고 할까. 아니면 장기 투자의 고도화라고도 할 수 있겠다.

초보 사장이기 때문에 겪는 일도 있다. 가끔은 내가 인간들과 친해지려고 노력하는 로봇 같다는 생각도 한다. 그만큼 논리적으로만 움직이고 사회화는 덜 된 것 같다. 요새 유행하는 MBTI부터 이 야기하자면 나는 내향형 인간이다. 외향형이라고 추측하는 분들이 많지만 전혀 그렇지 않다. 앞에 나서길 잘하는 것과 사람과의 관계를 잘 맺는 것은 정말 다르다. 그렇다고 낯을 가리는 건 아닌 것 같다. 나는 의외로(?) 상대방을 존중하는 편이다. 정직함, 솔직함이라는 가치를 굉장히 중요하게 여겨서 뭔가 숨기고 감추는 행동을 너무나 싫어한다. 그런데 내재한 '똘끼'는 어떻게 할 수가 없다. 사람의 성격은 잘 안 바뀐다. 똘끼를 가진 솔직한 사람이 상대방을 존중하는 유일한 방법은 거리를 두는 것이다. 나만의 개똥철학을 거리낌 없이 말하거나 아직 별로 친하지도 않은데 시답잖은 유머와 높은 텐션으로 친한 척하면 상대방이 불편해할 것 같고, 그게 너무 걱정된다. 이 긴 설명이 '낯을 가린다'라는 말의 뜻과 같다면 부디 나에게 알려주기 바란다.

내 두뇌는 두 개로 딱 쪼개져 있어서 공적인 일과 사적인 일을 완전히 구분한다. 아무리 좋아하는 사람이라도 업무적으로 다툴 수 있고, 당장 기분이 나쁘더라도 할 일은 깔끔히 해야 한다. 이 또한 보통 사람들은 그렇지 않은 것 같다. 한번은 동료에게 크게 혼난 적이 있는데 업무용 메신저가 문제였다. 적체된 업무가 있어서 기한을 상기시키는 멘트를 했다. '여러 차례 기한이 지켜지지 않은 상황', '~까지 할 것'과 같은 지시형 문투였다.

국민 메신저 카카오톡을 사용하지 않는 이유도 그래서다. 약속을 잡든 업무 내용을 전달하든 꼭 필요한 말만 하고 싶은데 인사

치레도 해야 하고, 궁금하지 않은 안부도 물어야 한다. 이모티콘과 'ㅋㅋ', 'ㅎㅎ'도 적당히 섞어 써야 하고 그 진의를 파악하는 데 칼로리를 써야 한다. 대화가 끝난 이후에도 '고맙습니다', '네', '다음에 봬요'를 누가, 언제까지 해야 하는지도 잘 모르겠다. 동료는 자신을 존중한다면 이런 내용은 다정한 말투로 다이렉트 메시지를 이용해서 전해주면 한다고 말했다. 이해가 되지 않았다. DM으로 하면 저장이나 검색 기능에도 제한이 있다. 업무가 적체된 것은 사실이고 그것을 숨긴다고 해서 달라질 것은 없다. 오히려 모든 구성원이 볼 수 있는 채널을 통하는 것이 경각심을 줄 수도 있다. 혹 협업해야 하는 대상자가 있다면 두세 번 말하지 않아도 되니 효율적이기까지 하다. 내가 그런 방식과 말투를 사용했다고 해서 상대에게 감정적 비난을 하려는 뜻은 전혀 없고, 상대 또한 그렇게 느낄 필요가 없다. 왜 그렇게 화를 내는지 이해되지도 않고, 내 의도를 곡해한 것에 서운하기도 했다.

그렇지만 나는 인간과 같이 살아가야 하는 로봇이니까 그들의 표현 방식을 배워야 한다. 내가 불편해도 누군가를 지칭해서 해야 하는 업무 이야기는 DM으로 한다. 코딩 완료. 이제 틀릴 일 없다. 그런데 딱 이거 하나에 국한되는 것이고 사람의 마음은 너무나 다양하고 상황은 수천만 가지에 달해 배울 것이 한도 끝도 없다. '여러 명을 대상으로 업무 이야기를 할 때는 전체 채널에 해도 되는 건가?' 저장 용량이 모자랄지도 모르겠다.

결혼을 준비하면서 영등포구에 아파트를 마련했고 몇 년이 지나 마포구로 이사했다. 그리고 지금은 서초구에 산다. 부동산의 '부' 자도 잘 모르지만 어쨌든 입지와 면적에서 뒤로 간 적이 없다. 자동차도 국산차에서 수입차로, 좀 더 비싼 브랜드로 바꾸고 있다. 방송 출연도 그렇다. 처음에는 새로운 분야라 붕 뜬 느낌으로 불러주는 데는 다 갔다. 그러다가 언제부턴가 적정 출연료를 정했다. 그리고 출연료가 맞지 않으면 안 나간다고 통보했다. 당연히 방송의 콘셉트는 그보다 우선해 검토한다. 출연료가 얼마냐고? 안 알려준다. 거래에서 중요한 것 중 하나는 내 패를 상대에게 먼저 보이지 않는 것이니까. '선 제시'를 요구하고 누군가가 그보다 더 부르면 그다음부터는 그 가격이 내 출연료의 '확보물'*이 된다. 참고로 지금은 지상파 방송사와 구독자 100만 명 이상 유튜브 채널을 제외하고는 시간당 수백만 원을 부른다. 요새 내 출연 빈도가 뜸해진 이유다. 그래도 내 몸값을 내가 깎고 싶지는 않다. 내 본업은 투자니까.

투자도 마찬가지다. 운 좋게 20대에 가치투자에 눈을 떠서 모두가 한 번쯤은 겪는다는 기술적 분석, 테마주에 속지 않았다. 하지만 투자의 감을 익히는 데 몇 년, 창업하느라 가진 돈 탈탈 털어 넣고 데스 밸리death valley**를 지나느라 몇 년을 보냈다. 이제 불혹을 앞둔 나이에 실패해서는 안 된다. 더 늦게 돈을 벌어봐야 제대로 쓸 새도 없을 것이다. 하루하루 주식을 보느라 너무 많은 정보를 집어넣은

● 암벽등반에서 등반자가 자기 보호를 위해 사용하는 방호용 장비. 추락하더라도 확보물 아래로는 떨어지지 않는다.
●● 초기 창업 기업이 자금조달, 시장 진입 등의 어려움으로 실패하는 기간.

탓인지 벌써부터 직원 이름 한번 부르려면 눈을 몇 번이나 껌벅이고 "저기야"를 반복해 외친다. 리프트에 앉아 있을 때 솔솔 들어오는 찬바람을 상상만 해도 무서워 그 좋아하던 스키장도 안 간 지 오래됐다. 아마 병원비만 나갈 것이다.

2014년 컴투스의 신작 〈서머너즈 워〉가 성공하면서 주가가 10배도 넘게 올랐다. 피처폰에서는 불가능했던 높은 사양의 게임이 스마트폰에서 구동되면서 PC 게임처럼 유료 아이템 판매가 가능해졌고 높은 고객 충성도를 유지할 수 있었기 때문이다. 이때 주식시장에 젊은 부자들도 많이 생겨났다. 우리 회사도 3~4배 가까이 수익을 냈다. 그런데 문제는 포트폴리오 내 컴투스의 적정 비중을 정해놓고 이를 기계적으로 지키려다 보니 주가가 오르는 족족 주식을 내다 팔아야 했다는 것이다. 계좌에 찍혀 있는 수익률은 수백 퍼센트인데 실제로 포트폴리오 전체 수익률에 미치는 영향은 점점 적어졌다. 오르는 동안 그대로 가지고 있었다면 나머지 종목이 하나도 오르지 않았더라도 컴투스만으로 포트폴리오 수익률이 40퍼센트는 되었을 텐데 그러지 못했다. 브이아이피투자자문과 키움증권에서 펀드매니저 생활을 했지만 실제 최고운용책임자로서 펀드를 총괄해본 경험은 일천했기에 범한 실수였다. 이후 나는 대세가 돼 오르는 주식은 절대 팔지 않는다. 수익률이 올라서 최초의 편입 비중을 초과한 것은 신경 쓰지 않기로 한 것이다.

나를
돌아보다

돈보다 중요한 사람

내 좌우명의 유일한 예외는 사람이다. 돈을 많이 벌고 회사가 커지고 유명세를 얻을수록 만나는 사람의 폭이 넓어지는 것은 사실이다. 내 몸은 하나고 하루 24시간이라는 점은 변하지 않기 때문에 같은 시간에 좀 더 도움이 되는 사람을 만나기 위해 효율을 따지고 시간을 쪼개 써야만 한다. 그러나 성공하려는 이유가 무엇인가? 내가 살고 싶은 대로 살기 위함이다. 주객이 전도돼서는 안 된다.

경제적 자유가 목표라는 사람들에게 얼마를 벌고 싶으냐고 물으면 10억 원, 100억 원과 같은 가상의 숫자를 답한다. 왜 그 금액이어야 하느냐는 질문에는 답하지 못한다. 그러면 평생 다람쥐 쳇바퀴에서 벗어나지 못한다. 버킷 리스트처럼 하나하나 꿈을 구체적으로 그려가다 보면, 자유롭게 사는 데 의외로 많은 돈이 필요하지 않다. 나는 분기에 한 번씩은 해외여행을 가고 싶다. 호텔은 별로 신경 쓰지 않지만 비행기는 꼭 비즈니스 클래스였으면 좋겠다. 이코노미 클래스가 100만 원, 비즈니스 클래스가 400만 원이라면 매년 1,200만 원이 더 필요하다. 영화를 보는 것도 좋아하는데 성격이 너무 예민해서 내 앞이나 옆의 단 한 명이라도 절대 휴대전화를 열어보지 않았으면 좋겠다. 하지만 지금까지의 경험상 수십, 수백 명의 관객이 모두 매너 있기를 바라는 것은 억지에 가깝기에 작은 상영관이라고 할지라도 대절해서 보고 싶다. CGV에 물어보니 대절하더라도 별다른 할인은 없고 100석 정도의 요금을 모두 내야 한단다. 한 달에 한 편을 본다고 가정하면 1년에 1,200석이니, 장당 1만 원이라고 치면 이것도 연간 1,200만 원짜리 희망 사항이다. 이렇게 두 개를 달성하려면 2,400만 원의 추가 수입이 있어야 한다. 연봉을 2,400만 원 올리거나 연간 10퍼센트 수익률을 꾸준히 기록할 수 있는 자산 2억 4,000만 원을 모으면 되는데, 이런 일은 쉬운 건 아니지만 불가능한 것만도 아니다. 이미 행복을 위한 결승선을 넘은 줄도 모르고 헉헉대며 계속 달리고 있지는 않은가?

내가 인터넷에서 주로 쓰는 아이디 'mwmtmw'도 그런 지론을 담고 있다. 중2병이 걸렸을 때쯤 PC통신 유니텔을 사용하기 위해 만든 것인데 이 책에서 뜻을 처음으로 공개해본다. 'My World My

Time My Way'의 약자로 내 공간, 내 시간을 내 마음대로 하겠다는
의미다. 이 얼마나 장대하고 건방진가!

내 마음대로 살아갈 환경이 갖춰졌으니 사람만은 이해관계 없
이 편하게 만나고 싶다. 이해관계가 없는 것을 넘어서 마음껏 퍼주
고 싶은 사랑하는 사람들과 온전한 시간을 보내고 싶다. 평생 같이
살아야 하는 아내에게 잘하고 싶다. 결혼하고 독립한 이후 생각해
보니 한 달에 한 번씩 꼬박꼬박 찾아뵙는다고 해도 부모님을 만날
수 있는 날이 20년 하면 240번, 30년 하면 360번밖에 없다. 자칭 효
자가 된 이유다. 사는 것이 전쟁인데 친구끼리 경쟁하고 싶지 않다.
수가 좀 적더라도 마음 잘 맞는 친구를 자주 만나고 싶다. 내 과거
까지 잘 알아서 지금의 실수와 고민을 드러내더라도 부끄럽지 않
은 사람에게 더, 더 드러내고 싶다. 재벌들이나 증권가의 유력 인
사, 유명 연예인을 만나면 인생이 화려해지고 비즈니스나 경력에
도움이 될지는 모르지만 이제 나이 마흔이면 그보다 더 근사한 다
음을 준비해야 한다고 믿는다.

이 바닥 겸손해야지

사실 나는 브이아이피투자자문에 최종 합격한 이후에도 다른
회사에 몇 번 지원한 적이 있다. 어차피 출근 때까지 반년도 더 남
았고 다른 친구들이 경험하는 과정을 놓치기 싫었기 때문이다. 좀

더 솔직히 말하면 공채 시장에서 정정당당하게 내 가치를 증명해 보고 싶었다.

당시 투자 동아리 회원 사이에 가장 근사하다고 소문난 직종은 증권사 리서치센터와 대형 자산운용사 주식운용 파트였다. 내 가치를 입증하려면 가장 '빡센' 곳이 제격이라고 생각했다. 그래서 한국투자신탁운용과 서울증권(현 유진투자증권) 리서치센터를 선택했다. 한국투자신탁운용은 서류 전형에서 보기 좋게 탈락했다. 아마도 최소 기준에 미달하는 학점과 존재하지 않는 토익 점수 때문이었을 것이다. 참고로 나는 태어나서 토익 시험을 쳐본 적이 없다. 대학교 3학년 때 고시 공부를 한다는 여자친구를 따라 토익책을 딱한 권 구매했다가 뒤의 연습 문제에 내린 빨간색 소나기를 보고 일찌감치 포기했다.

증권사의 리서치센터는 여러 명의 애널리스트를 두고 각자가 담당하는 산업과 기업을 분석해 주기적으로 보고서를 발간하는 일을 한다. 그 보고서는 브로커가 기관투자자에게 영업할 때 쓰인다. "이 종목이 좋으니 매수하십시오", "그런데 저희가 좋은 정보를 드렸으니 기왕이면 저희 증권사를 이용해주시면 감사하겠습니다"라는 개념이다. 종목을 영업한다고 해서 증권사를 셀사이드sell-side라고 하고, 실제 주식을 매수하는 자산운용사를 바이사이드buy-side라고 한다. 증권사 기업분석 보고서의 투자 의견이 매수 일색인 것도 이 때문이다. 나쁜 기업을 매도하라고 말하면 매도 주문 한 번만 나가지만, 좋은 기업을 매수하라고 하면 말 안 해도 어차피 어떤 종목을 매도한 후 매수할 테니 주문이 두 번 체결된다. 일거양득이다. 또 매도하라는 신호를 주면 기업의 담당자들과 사이가 틀어져 나중에 그 기업의 영업 환경이 반전했을 때 정보를 수집하기가 어려워진다.

증권사 애널리스트라고 투자자나 상장기업의 구미에 맞는 말만 하는 것도 아니고, 자산운용사의 펀드매니저라고 해서 고객 만족만을 위해 일하는 게 아니라는 것을 이제는 안다. 그러나 대학생이 무엇을 알겠는가. 그냥 올곧은 마음으로 주식투자를 하려면 애널리스트보다는 펀드매니저가 제격이라고 생각했다. 다만, 대학생의 시각에서 애널리스트는 연봉도 더 높고 하는 일도 더 폼 나는 직업이었다. 합격한 이후 입사를 거부하리라! 서울증권은 당시 삼성투자신탁운용에서 P 리서치센터장을 영입하는 행보를 보였다. P 리서치센터장은 '모호한 보고서는 안 쓰겠다', '기대수익률이 낮은 종목은 팔라고 하겠다'라고 하는 등 기존 증권사들의 잘못된 관행을 바로잡겠다는 과감한 포부를 밝혔다. 나 또한 '자산운용사 출신을 총괄 임원으로 영입하다니 애널리스트 시장을 혁신하겠군. 이런 회사 정도면 내 가치를 증명할 수 있겠어'라며 선택한 회사다.

서울증권은 서류 전형, 인·적성 검사를 통과해 면접 전형에 이르렀다. 1차 면접 전형은 다대다 면접이었다. 누군지 모를 직원들 여럿이서 지원자 여러 명에게 차례차례 질문했다. 지금이야 대학생들이 주식 공부하는 것이 당연하고 경제 동아리 활동을 안 해본 사람이 없다지만 그때는 그런 시대가 아니었다. (내 입으로 말하기는 좀 그렇지만) 같이 면접에 들어간 사람 중 실제 투자 경험이 있는 이는 나밖에 없는 것 같았고, 아주 쉬운 질문에도 제대로 된 대답을 하는 사람이 없었다.

최종 면접 때는 더 가관이었다. 작은 방에 리서치센터장과 몇몇 애널리스트가 면접관으로 앉아 있었고 지원자는 나 혼자였다. 면접이라기보다는 귀여운 막냇동생을 데리고 담소를 나누는 편안한 분위기였다. 사달이 난 것은 리서치센터장이 "우리 회사에서 발간한 기업분석 보고서를 읽어본 적 있나?"라는 질문을 했을 때였다. 여느 취업 준비생들처럼 되는 대로 지원하고 면접 보러 가기 직전 벼락치기로 그 회사를 공부하는 것은 내 취지와 어긋난다고 생각했고, 그래서 서울증권에 관해 따로 공부한 게 없었다(신입사원을 대규모로 채용하는 거대 기업이라면 모를까 취업을 위해 달달 외운 것인지, 정말 해당 산업과 직무에 관심이 있는 것인지 면접관의 눈에는 다 보인다. 취준생들이여, 면접은 솔직하게!). 우연히 전날 농심 보고서가 발간돼 투자자 '농심 현준'으로서 열람했을 뿐이다. '어차피 합격해도 입사할 생각은 없다. 떨어질 때 떨어지더라도 할 말은 하자'라는 생각이 들었다.

"안 그래도 어제 농심 보고서를 읽었습니다. 기업분석은 그렇게 하면 안 됩니다. 외부 변수를 추측해 실적을 업데이트하는 데 급급할 것이 아니라 기업의 장기적인 경쟁력에 주목해야 합니다."

'어쭈, 이것 봐라?' 하는 느낌으로 고깝게 볼 만도 한데 장내에는 박장대소가 터졌다. 한 사람만 빼고……. 알고 보니 당사자인 K 애널리스트가 그 자리에 있었다. 그는 면접관들 사이에서 연차가 낮은 듯했다. 얼굴이 붉으락푸르락 어쩔 줄을 몰라 했고, 선배 애널리스트들은 깔깔대며 재밌어했다. 그때 보고서를 다시 읽어보면 아주 훌륭한 축에 속한다. 브이아이피투자자문에 들어간 이후에는 업계 이해관계자로 몇 번 마주친 적도 있다. 당시는 아무것도 몰랐고 바라는 것도 없었기에 아무 말이나 할 수 있었다. 그때의 나로 돌아간다면 K 애널리스트님께 정중히 사과드리고 싶다. 아마 서울증권에 입사했다면 그분의 RA Research Assistant● 가 돼 영혼까지 탈탈 털렸을지도 모르겠다.

● 리서치센터의 하급 연구원을 뜻하는 말. 보통 실제 기업분석을 담당하는 애널리스트의 조수로 배속돼 단순한 업무 처리를 도우면서 도제식으로 업무를 배운다.

2장

위기는
맷집과 생각을 키운다

글로벌 금융위기의
추억

출근 날을 받아놓고 대학에 다니는 그 기분은 이루 말할 수 없을 정도로 홀가분하다. 무엇을 해도 용서받을 듯한 기분? 그런데 마음이 해이해지면 용서받지 못할 만한 일도 벌이곤 한다.

날짜까지 정확히 기억난다. 2008년 6월 28일 금요일이었다. 우리 투자 동아리는 학기마다 방학을 앞두고 종강 총회를 개최한다. 다음 기수의 회장단도 선출하고 코가 비뚤어지게 술도 마신다. 돌아오는 월요일 첫 출근을 앞둔 나에게는 몇 년 동안 몸 바친 조직에 정말 안녕을 고해야 하는 순간이었다. 안암동 호프집에서 1차를 마치고 '고모집', '이모네' 하는 작은 실비집들이 모여 있는 제기동 골목으로 향했다. 그 시절 3,000cc짜리 맥주 피처는 1차에서나 한 테이블당 하나씩 먹을 수 있는 고급술로 통했고, 거나하게 취하려면 다 낡은 솥에 양념과 감자가 절반을 넘는 시뻘건 닭볶음탕에 소주잔을 돌리는 수밖에 없었기 때문이다.

그런데 하필 술버릇 나쁘기로 유명한 H 선배가 이미 1차에서부터 취해 길 건너 다른 무리와 시비에 휘말렸다. 좋은 날 싸워서야 되겠는가. 팔을 휘적휘적하며 그들을 말리기 위해 무리의 가장 앞으로 나섰다. 그 순간 눈앞이 번쩍했고, 난 그만 주저앉고 말았다. 그 패거리들 입장에서는 얼굴 시커멓고 몸집 큰 놈이 경중경중 달려오자 본격적으로 싸움을 하겠다는 건 줄 알았는가 보다. 나중에 친구들이 경찰에 신고했다는 이야기는 들었지만 정확히 어떻게 처리됐는지는 아직도 잘 모른다.

나는 고등학교 3학년까지 태권도를 했고, 몸집이 제법 컸기에 친구들과 갈등을 겪어본 적이 없다. 천하장사 출신 방송인 강호동도 맞아본 적이 없어 싸움 맷집은 약하다고 했다. 내가 좋아하는 영화 〈타짜〉의 고니가 그러겠다. "혓바닥이 왜 이렇게 길어, 후달리냐?" 다음 날 일어나보니 정말 만화에서나 나올 법하게 눈 한쪽이 시퍼렇게 멍들어 있었다. 아픈 것도 쪽팔린 것도 문제가 아니었다. '나 출근 어떡하지?'

그렇게 선글라스 그리고 스쿼시를 하다가 공에 맞았다는 지나가던 개도 코웃음칠 거짓말과 함께 첫 출근을 했다. 주말 동안 멍의 크기를 보며 그나마 가장 해볼 만한 변명거리를 찾은 것이다. 도저히 술 먹고 싸움을 했다는 이미지는 남기고 싶지 않았다.

그러나 내 눈탱이 밤탱이 사건은 브이아이피투자자문, 여의도를 넘어 전 세계 자본시장의 관심거리가 아니었다. 내가 주식을 시작하고 나서 한 번도 하락하지 않고 우상향하던 주식시장이 대폭락하기 시작한 것이다. 2008년 3월 미국 대형 투자은행 베어스턴스Bear Stearns를 구제하기 위해 긴급 자금 지원이 이뤄졌을 때만 해도 금세기 최대 금융위기에서 도망칠 기회가 충분히 있었다. 실제로 리먼 브러더스가 파산한 것은 내가 출근하기 시작하고 딱 두 달 뒤인 2008년 9월이었다.

마흔이 가까운 지금까지도 브이아이피 출신 선배 중 한 분은 '막둥이'라고 부르시지만, 실제 막내로서 귀여움을 받을 시간은 많지 않았다. 대표님들을 포함해 모든 사람이 단 한 번도 겪어보지 못한 위기였기 때문에 자신을 추스를 시간도 부족했다. 편입한 종목들이 매일같이 하락했다. 사이드 카sidecar*와 서킷 브레이커circuit breaker**는 흔한 일이었고, 코스피200 지수를 구성하는 전 종목이 하한가를 기록한 날도 여러 번 있었다. 믿을 수 없겠지만 진짜다.

대표님들은 빗발치는 고객들의 전화에 응대하기 바빴다. 오히려 자산운용팀은 할 일이 없었다. 금융위기가 발발하고 얼마 안 됐을 때는 약간 활기를 띠었던 것 같기도 하다. 훌륭하다고 생각했지

---

* 선물시장의 급등락이 현물시장에 과도하게 파급되는 것을 막기 위한 제도. 선물 가격이 전일 종가 대비 코스피는 ±5퍼센트, 코스닥은 ±6퍼센트 이상 변동해 1분간 지속될 경우 프로그램 매매를 5분간 정지시킨다.
** 코스피나 코스닥 지수가 전일 대비 10퍼센트 이상 변동해 1분간 지속될 경우 매매를 중단시키는 제도.

만 비싸서 사지 못했던 기업의 주가가 매력적인 수준으로 내려온 것이다. 그런데 거대한 시대의 조류 앞에서 가치투자자의 사냥 본능은 미력할 뿐이었다. 매력적이라고 생각해서 사면 더 내려가고, 충분히 저렴하다고 생각해서 더 사면 또 내려갔다. 무엇을 하든 주식을 파는 일이 아니라면 손실만 늘어났다. 아무것도 하지 않는 게 더 낫다는 사실을 깨닫는 데는 시간이 필요했다.

내가 입사하기 전 높은 수익률로 승승장구하던 브이아이피투자자문의 주력 주식들은 조선, 건설과 같은 중후 장대형 업종이었다. 중국이 전 세계의 산업재 수요를 빨아들이면서 버블을 만들어낸 것이다. 이들 업종은 계속해서 이익이 늘어났기 때문에 항상 PER이 낮아 보이는 특징이 있었다. 경기가 꺾이지만 않는다면 말이다. 그중 조선업은 10년간의 슈퍼 사이클을 거치면서 한국을 세계 1위 조선 강국으로 만들었다.

주변에서 주식으로 수십, 수백억의 자산을 일군 부자들은 세 부류로 나뉜다. 그중 하나가 나보다 최소 열 살 이상 많은 분들의 현대중공업 10배 스토리다. 두 번째는 2015년을 전후로 한 모바일 게임, 제약·바이오, 화장품 등 중·소형주 랠리에 올라탄 용 대리, 용 과장˙이다. 마지막이 코로나19 이후 강한 상승장에서 테슬라로 대

<hr>

˙ 글로벌 금융위기 이후 입사해 안정을 추구하는 기존 세대와 달리 중·소형주나 신사업에 과감하게 투자하는 당시 20~30대 금융투자 업계 직원을 일컫는 말. 용감한 대리, 용감한 과장의 약칭.

표되는 IT 기업들에 CFD_{Contract For Difference}• 등 과감한 레버리지를 이용해 큰돈을 번 사람들이다.

당시 금융투자 업계에서 '조선업' 하면 우리 K 이사님이 꽤 주름잡는 편이었다. 그때 K 이사님 나이가 서른네 살이었는데, 항상 베스트 애널리스트에서 빠지지 않던 대우증권(현 미래에셋증권)의 S 애널리스트가 굳이 역삼동까지 찾아와서 이사님께 전망에 관한 의견을 묻곤 했을 정도다.

신입사원이 되면 업무 시간 중에 별도의 교육과정이 있다. 자산운용팀 운용역 선배들이 자신이 담당하는 종목들을 발굴 과정부터 분석 방법과 투자 기간의 에피소드까지 쭉 이야기하는 시간이다. 이 방법은 내가 운영하는 회사에서도 이어지고 있는데, 후배들의 말에 따르면 어떤 공부 방법보다 재미있고 효과적이라고 한다. 시간이 날 때마다 회의실로 가서 교육을 받는데 조선 업종 시간도 있었다. 브이아이피투자자문은 금융위기가 한창인 당시에도 현대미포조선, 삼영엠텍, 태웅 등 몇몇 기업에 투자 중이었다. 손실이 막심했지만 물타기도 몇 번 했다. 그날 K 이사님도 참석한 자리에서 Y 선배에게 들은 내용은 이랬다.

한국의 조선업은 세계 최고 수준이다. 그중에서 현대미포조선

• 금융투자회사의 재산으로 금융상품을 취득한 후 발생한 수익 또는 손실에 관해서만 정산하는 일종의 총수익스와프 거래. 실제 투자 규모 대비 작은 규모의 증거금만으로 투자할 수 있으므로 차입 거래와 같은 레버리지 효과를 노릴 수 있고, 실제 금융상품을 취득하는 주체가 금융투자회사이므로 양도소득세를 내지 않아도 된다는 장점이 있다.

은 다양한 선종을 짧은 납기에 맞춰 건조하는 데 탁월한 능력이 있어 대형 조선소들보다 좋은 투자 대안이다. 그런데 주가가 하락해 PER이 3~4배에 불과해 절대 저평가 영역이다. 여기까지 듣고 내가 물었다.

"조선업은 대표적인 경기 순환주로 알고 있습니다. 지금 이익이 많이 나더라도 업황의 정점이라면 PER이 다시 올라갈 텐데요? 피터 린치도 경기 순환주는 업황이 나빠 PER이 높을 때 샀다가 이익이 개선돼 PER이 낮아지면 파는 것이라고 했잖아요."

답변은 이랬다.

"조선업은 수주부터 인도까지 수년이 소요되는 수주 산업이야. 현대미포조선은 이미 몇 년 치 일감을 따놓았기 때문에 지금의 이익이 감소할 우려가 없다고."

그래도 이해가 안 됐다. 주식시장은 예측 가능한 미래를 모두 주가에 반영한다. 그래서 수주 산업은 우량한 수주를 받았을 때부터 주가가 오르기 시작한다. 손익계산서에는 생산을 시작한 이후 또는 고객에게 물건을 넘긴 이후에 반영되지만 그것은 시간의 문제일 뿐 기업가치는 이미 증가했다는 이야기다. 만약 금리가 높으면 예금에만 넣어둬도 이자 수익이 쏠쏠하기에 투자자들이 불확실한 미래의 수익을 현재가치로 환산할 때 큰 폭의 할인을 하겠지만, 지금처럼 금리가 낮은 시기에는 돈의 시간 가치가 작아 미래의 수익과 현재의 수익에 차이를 둘 이유가 없다.

내 의견을 요약하자면 이렇다. 해상 물동량이 늘어나면 배로 물건을 나르는 데 드는 운임도 오르고, 해운 업체들이 충분히 돈을 벌면 추가로 배를 주문한다. 그런데 배는 부족하다고 해서 바로 사서 쓸 수 있는 재화가 아니다. 건조하는 데 보통 2~3년이 소요되므로 향후 물동량을 정확히 예측하지 않고서는 필연적으로 수요와 공급의 불일치가 발생한다. 이 때문에 조선업의 경기는 몇 년을 주기로 순환할 수밖에 없다.

2008년처럼 배의 가격이 천정부지로 높은 상황에서도 독dock이 가득 차 있어 새로 주문해도 몇 년은 기다려야 건조가 시작되기도 한다. 반대로 독이 텅텅 비어 있어 직원의 월급이라도 건지기 위해 저가 수주를 해야 하는 때도 있다. 따라서 호황기의 실적만으로 기업을 평가한다면 큰 실수를 범할 수 있다. 앞으로 찾아올 대규모 적자 시기까지 고려하여 투자 기간은 2배 이상으로, 해당 기간의 손익은 절반 이하로 줄여서 보수적으로 평가해야 한다. 수주 잔고가 풍부하고 PER이 낮아 보이는데도 주가가 계속해서 하락하는 것은 우리보다 경력이 더 긴 투자자들이 장기 불황을 예고하기 때문일 수 있다고 이야기했다. 아찔하고도 건방진 경고였다. 만일 우리 회사 신입사원이 지금의 나에게 비슷한 이야기를 한다면 어떨까? 나 또한 받아들이기 어려웠을 것이다.

사실 나는 이미 몇 년 전에 현대미포조선과 악연이 있었다. 공익근무요원으로 근무할 때였는데 Y 선배에게 전화가 걸려 왔다. Y 선배는 주식투자와 후배를 향한 사랑이 넘쳐나는 사람이지만 약간은 시니컬하고 '츤데레' 스타일이라 평소에 살갑게 연락하는 편이 아니었고, 주식투자를 가르쳐줄 때도 하나하나 정답을 알려주기보다 선문답 방식을 쓰곤 했다. 그런 선배가 "현대미포조선 사라" 하고 전화를 끊는 것이 아닌가. "왜요?"라고 묻기도 어려운 느낌이었다. Y 선배가 이렇게 말할 정도면 정말 짧은 기간에 확실하고도 높은 수익이 담보돼 있는 거라고 생각했다. 고집이 세서 다른 사람 말을 잘 듣지 않고, 투자에 관한 한 더욱 자존심이 센 내가 귀신에 홀린 듯 HTS를 켰다. 가진 현금을 모두 쓸 요량이었다. 아마 몇백만 원쯤 됐을 것이다.

그런데 인간의 욕심에는 끝이 없더라. 기왕 돈 벌 것이 확실하다면 변동성이 훨씬 큰 ELW가 좋을 것 같았다. ELW는 'Equity Linked Warrant'의 약자로 주식을 사전에 정한 시기에 미리 정한 가격으로 사거나 팔 수 있는 권리를 증권으로 만든 것이다. 예를 들어 A 주식을 1만 원에 살 수 있는 권리를 1,000원을 주고 사는 것이 A 주식 콜 ELW가 된다. A 주식이 현재가 1만 원에서 만기 시점에 1만 3,000원으로 오른다면 A 주식을 가지고 있는 사람의 수익률은 30퍼센트가 된다. 한편 A 주식 콜 ELW를 가진 사람은 만기 시점에 권리를 행사해 1만 원에 주식을 사자마자 1만 3,000원에 팔 수 있다. 이 사람은 만기 때까지 실제로 투입한 자금이 워런트 가격인 1,000원에 불과하므로 수익률이 200퍼센트에 달한다. 물론 고수익에는 고위험이 따르는 법. 만일 만기 시점에 A 회사의 주가가 1만 원 아래로 형성된다면 투자한 금액 전부를 날릴 수도 있다. 만기 때 주가가 8,000원이라고 가정하면 굳이 1만 원에 살 권리를 행사할 필요가 없다. 행사하는 순간 2,000원의 손실이 확정되니 그냥 워런트 가격 1,000원을 포기하는 편이 낫기 때문이다. 어쨌든 이 경우는 손익이 -100퍼센트가 된다.

내가 그 꼴이었다. 기초자산인 현대미포조선 주가에 따라 ELW 가격은 훨씬 더 크게 움직였다. 공부가 부족한 상황에서 할 수 있는 일이라곤 호가창을 보며 일희일비하는 것밖에 없었다. 어느 순간 부터 주가가 하락세를 보였는데 선배에게 물어볼 엄두도 내지 못 했다. 들고 샀다는 사실이 부끄럽기도 했고, 주가가 내려가니 책망 하는 듯한 모습을 보이기도 싫었다. 한편으로는 "내가 그랬었냐?", "그렇다고 그걸 그냥 사면 어떡하냐?"라고 핀잔을 들을까 봐 겁이 나기도 했다.

ELW 투자의 가장 큰 문제는 미래의 주가를 정확히 맞힐 수 있 다고 하더라도 반드시 워런트의 만기 이전에 맞혀야 한다는 점이 다. 만기가 됐을 때 행사 가치가 없으면 정말 0원이 돼 사라진다. 사 람을 더 미치게 하는 것은 만기가 가까워질수록 변동성이 더 커지 기 때문에 분명히 며칠 안 남았음에도 '하루만, 하루만' 하면서 한 번만 오르면 손실을 꽤 만회할 수 있다는 생각에 팔지를 못한다. 결 국 내 돈은 허공으로 사라졌다. 모르는 주식에 투자해서 손실을 보 고 있다면 지금이 손절매를 하기에 가장 좋은 때다. '조금만 기다리 면 오르지 않을까?', '이만큼만 반등하면 팔아야지' 하는 생각은 요 행을 바라는 것이고, 그때 운이 따라주면 분명히 나중에 더 큰 손실 을 보게 된다.

3년은 쓰지 않을 돈으로 투자하라

　만기의 문제는 또 다른 강렬한 경험으로도 설명할 수 있다. 주식에 투자하다가 크게 손실을 본 적이 딱 두 번 있다. 두 번 모두 이사를 준비할 때라는 공통점이 있다. 첫 번째는 2012년이다. 결혼을 준비하면서 내 집을 마련하게 됐는데, 뭐든 일찍부터 계획하고 준비하는 습성 때문이기도 하지만 지방 출신이라 서울에서 좁은 원룸에 룸메이트와 살고 있는 아내가 먼저 입주하면 더 좋을 것이라는 생각 때문이기도 했다. 그런데 운 좋게도 그때는 서울 아파트값이 오르기 직전에다 지금은 꿈도 꿀 수 없는 금액을 대출받을 수 있었다. 영등포와 마포에 3억 원대의 아파트가 많이 있었고 대출은 60퍼센트인가 70퍼센트까지 됐으니 둘이 합쳐 1억 원 정도만 있으면 아파트를 살 수 있었다.

　한창 집을 알아보러 다니던 중 한강에 있는 마포삼성아파트라는 곳에 급매가 나왔다. 노부부가 거주하는 집으로 할머니가 병환으로 입원해 할아버지가 재산을 처분하려고 한다는 것이다. 다만 돈을 좀 빨리 주면 좋겠다고 덧붙였다. 한강까지 걸어서 5분이면 갈 수 있는 아파트를 거의 1억 원이나 싸게 살 수 있다는 말에 주식시장이 안 좋았던 때지만 주식을 시장가에 모두 팔았다. 그런데 입금할 때쯤 되자 오늘내일할 정도로 아프시다던 할머니께서 절대 그 가격에는 팔 수 없다고 할아버지를 꾸지람했다는 것이다. 계약은 없던 일이 됐다. 그리고 싼값에 매도한 주식은 다시 제자리로 올라갔다.

두 번째는 2018년 10월이다. 마포구에 살다가 서초구로 이사하게 됐는데 당시 서울 아파트값이 천정부지로 뛰고 있었다. 십수억하는 집을 구경도 하지 못한 채 계약하는 일이 빈번했다. 집을 보고계약하려면 매도 호가를 5,000만 원 올린다는 곳도 있었다. 그야말로 '묻지 마 투자' 행렬이었다. 우리도 별다를 바 없었다. 이탈리아로 휴가를 떠나는 날 아침에 여행용 캐리어를 자가용 트렁크에 실은 채로 부동산 사무실에 가서 계약서를 썼다. 사실 우리가 아니라 아내라고 하고 싶지만 L 아파트를 정한 사람은 나라며 한사코 책임을 미룬다. 아니, 객관식 보기처럼 도곡동 R 아파트, 역삼동 X 아파트, 서초동 L 아파트 중에 선택하라고 해서 하나를 고르면 내가 정한 건가?

어쨌든 계약을 하고 이탈리아로 떠나 아말피 해변에 머무르는 동안 그 유명한 9·13 대책이 나왔다. 문재인 정부는 아파트값을 잡기 위해 무던히도 애를 썼는데 그중 가장 강력한 규제로 기억한다. 당장 우리와는 관련이 없었기에 별일 아닐 거라고 생각했는데, 돌아와서 본 서울의 부동산 공기는 냉랭했다. 이미 새집은 계약했는데 가지고 있는 집이 안 팔리는 거다. 모두가 관망하자는 분위기라 가격을 떠나 아예 집을 보러 오는 사람이 드물었다. 집을 보러 오겠다는 전화가 오면 항상 가능하다고 말하고 부리나케 집으로 달려갔다. 조금이라도 더 잘 보이려고 청소를 하고 향초도 피웠다. 그래도 소용이 없었다. 일이 꼬여갈 때마다 너 때문이라고, 왜 욕심을 부리냐고, 일 처리를 이렇게밖에 못 하냐고 아내에게 화도 많이 냈다. 너무 미안한 일이다. 평생 사과해도 모자라다.

악재는 동시에 온다고 했던가. 하필 이때 미·중 무역분쟁 리스크가 정점을 찍었다. 코스피와 코스닥 지수가 한 달 만에 20퍼센트가량 하락했다. 집을 계약했을 때 주식을 팔았다면 이런 위기에 노출되지 않을 수 있었다. 서너 달은 주식시장에서 정말 짧은 시간인데 욕심을 버리지 못했다. 내가 투자한 주식들도 하락하면서 살던 집이 팔려도 중도금과 잔금을 치를 수 있을지 알 수 없는 상황이 됐다. 예전에 투자했던 기업의 자회사로 이름만 대강 들어본 바이오 회사에 투자할까 고민도 했다. 상장 후 연이어 상한가를 기록하고 있었기에 '나도 한 번만?'이라는 생각이 들었다. 결국은 건강기능식품을 생산하는 주식의 비중을 확대하기로 하고 이른바 '몰빵'을 했는데, 곧 좋은 실적을 발표한다는 기대감에 주가가 오르기 시작했고 대부분의 손실을 만회했다. 그런데 중도금을 내기 바로 며칠 전 실적 발표와 함께 거의 하한가를 기록했다. 정말 안타까운 것은 회사에서 '이 정도 실적이면 투자자들이 기뻐하겠지'라고 생각하고 일부러 원래 예정된 날보다 일찍 잠정 실적 공시를 했다는 것이다. 기업공개를 한 지 얼마 되지 않은 주식시장 새내기라 컨센서스consensus●에 관한 검토 없이 전년보다 꽤 성장했다는 것만으로 섣불리 판단한 듯싶다. 하지만 주주들은 그 이상을 기대하고 있었

● 어떤 집단을 구성하는 사람들 간의 일치된 의견이라는 뜻으로, 자본시장에서는 주로 회사의 실적 등에 관한 전망치의 평균값을 의미한다.

기 때문에 실적이 좋았음에도 주가가 하락했다.

부동산 경기가 냉각해 가뜩이나 어려운 상황에서 당연히 있을 줄 알았던 돈도 부족하다는 이야기를 들은 아내는 얼마나 놀라고 실망했을까. 그리고 전문가라고 떠들던 콧대 높은 남편은 손실을 봤다고 털어놓을 때 얼마나 자존심이 상했을까. 투자는 시간을 내 편으로 만들어야만 이길 수 있다. 만기가 정해져 있으면 조급해지고 제아무리 적정 주가를 잘 계산했다고 해도 그 주가에 언제 도달할지는 아무도 모른다. 주식투자는 최소한 1년 이상, 넉넉하게 3년 정도는 절대 사용하지 않을 자금으로만 하자.

투자 철학을
다시 세우다

피셔인베스트먼트의 켄 피셔는 주식시장을 'TGH'라고 부른다. 'The Great Humiliator'의 약자로, '가장 큰 굴욕감을 주는 자' 정도로 번역할 수 있겠다. TGH라는 놈의 목표는 최대한 많은 사람에게 최대한 오랫동안 모욕을 주고 최대한의 손실을 입히는 것이다. 강세장을 이어가면서 사람들이 안전하다고 착각하게 하고, 약세장에서는 변동성을 키워서 반등장이 절대 오지 않을 것처럼 유도한다. 서브프라임 모기지 사태의 끝은 모두가 포기한 이후에 찾아왔다.

일할수록 손실만 커지니 팀에서 자조 섞인 목소리들이 나왔다. 차라리 노는 것이 더 나을 성싶었다. 그래서 어느 순간부터는 정말 놀기 시작했다. 당시 역삼동 사무실에는 자산운용팀으로 통하는

문이 두 개 있었는데 한쪽은 엘리베이터 홀로 연결되는 진짜 출입문이었고 한쪽은 회의실 문이었다. 그런데 회의실의 반대쪽 끝은 대표이사실로 연결됐기 때문에 오히려 보안에 신경을 더 써야 했다. 이사님부터 막내인 나까지 펀드매니저는 여덟 명, 모두 남자였다. 문을 걸어 잠그고 스타크래프트를 했다. 점심시간에는 후딱 밥을 먹고 PC방으로 향했다. 오후에는 기업탐방이나 세미나 등을 핑계로 자리를 비웠다. 그리고 어스름해질 무렵 남산이나 이사님 댁 근처인 성동구 응봉동에서 다시 모여 한잔씩 했다.

그러던 중 종합주가지수가 1000포인트 정도 되면서 이제는 정말 많이 싸졌고 더는 내려갈 데도 없다고 판단했다. 불과 몇 개월 만에 한국 시장 전체가 반 토막이 넘게 나버렸으니 주식시장의 공포감은 극에 달했다. 2020년 코로나19가 처음 발병했을 때 종합주가지수가 1400포인트까지 30퍼센트 정도 하락했을 때 얼마나 무서웠는지 떠올려보라. 그래도 브이아이피투자자문은 대한민국을 주름잡는 가치투자의 명가고 우리는 군건한 투자 철학과 앞선 기업 분석 능력으로 똘똘 뭉친 역전의 용사들이다. 그때 가지고 있던 현금으로 모두 주식을 샀다. 주식 비율 100퍼센트, 현금 비율 0퍼센트. 이제 할 수 있는 일은 다 했다. 기다리는 것 외에 할 일이 없다. 다시 스타크래프트를 시작했다.

이때 마음 깊이 존경하는 투자자가 더 큰 용단을 내리는데 바로 에셋플러스자산운용 강방천 회장이다. 무려《조선일보》등 일간지에 주식을 살 때라고 광고를 낸 것이다.

저는 종합지수 1400포인트에도 1200포인트에도 투자를 권유했습니다. 최근 급격한 하락을 접하면서 인간으로서의 나약함과 아쉬움을 느끼지 않을 수 없습니다. 900포인트 지수 때인 현재도 저는 투자를 권유하고 있습니다. 왜냐하면 지금의 공포스러운 상황이 지나간 후 펼쳐질 엄청난 축제의 장을 그 누구보다 잘 알고 있기 때문입니다. 상식에서 판단하고 냉정을 찾아주시기 바랍니다. 인내의 끈을 놓쳐서는 안 됩니다. 좋은 주식과 펀드라면 시장을 떠나지 않고 끝까지 살아남는 인내를 보여주시기 바랍니다.

출처: 《조선일보》

그냥 주식을 사는 것도 살 떨리는 일이련만, 누가 시킨 것도 아닌데 투자가이자 기업가로서 모든 것이나 다름없는 평판을 걸다니 얼마나 숭고하고 멋진 일인가! 나도 따라 하고 싶어서 미·중 무역분쟁이 격화되던 2018년 10월과 코로나19 위기가 닥쳤던 2020년 3월에 페이스북에 몇 자 끄적인 적도 있다. 크게 광고할 정도의 용기와 돈이 생기면 더 좋겠다.

2018년 10월 종합주가지수가 13%, 코스닥지수가 19% 하락하며 서브프라임 모기지 사태가 발생한 2008년 10월 이래 가장 큰 하락폭을 기록했습니다. (중략) 하지만 이제 미·중 무역분쟁은 상수가 됐고 주가에 상당 부분 반영됐습니다. 주식시장에서 알려진 리스크는 리스크가 아닙니다. 게다가 돈은 싼 곳을 찾아서 흐르는 법이라, 미국 기술주에서 차익을 실현한 자금은 환율과 밸류에이션이 모두 낮은 한국과 신흥국으로 돌아올 것입니다.

지금 여의도는 난리도 아닙니다. 모두 투자를 중단한 채 긴급 대책회의를 하고 외출도 하지 않고 밤늦게까지 일합니다. 그러나 지금 해야할 일은 이런 것이 아닙니다. 미·중 무역분쟁이 더 격화됐을 때 어떤 문제가 생길지, 외국인이나 연기금이 돌아왔을 때 반등할 만한 충분한 체력이 있는지 투자 기업을 찬찬히 돌아봐야 합니다. 그리고 이를 바탕으로 공포에서 벗어나 정중동을 지키는 것입니다. 많이 떨어졌을 때가, 더 떨어질 것만 같을 때가 저점의 문턱이기 때문입니다.

출처: 더퍼블릭자산운용 페이스북, 2018. 10. 27.

최근 많은 분이 언제가 바닥이냐고 묻습니다. 그럴 때마다 제 답은 같습니다. "모릅니다." 하지만 여기에 항상 덧붙입니다. 이번 '대유행'이 '대공황'으로 이어지지 않는다면 몇 개월 안에 안정을 되찾을 것이라고요. 그리고 반등 시기는 정확히 예측할 수 없지만, 내년 이맘때면 지금 주식을 산 것을 즐겁게 회상할 날이 올 거라고 말입니다.

(중략) 주식시장에는 "알려진 뉴스는 더는 뉴스가 아니다"라는 격언이 있습니다. 이미 많은 시장 참여자가 저처럼 생각하고 있습니다. 전염병의 그림자가 사라질 때쯤 주식시장은 후행하는 기업 실적과 경기 지표를 무시하고 상승할 것입니다. 문제는 공포에 질려 행동에 나서지 못한다는 데 있습니다.

저명한 투자가 세스 클라먼은 〈2008년에 얻은 스무 가지 투자 교훈〉이라는 글에서 "항상 조금 빠른 것이 조금 느린 것보다 낫다"라고 이야기

주식시장은 우리가 현금을 모두 쓴 이후로도, 강방천 회장이 광고를 한 이후로도 더 하락해 기어이 890포인트까지 내려갔다. 이 위기를 계기로 브이아이피투자자문은 큰 변화를 겪었다. 워런 버핏의 후예들이 왜 시장 충격에 더 큰 손실을 봤는지, 어떻게 해야 같은 일을 다시 겪지 않고 안전한 수익을 낼 수 있는지 점검에 들어갔다. 그런데 이미 대표님들을 포함해 모두가 재난의 당사자였기 때문에 객관적으로 진단할 수 있는 상황이 아니었다. 나는 포지션이 없었기 때문에 경제적으로도 손실을 본 것이 없고 상대적으로 감정도 다치지 않았다. 그래서 제3자처럼 분석하고 메스를 댈 수 있었다. 마치 구조조정을 앞둔 기업에 파견된 법정관리인처럼 말이다.

실패를 분석하다

금융위기 전과 후를 꼼꼼히 들여다보니 문제는 이랬다. 크게 보면 워런 버핏이 설파하는 진정한 가치투자를 하지 않았기 때문에 타격을 입은 것이다. 비즈니스 모델이 훌륭하고 경제적 해자가 충분한 기업에 투자했다면 주가가 그렇게 하락할 일도 없고, 만약 주가가 하락했다고 하더라도 매우 편하게 그리고 기쁜 마음으로 주식을 더 살 수 있었을 것이다. 그러나 PER, PBR 같은 표면적인 밸류에이션 지표에 집중해 투자하다 보니 경기가 냉각됐을 때 기업의 수익성이 악화하면서 주가가 상대적으로 더 많이 하락했을 뿐만 아니라 회생 가능성에 의문이 생기면서 공포가 극에 달했다.

그렇다고 해서 무조건 버크셔해서웨이 방식으로만 투자해야 하는 것은 아니다. 저PER 주식에도 투자할 수 있고, 경기 순환주에도 투자할 수 있다. 작게 보면 주식의 스타일에 맞지 않는 투자법을 사용한 것이 직접적인 패인이었다.

13년간 2,700퍼센트라는 경이로운 수익률을 기록한 피터 린치는 저서《전설로 떠나는 월가의 영웅》에서 주식을 여섯 가지 유형으로 분류했다. 저성장주, 대형 우량주, 고성장주, 경기 순환주, 턴어라운드주, 자산주다. 그리고 유형별로 적합한 투자 방법이 다르다고 했다. 예를 들어 경기 순환주는 성장하지 않고 그 자리에 머무른 채로 경기 순환에 따라 호황기와 불황기를 반복해서 지나는 것뿐인데 투자자들은 항상 호황기에는 새로운 세상이 열릴 것처럼 열광하고 불황기에는 기업이 망할 것처럼 공포에 떤다. 따라서 불황기에 사서 호황기에 팔면 높은 수익을 올릴 수 있다. 이것을 금융공학적으로 풀자면 고PER에 사서 저PER에 판다는 명문이 된다. 기업의 이익이 정체하거나 성장하는 경우에는 주가가 낮을 때(저

PER) 사서 주가가 오르면(고PER) 파는 것이 답이지만, 불황기의 경기 순환주는 주가가 아무리 하락해도 기업의 이익이 극도로 쪼그라들기 때문에 PER이 높게 형성된다. 반대로 호황기에는 기업의 이익이 폭발적으로 증가하기 때문에 PER이 낮아 보인다. 주가가 한참 올라 있는 정점의 경기 순환주를 싸다는 이유로 저PER에 매입하면 내 주식을 사줄 사람은 어디에도 없고 수년간 침체하는 업황 때문에 공포에 질려 내려앉는 주가만 봐야 한다. 브이아이피투자자문도 그랬다. 중국이 모든 수요를 빨아들여 대다수의 기업이 승승장구하는 장기 호황기 속에서 기업 본연이 가지고 있는 비즈니스 모델을 간과한 것이다.

대표님께 전권을 위임받아 지금까지 투자했던 많은 기업의 사례를 조사하고 어떤 시점에 어떻게 투자하는 것이 가장 효과적인지 유형을 분류하기 시작했다. 그 결과 브이아이피투자자문이 투자할 수 있는 영역의 주식을 스노볼snowball A, 스노볼 B, GARPGrowth At a Reasonable Price, 저평가주, 경기 순환주, 턴어라운드주의 총 여섯 개로 나눴다.

스노볼은 워런 버핏이 "인생은 눈덩이와 같다. 중요한 것은 눈과 매우 긴 언덕을 찾는 것이다"라고 말한 것에서 따왔다. 워런 버핏이 투자할 만한 기업들을 의미한다. 그중 스노볼 A는 전방 산업이 매우 안정적이어서 정말 꾸준한 수익을 창출할 수 있는 기업이다. 이런 주식들은 어느 국면에서나 연간 10퍼센트 내외의 수익률을 기대할 수 있으며 포트폴리오에서 중심을 잡아준다. 그래서 항상 일정 부분을 채워두기로 했다. 당시 브이아이피투자자문 포트폴리오 상에서는 커피믹스를 파는 동서(실제로는 자회사 동서식품이 생산한다)가 그런 기업에 속했다.

지인이 가게를 개업했다고 가정해보자. 따로 개업 선물을 준비하기는 좀 모호한 사이다. 하지만 처음 초대받아서 가는 자리에 빈손으로 가기도 그렇다. 가는 길에 편의점에서 커피믹스를 사 가기로 한다. 1,000원 아끼려고 다른 회사의 제품을 사겠는가? 동서식품의 노란 상자는 그 자체로 통용되는 의미가 있다. 이제는 커피믹스를 기피하고 '아아(아이스 아메리카노)'를 선호하는 세상이지만 이와 관련해서는 뒤에 자세히 다룰 예정이다.

스노볼 B는 경제적 해자와 가격전가력●이 있는 기업 중 전방 산업이 꾸준히 성장하거나 비즈니스 모델의 속성상 경기 순환주에 속하는 것들로 정의했다. 성장하는 스노볼 기업들은 판매량과 제품 가격이 동시에 오르니 이익 성장 가능성이 크다. 경기 순환주에 속하는 기업들은 시장 참여자가 환호와 공포를 오가면서 주가를 크게 변동시킨다. 그러나 우리는 이미 이 기업들이 강력한 경쟁 우위를 가지고 있다는 사실을 알기 때문에 저평가 영역에서 마음 놓고 주식을 살 수 있고, 고평가 영역에서는 수익을 실현하기도 한다. 스노볼 B는 스노볼 A 유형보다 안정성은 조금 떨어지지만, 연간 20퍼센트 내외의 준수한 수익률이 기대돼 우리가 실제로 가장 중점

● 가격을 원가 상승분 이상으로 인상해 고객이 지불하게 하는 힘. 경제적 해자의 보유 여부를 판단하는 요소로, 비용전가력이라고도 한다.

을 둬야 할 분야로 봤다.

　장기간 높은 수익을 기록한 한국쉘석유가 스노볼 B다. 한국쉘석유는 전 세계적인 석유 재벌인 로열더치쉘 Royal Dutch Shell의 자회사다. 한국 소매 시장에서는 영업을 하지 않지만 노란 조개 모양 로고는 많은 사람이 알고 있다. 로열더치쉘은 선박 엔진용 윤활유도 만드는데 지역별로 대리점을 두고 영업을 한다. 한국쉘석유는 사명에서도 알 수 있듯이 한국 대리점이라고 보면 된다. 우리는 몇천만 원짜리 자가용만 하나 사도 순정품을 쓰지 않으면 A/S에 문제가 생긴다는 제조사의 엄포에 타이어나 엔진오일, 배터리를 교체할 때 순정을 쓸지 대체품을 쓸지 고민한다. 그러니 수백, 수천억 원을 호가하는 대형 선박은 오죽할까.

　한국쉘석유는 본사에서 정해준 제품을 팔기만 하면 그만이다. 이 기업이 가진 브랜드 가치나 전환 비용●은 직접 구축한 것이 아니라 모회사의 후광 때문에 얻어진 것이기는 하나, 이 회사가 높은 수익성을 기록하는 데는 변함이 없다. 다만 대양을 떠다니는 배의 척수와 이동하는 거리는 해운 경기와 밀접하게 관련이 있기 때문에 한국쉘석유 또한 불경기를 겪을 수밖에 없다. 그러나 오랫동안 지켜본바 경기는 반드시 순환하고 불경기를 겪은 이후 다음 호경

● 현재 사용하는 재화가 아니라 경쟁사의 재화를 사용하고자 할 때 들어가는 비용으로, 금전적인 비용뿐만 아니라 개인의 희생이나 노력 등 무형의 비용도 포함한다. 경제적 해자 중 하나이며, 이 비용이 높으면 고객이 경쟁사로 이동하기 어려우므로 초기 영업비용을 들인 고객들에게 높은 가격 등을 요구할 수 있다.

기에는 이전 사이클에서보다 더 높은 이익을 얻는다.

GARP는 성장주에 투자하려는 운용역들의 목마름과 전사적인 리스크와 평판을 관리하려는 대표님들 간의 접점에서 태어났다. 생존편향의 오류란 살아남지 못한 사례들을 수집하기 어려운 탓에 해당 시점에 생존해 있는 사례만을 대상으로 분석해서 성공 사례를 일반화해 낙관적으로 전망하는 것을 말한다. 프로 펀드매니저들도 똑같은 인간이기에 욕심을 부리고 생존편향의 오류를 범하기 일쑤다. 매력적인 시장일수록 경쟁자들이 많이 뛰어든다는 점과 성장 잠재력이 무궁무진하다는 것은 불확실성이 크다는 말과 같다는 것을 알지만, 마치 뱃사공들이 물의 요정의 노래에 넋을 잃고 암초에 부딪혀 난파당한다는 로렐라이의 전설처럼 빠져든다. 그러나 더 오랜 세월 주식시장의 영욕을 지켜본 후 저평가된 주식만이 자산을 안전하게 지킬 수 있다는 믿음을 가진 대표님들은 대척점에 서 있다.

여의도 증권가는 이직이 잦은 것으로 유명한데 간판만 다를 뿐 서로 비슷한 일을 하는 회사들이 많아서 자리를 옮기더라도 업무에 적응하기가 쉽다. 펀드매니저가 회사에 정을 떼게 되는 대표적인 순간은 투자 심의 과정에서 상사와 갈등이 생겼을 때다. 나를 믿어주지 않는 것 같고, 여기서는 성장하지 못할 것 같고, 더 나아가 상사나 이 회사는 투자 실력이 부족하다고 느낀다. 물론 일단 울컥해서 이직하긴 하지만, 어디를 가도 크게 차이가 없다는 점을 알아차리는 데는 시간이 오래 걸리지 않는다. 일반적인 회사는 누군가가 퇴사하더라도 어떤 이를 다시 채워 넣으면 원래부터 있었던 사람처럼 톱니바퀴가 잘 물려 돌아간다는 것을 안다. 그러나 규모가 작고 인지도가 낮거나 투자 방식이 독특해 원하는 인재상이 협소하고 구체적인 곳이라면 이야기가 다르다. 당시의 브이아이피투자자문과 지금의 더퍼블릭자산운용이 여기에 해당한다. 애써 길러놓은 운용역이 퇴사하면 그 자체로 마음 아프고 회사 차원에서도 큰 손실이다. 대표는 이직을 할 수도 없다. 그래서 직원들의 동기부여라는 과제와 회사의 경영 방침 간에 아슬아슬한 줄타기가 필수다.

GARP는 성장하는 기업을 합리적인 가격에 사자는 뜻이다. 합리적인 가격이 어느 정도인지는 투자자마다 다를 수 있다. 그러나 확실한 것은 '성장하는 산업이니까', '미래에는 잘될 것 같아서'라는 막연한 이유만으로는 부족하다. 합리적인 가격을 설정하기 위해서는 반드시 의미 있는 수준의 이익을 내야 한다. 정리하면 이익이 늘어나는 기업을 비싸지 않게 사자는 뜻이 된다. GARP는 경제적 해자가 없거나 확인되지 않았기 때문에 무작정 장기 투자해서는 안 된다. 시간과 시장 앞에 겸손한 자세로 미래는 예측하기 어렵다는 것을 인정하고, 끊임없이 회사를 추적·관찰해야 한다. 그러다가 회사의 내재가치보다 주가가 더는 합리적이지 않을 만큼 비싸졌거나, 성장률이 둔화하는 조짐이 보인다면 미련 없이 주식을 내다 판다.

저평가주는 누가 뭐라 해도, 이리 봐도 저리 봐도 너무 싼 주식을 말한다. 가진 자산이 너무 풍부해서 수년간 적자를 보더라도 문제없을 회사, 안정된 사업 기반을 가지고 꾸준히 돈을 벌어들일 것이 분명한데 주가는 너무 싼 회사다. 전형적인 가치투자자들이 좋아하는 투자법이다. 저평가주에 투자할 때 주의해야 할 점은 주가는 기업가치에 수렴하지만 그 시기와 계기는 알 수 없다는 것이다. 생각보다 시간이 오래 걸릴 수 있기 때문에 그동안 기회비용과 고객 민원이 발생할 수 있다. 시간이 길어질수록 투자자의 확신도 줄어들어 상승을 목전에 두고 매도하는 실수를 범할 수 있다. 따라서 포트폴리오 내에서 적당한 비율만 투자하되, 그 비율도 여러 종목으로 나눠두는 것이 좋다. 또 다른 문제는 오래 보유하다 보면, 특히 그러다가 전망한 기업가치까지 오르는 일까지 목격하면 종목과 사랑에 빠질 수 있다는 것이다. 처음에 그 기업에 왜 투자했는지 잊지 말라. 그 기업이 훌륭해서 투자한 것이 아니라 그냥 싼 맛에 투자한 것이다. 이런 이유로 우리는 적당한 가격이 되면 팔아버리기로 했다.

경기 순환주와 턴어라운드 주식은 일견 비슷한 면이 있다. 안 좋을 때 사서 좋아졌을 때 파는 것이다. 그러려면 불황기가 생각보다 오래 계속되더라도 또는 턴어라운드가 어렵더라도 망하지 않을 재무건전성을 확보한 기업에 한해 투자해야 한다. 경기 순환주의 적당한 매도 시점은 회사가 돈을 잘 벌어서 성장주 투자자들이 기웃거리기 시작할 때다. 기업의 속성이 그런데도 주식시장에서 "이전과 다르다", "메가 트렌드다", "슈퍼 사이클이다", "새로운 시대다"라고 할 때는 반드시 매도해야 한다. 물론 그럴 수도 있지만, 그렇지 않을 수도 있기 때문이다. 그리고 역사와 통계는 그렇지 않을 확률이 더 높다고 강변한다. '영혼이 있는 투자가' 존 템플턴 경은 주식 시장에서 가장 값비싼 교훈을 치러야 하는 것이 '이번에는 다르다'라는 생각이라고 했다. 꼭 그 주식으로만 돈을 벌어야 하는 것이 아니라면 과감하게 또 다른 아이디어를 찾아라.

턴어라운드 주식은 내외부 환경 탓에 무너져가던 기업이 기적같이 회생하는 경우를 말한다. 리먼 브러더스 사태가 한창이던 2009년 미국 굴지의 자동차 회사인 제너럴 모터스GM, General Motors도 위기를 맞았다. 이런 대기업이 흔들리면 이곳에 원재료나 부품을 공급하는 후방 산업도 같이 영향을 받기에 산업 곳곳에 위기의 그림자가 드리워진다. 한국도 현대차그룹을 위시해 자동차 산업이 발달한 국가여서 예외가 아니었다.

그중 S&T대우(현 S&T모티브)는 짜릿한 기억으로 남아 있다. 옛 이름에서도 알 수 있듯이 "세계는 넓고 할 일은 많다"라며 세계 경영을 부르짖던 김우중 회장의 대우그룹 계열사였다. 최대 고객사인 GM대우(현 한국GM) 또한 대우그룹이 해체되며 대우자동차를 인수해 만든 회사다. 지금도 쉐보레 스파크는 경차의 대명사였던 마티즈를 계승하는 등 왕성한 활동을 펼치고 있다. 핏줄이 이렇다 보니 GM의 위기는 당연히 S&T대우의 위기일 수밖에 없었다. 그러나 과거에 워낙 탄탄한 영업을 해온 탓에 보유하던 현금은 놀면서도 3년은 버틸 수 있는 수준이었고, 소총 등을 생산해 국방부에 납품하는 방산 사업은 여전히 건재했다.

GM이 파산한다는 이야기에 주가는 하락했지만, 동사의 제조 경쟁력은 대우자동차 파산도 견뎌냈을 만큼 뛰어났다. GM의 사정을 잘 알아본 결과, 근본적인 문제는 전 세계적 트렌드를 읽지 못하고 픽업트럭 등 대형차 위주의 전략을 펼쳤기 때문임이 드러났다. 이 부분만 개선한다면 충분히 승산이 있다는 것이 미국 정부와 법원의 판단이라고 했다. 그렇다면 GM대우가 한국 시장에서 시장점유율이 다소 떨어질 수는 있으나, 소형차 수출의 전초기지로서 큰 역할을 할 수 있을 것이고 S&T대우도 살아날 터였다.

여기에서 가장 극적인 장면이 펼쳐진다. 앞서 언급한, 지도에도 나오지 않던 방위산업체에서 가장 먼저 희소식을 보내 왔다.

"저희도 화이트 GM 산하에 편입됐습니다."

화이트 GM이란 GM을 완전히 파산시키는 대신 경쟁력 있는 부분만 따로 떼어내 새로운 회사로 만들어내는 구조조정안에서 살아남는 부문을 뜻한다. 부도 위기의 회사 투자에 아무도 관심이 없었기 때문에 이렇게 빠른 정보 습득은 차별화된 수익률로 이어진다. '조금 반등하면 사야지', '아직은 확실하지 않아'라는 마음은 안전한 투자가 아니라 안일함일 수 있다. 부산에 가기 전부터 공개된 정보는 모두 공부한 상황이었고, 기업탐방이 끝나고는 쿵쾅대는 가슴을 부여안고 부산 시내의 모텔로 들어와 생생한 내용을 조합해 밤늦게까지 보고서를 썼던 기억이 난다.

> 동사의 도산 가능성은 상식적으로 납득하기 어려운 수준이다. 또New
> GM의 공식 출범 이후 GM대우의 가동률이 올라간다면 턴어라운드
> 의 가능성이 상존한다. 주가는 실적 개선의 여지를 보이는 순간 폭발
> 적인 상승을 보일 수 있다. 희망은 절망 속에서 싹튼다고 하는 말을 떠
> 올려볼 때가 아닌가 싶다.
>
> 출처: 〈S&T대우, 절망 속에서 희망을 본다〉, 《아이투자》, 2009. 7. 10.

이렇듯 턴어라운드 주식은 가장 짜릿한 수익을 준다. 동시에 가장 위험한 투자이기도 하다. 자본시장에서는 '어떤 일도' 일어날 수 있기 때문에 포트폴리오의 작은 비중만을 투자해야 한다. 적게 투자해서 망하면 그만이고, 혹시 투자 아이디어가 적중하면 매우 높은 수익률을 안겨줄 것이므로 작은 편입 비중에도 수익 기여도가 쏠쏠할 것이다.

워런 버핏이 투자할 법한 기업에 투자했다면!

큰 프로젝트가 끝나고 대표님들을 포함해 모든 팀원에게 주식별 스타일과 그 스타일에 따른 투자법, 포트폴리오 관리 방안을 발표했다. 그때부터 브이아이피투자자문의 모든 보고서에는 첫 페이지에 여섯 가지 중 하나의 유형을 골라서 기재했다. 애널리스트들은 유형에 맞는 매매 전략을 구체적으로 제시할 수 있게 됐고, 가치

함정에 당하거나 담당 종목과 사랑에 빠져 비이성적인 판단을 하지 않게 됐다. 포트폴리오 매니저들은 종목 하나하나를 들여다보는 대신 유형별로 묶어서 관리할 수 있게 돼 포트폴리오에 무게중심이 잡히고 업무의 효율성이 높아졌다. 호황기, 불황기 그리고 가치주, 성장주, 대형주, 중·소형주와 같은 주식시장의 흐름 변화에 대응하기도 용이해졌다.

다만 아쉬운 점은 프로젝트의 도입 시기였다. 개인적으로 다른 동료들보다 객관적인 시각을 가질 수 있었다고 하나, 회사가 입은 손실을 부인할 수는 없다. 수익률이 하락했고, 많은 고객이 떠났고, 그 과정에서 모든 직원이 고객에게 그리고 서로에게 상처받았다. 주식쟁이('장이'가 옳은 표현이라는 것을 알지만 어감을 살리기 위해 굳이 이렇게 썼다)들의 상처는 반등하는 수익률이 치료해주는 법이다. 금융위기 때 많은 사람이 주식시장에서 비자발적으로 퇴출됐으나 부자가 된 사람들도 많다. 재미있는 것은 그들을 깡통과 부자로 가른 것은 한 끗 차이였다는 점이다. 금융위기가 터지기 전부터 안전하게 투자했던 사람은 살아남았다. 금융위기 전 아슬아슬하게 투자했던 사람 중 하늘이 도와 주식시장의 저점을 통과한 사람들은 잃은 것 이상으로 벌었다.

내가 패인을 분석하고 브이아이피투자자문의 새로운 돛을 올린 시점은 금융위기가 아직 가시기 전이었다. '워런 버핏이 투자할 법한 기업, 이른바 스노볼 주식들에 많이 투자했다면 이런 일이 일어나지 않았을 텐데…….' 이는 명확한 결론이었지만 그런 주식들을 굳이 저점에 살 필요는 없었던 것 같다. 훌륭한 기업들은 많이 하락하지도 않는다. 따라서 많이 반등하지도 않는다. 위기가 지나고 난 뒤《안전 마진 Margin of Safety》의 저자 세스 클라먼은 〈2008년에 얻은 스무 가지 투자 교훈〉이라는 글을 썼다. 그 글에는 "여덟째, 위기 중에는 폭넓고 유연한 투자 접근이 필수다. 기회는 다양한 업종과 시장에 걸쳐 막대하게 나타나지만, 순간적으로 사라져버린다. 엄격한 잣대는 이 시기에 매우 큰 단점으로 작용한다"라고 쓰여 있다.

스노볼 기업은 평상시에 꾸준한 수익을 창출하고 위기가 닥쳤을 때 손실을 방어하기는 한다. 그러나 유튜브 섬네일에 많이 쓰이는 '하락장에 사야 할 기업은?'이라는 질문에 답은 '없다'다. 하락장에는 상대적으로 하락률이 덜한 기업은 있을 수 있지만 하락하지 않는 주식은 없다. 뭘 사야 하는 것이 아니라 다 팔고 아무것도 안 가지고 있는 사람이 승자다.

인버스 ETF Inverse ETF● 나 VIX●● 처럼 위기 때 오르는 것도 있지 않느냐고 하지만, 위기는 아무도 모를 때 닥친다. 누군가가 예측하고 대비하고 있다면 위기는 절대 오지 않는다. 그리고 위기가 닥쳤을 때 향후 반등을 노리고 투자하려면 그 위기의 한가운데에 있는 종목이 제격이다.

● 지수가 상승할 때 수익률도 상승하는 보통의 펀드와 달리 하락장에서 수익을 내도록 설계된 상품.
●● 'Volatility IndeX'의 약자로 시카고옵션거래소에 상장된 S&P500 지수 옵션의 향후 30일간 변동성에 관해 시장의 기대치를 나타내는 지수. 일반적으로 변동성은 투자자들의 불안 심리를 대변하므로 VIX는 주식시장이 하락할 때 오르는 경향이 있다.

세스 클라먼의 말도 같은 맥락이라고 생각한다. 브이아이피투자자문이 2008년의 실수를 바로잡아야 할 시기는 많이 하락한 그 주식을 그대로 가지고 있다가 평균보다 더 많이 올라 의미 있게 그리고 빠르게 수익률을 회복한 다음이었어야 한다. 주식시장의 저점에서 가장 많이 하락한 경기민감주를 팔고 변동성이 작아 가장 덜 오르는 주식들로 갈아탄 전략은 완전히 거꾸로 가는 열차를 탄 것과 같은 일이었다. 노련함은 찾아볼 수 없는 햇병아리가 의욕만 앞서 투자의 고전을 따랐기 때문이다.

그러나 비 온 뒤에 땅이 굳는다고 하던가. 이렇게 투자 철학을 굳건히 다진 덕분에(?) 가치투자의 명가는 운용자산 3조 원을 넘기고, 2021년 업계 최상위 수익률을 기록하며 여전히 업계를 선도하고 있다.

텐배거를
찾는 법

요새는 옛날이야기를 하면 '꼰대'가 된다. 하지만 어쩌겠나. 난 이미 마흔을 눈앞에 두고 있고 펀드매니저로서 생활한 지 16년째다. 금리 인상 이슈에 주식시장이 하락하는 것을 '긴축 발작'이라고 한다. 그런데 사실 금리를 인상하는 것은 물가가 오르기 때문이고, 물가가 오른다는 것은 기업이 물건 하나를 팔았을 때 벌어들이는 돈이 많아진다는 뜻이다. 이걸 바꿔 말하면 '경기가 좋다'라고 한다.

주가는 기업의 그림자이므로 경기가 좋을 때 따라 오른다. 금리가 오르면 주가도 오른다. 금리 상승기에 주식시장이 침체했던 적은 지금까지 한 번도 없다. 그런데 왜 긴축 발작이 일어날까? 두 가지 이유가 있는데, 하나는 인간은 망각의 동물이고 투자할 때는 시야가 더 좁아지므로 수년 전의 금리 인상기를 기억하지 못해서다. 둘째는 투자자들이 공부하지 않기 때문이다. 주식시장은 항상 반복되기에 역사를 공부하고 통계를 믿으면 크게 실패할 일이 없다. 그런데 공부는 재미가 없다. 나도 안다.

자본시장에서 돈을 움직이는 실무진은 보통 큰 회사의 팀장, 작은 회사의 본부장급 정도인데 이들의 연령이 빠르게 낮아지고 있다. 50대 이상 분들은 차·화·정* 시대를 마지막으로 구경제 주식들이 시장에서 힘을 쓰지 못하면서 자의 반 타의 반으로 많이 은퇴했다. 그리고 지금의 팀장, 본부장들은 2010년을 전후해 입사한 이들로 대부분 나보다 후배들이다. 금융위기라고 칭할 만한 것은 2020년 코로나19가 처음이고, 2010~2011년 남유럽 재정위기**를 겪어봤으면 그나마 다행(?)이라고나 할까. 즉, 금리는 낮은 것이 당연하고 전 세계 정부는 주식시장을 부양할 의무가 있다고 여기는 세대다.

주식시장에서 가장 무서운 것은 불확실성이고, 이들 포스트 금융위기 세대는 금리 인상을 불확실성으로 여긴다. 불확실성이 발생했을 때 이를 회피하는 가장 좋은 방법은 포지션을 청산하는 것

● '자동차, 화학, 정유'의 약자로 2011년 동일본 대지진 전후 일본의 경쟁사들이 휘청거린 것이 서브프라임 모기지 사태 이후 경기 회복과 맞물려 한국 주식시장의 대세 상승장을 이끈 주도 업종들을 일컫는다.

●● 포르투갈, 이탈리아, 아일랜드, 그리스, 스페인 등 유럽 다섯 개국이 과도한 국가 부채와 재정 적자, 높은 실업률 등으로 심각한 경제위기에 처했던 사건. 특히 그리스는 국가 부도위기에 직면해 유럽연합과 국제통화기금의 구제금융을 받았다.

이다. 가지고 있는 주식을 최대한 많이 팔아버리면 문제가 해결된다. 팔아버린 주식은 금리와 주식시장이 같이 움직인다는 것을 확인한 후에 다시 사도 늦지 않다. 모두 다 같이 팔았고, 지금 팔고 사는 돈은 내 돈이 아니니까. 이것이 긴축 발작의 정체다.

이것을 아는 나는 옛날 사람이다. 옛날 사람이 냉동 인간처럼 지금도 활동하는 비결은 공부도 있지만, 오랜 시간 공부할 수 있게 해준 주식시장의 낮은 난도 덕분이다. 나 때는 주식이 정말 쉬웠다. 열심히 돌아다니기만 하면 오를 만한 주식이 발에 채였다. 지금도 여전히 후배들과 경쟁하며 주식을 찾고 있는데, 정말 많이 어려워졌다. 개인 투자자 중에서도 재무제표를 읽을 줄 아는 사람이 늘어나고, 증권사 리서치센터 보고서를 읽는 것은 당연한 일이 됐다. 숨겨진 정보를 찾았을 때는 희열이 느껴지는 것이 아니라 '이거 이미 다 알고 있는 것 아닌가?', '주가에 반영돼 있는데 나만 뒤늦게 샀다가 상투 잡는 것 아닌가?' 하는 걱정부터 든다.

브이아이피투자자문에서 일과는 이랬다. 아침에 출근해서 어젯밤에 써둔 보고서를 발표한다. 그리고 점심시간 전후에는 탐방 갈 기업을 공부하고 질문지를 작성한다. 중간중간 아이디어가 떠오르면 관련 회사에 전화를 걸어 이것저것 묻거나 탐방 일정을 잡기도 한다. 오후 2~3시가 되면 차를 몰고 탐방을 간다. 미팅이 끝나면 역삼동으로 돌아와서 간단히 저녁을 먹고, 다녀온 기업에 관해 보고서를 쓴다. 그리고 밤 10시에 퇴근한다. 이튿날 오전 6시에 일어나서 출근 준비를 하고 반복한다. 입사하고 꼬박 2년간은 밤 10시 이

전에 퇴근한 날이 거의 없다. 아마 명절 전날이나 생일 정도? 주말에 출근할 때 좋은 점은 러닝셔츠만 입고 보고서를 쓸 수 있다는 것이었다. 사무실에 CCTV가 있다는 것은 나중에 알았다. 나중에 세어보니 4년간 딱 천 개의 회사와 미팅을 했다. 주말과 공휴일을 빼면 1년에 근무일이 250일 정도 되니 정말 하루에 하나씩은 다닌 셈이다. 이렇게 열심히 다닐 수 있었던 것은 돌을 뒤집은 만큼 가재를 발견할 수 있었기 때문이다.

구독경제와 전환 비용

펀드매니저가 된 후 가장 먼저 투자를 결정한 기업은 더존디지털웨어다. 지금은 더존비즈온이라는 이름으로 거래된다. 더퍼블릭자산운용 하면 연관 검색어에 나올 정도로 트레이드마크가 된 종목인데, 사실은 그보다 훨씬 전에 투자했던 곳이다. 말하자면 2008년부터 2010년까지 몇 배의 수익을 냈고, 다시 2013년부터 2020년까지 15배의 수익을 냈으니 어림잡아도 같은 주식으로 거의 50배는 번 셈이다.

돈을 잘 버는 기업은 희소하므로 하나의 기업을 완벽히 이해하고 그 주식을 여러 번 매매해(여기에서 여러 번은 단타를 치라는 뜻이 아니다. 몇 개월에서 몇 년에 걸쳐 한 번씩 사고파는 것을 의미한다) 수익을 내는 사람이 진짜 부자가 된다. 상장주식이 다른 투자 대상보다 매력적인 이유 중 하나는 기업의 가치보다 더 자주, 더 큰 궤적으로 주가가 움직인다는 것이다. 변동성은 투자자의 친구다.

그런데 나는 어릴 때부터 주의가 산만하다는 지적을 달고 살았다. 지금도 회사에서 가장 많이 돌아다니는 사람이 나다. 방송 프로그램에 비치는 우리 회사 스케치 영상에 내가 뒷짐 지고 어슬렁거리는 모습이 나오는데, 직원들을 감시하는 것이 아니라 한자리에 10분 이상 앉아 있지 못하기 때문이다. 이 책을 쓰는 지금도 글은 술술 나오는데 한 단락을 채 마치지 못하고 침대 위에 엎어져 스마트폰을 보느라 진도가 더디다. 농담 하나도 안 보태고 머리가 이렇게 좋은데 성실하기까지 했다면 서울대에 갔을 거다. 하늘은 공평하고 서울대는 공평하지 않은 사람들이 간다.

같은 주식을 저점에 샀다가 고점에 팔고, 다시 저점에 샀다가 고점에 파는 일을 반복하면 수월하게 돈을 벌 수 있다는 사실을 머리로는 이해하면서도 도저히 할 수 없다. 조금 힘들게 벌더라도, 조금 덜 벌더라도 새로운 기업을 찾아 새로운 기회에 특별한 수익을 내고 싶다. 주식은 나에게 세상에서 가장 재미있는 놀이이고 돈은 따라오는 덤이니까.

이미 잘 알려졌지만 더존비즈온 15배 수익의 주인공은 내가 아니라 파트너 정호성 대표다(이에 관해서는 정 대표가 '넥스트 텐배거'라는 제목으로 책을 쓰고 있으니 많은 기대 바란다). 실제로 더퍼블릭자산운용에서 더존비즈온에 투자한 10년 동안 내가 주식을 팔자고 한 것이 적어도 서너 번은 됐을 것이다.

클라우드 ERP 사업의 가치가 주가에 반영됐다고 생각했을 때, 또 소기업용 그룹웨어라는 신규 사업으로 2배 정도 주가가 오른 후 그 신규 사업 전개가 부진할 때, 코로나19 이후 언택트 주식으로 묶여 주가가 천정부지로 치솟았을 때도 팔자고 했다. 태생이 가치투자자인 탓에 주가가 많이 오르면 두려웠다. 만일 내가 담당자였다면, 정 대표가 내 고집을 꺾지 못했더라면 더존비즈온 텐배거 신화는 없었을 것이다.

재미있는 것은 더존비즈온을 처음 팔자고 한 사람이 정 대표였다는 점이다. 그것도 1만 원에 사서 7,000원인가 8,000원쯤 됐을 때였다. 야심 차게 시작한 클라우드 사업이 비용만 들어가고 진척은 더디다는 이유였다. 지금은 아마존의 AWS_{Amazon Web Service}● 도 큰 흑자를 내고 어도비_{Adobe}가 포토샵 등 주요 소프트웨어를 유료 구독 모델로 전환하며 실적과 주가에서 모두 큰 성공을 거두는 등 '클라우드'가 보편적인 단어로 자리 잡았지만 2013년만 해도 전혀 그렇지 않았다. 클라우드라고 하면 N드라이브, 구글드라이브같이 일반 소비자가 사진 등을 인터넷에 저장하는 스토리지 서비스밖에 모르고 실제로 개념을 말해보라고 하면 "인터넷 서버에 뭔가를 저장하는 거 아냐?"라며 우물쭈물하는 이들이 대부분이었다.

우리가 연구해본 결과, 사업적 측면에서 클라우드 서비스의 핵심은 구독 모델로 전환하는 데 있었다. 클라우드 서비스 기업들은

● 대량의 서버, 스토리지, 네트워크 장비를 구매해놓고 개발자·엔지니어 등 IT 관계자에게 인프라를 공급하는 회사. 클라우드 서비스의 대표 주자로 꼽힌다.

언제 어디서나 저렴한 비용으로 편리하게 사용할 수 있다고 광고하지만, 실은 사용량이나 기간에 따라 계속해서 돈을 받고 싶은 것이다. 그간 소프트웨어 업종은 제품을 판매해 사용자가 기기에 설치하고 나면 더는 관여하기 어려웠다.

마이크로소프트 오피스는 수십만 원에 팔던 제품인데, 그마저도 불법 복제가 많아 실제 제품을 사본 적이 없는 사람이 대부분일 것이다. 지금은 한 달에 1만 원씩 받는다. 불법 복제가 원천 차단됐을 뿐만 아니라 몇 년만 지나면 기존보다 훨씬 비싸게 판 셈이 된다. 예컨대 10년 동안 회사 생활을 한다고 가정하면 오피스를 120만 원에 판 것이다. 덤으로 유저의 사용 기록과 정보도 제공받는다.

여기서 눈치챘는가? 클라우드화를 통해 구독 모델로 전환하려면 반드시 기저에 강력한 전환 비용이 있어야 한다. 쉽게 말해, 해당 소프트웨어나 서비스의 품질과 기능이 독보적이어서 경쟁사 제품으로 바꾸기 어려워야만 한다. 그렇지 않으면 고객의 편의성만 개선되고 가격을 인상할 수 없는데, 가격 인상이 동반되지 않은 클라우드 서비스는 개발 비용과 서버 비용만 부담하니 회사로선 이로울 게 전혀 없다. 마이크로소프트의 오피스나 어도비의 포토샵은 다른 소프트웨어보다 기능이 월등하고 사용자가 이미 단축키 등 UIUser Interface에 익숙하기 때문에 전환 비용이 매우 크다고 할 수 있다.

더존비즈온도 마찬가지다. 더존비즈온의 세무회계 소프트웨어는 중소기업에서 경리·회계 업무 담당자나 세무회계 사무소의 직원이 사용하는데, 특성화 고등학교에서 수업을 할 때나 세무회계 자격시험에서부터 더존비즈온의 소프트웨어를 쓰니 손에 익을 수밖에 없다. 중소기업 중 97퍼센트가 더존비즈온의 제품을 사용하니 경영자 입장에서는 경쟁사 소프트웨어를 검토할 엄두도 나지 않는다. 더존비즈온은 이를 이용해 클라우드화를 추진하고 세무회계 외 경영관리 모듈을 추가해 가격을 3배 인상하는 효과를 노렸다.

클라우드 사업에 꼭 필요한 것이 하나 더 있는데 인프라 확충이다. 소프트웨어나 데이터를 사용자의 기기에 저장하지 않기 때문에 회사가 직접 확보한 충분한 용량과 고속의 전송 속도를 가진 서버와 네트워크 장비가 필요하다. 그런데 사업이라는 것이 항상 변수가 있는 법이라 클라우드 전환 또한 예상보다 속도가 나지 않을 수도 있다. 어도비 주식이 10루타를 친 것도 클라우드 전환이 성공적이었기 때문이기도 하지만, 그전에 주춤하는 기간이 있었기 때문이다.

몇 년에 걸쳐 지금보다 많은 수익을 벌어들이더라도 초기에는 한 번에 비싼 패키지 제품을 파는 것보다 수익이 덜할 수밖에 없다. 제품이나 서비스에 큰 변화가 있기 때문에 과거 같으면 쉽게 구매했을 고객들도 결정을 뒤로 미루고 잠시 지켜볼 수 있다. 그에 반해 서비스 시작과 함께 그간 쌓아뒀던 개발비*가 상각되며 비용으로 인식되기 시작하고, 장래를 위해 넉넉히 구축해둔 서버나 네트워크 장비 비용도 발생한다.

어느 부부가 출산 후를 대비해 30평대 아파트로 이사해 아기방을 꾸몄다고 하자. 당연히 월세와 같은 거주 비용이 올랐을 것이다. 그런데 "지금은 20평대 월세만 지불하고 아기가 태어나고 나면 월세를 더 내겠습니다"라고 한다면 집주인이 받아들일까? 아직 새로운 소프트웨어가 판매되지 않았더라도 미래를 위해 구비한 설비의 비용은 당연히 지불해야 하는 것이다.

더존비즈온의 클라우드 사업이 데스 밸리를 지났다고 판단한 계기는 평소 같으면 무심코 지나쳤을 별 볼 일 없는 공시 때문이었다. 공시란 사업 내용이나 재무 상황, 영업 실적 등 기업의 내용을 투자자 등 이해관계자에게 알리는 제도로, 주식시장에서 공정한 가격을 형성하는 걸 목적으로 한다. 당시 더존비즈온은 계열사들과 연이어 합병을 하고 있었는데, 피합병법인의 규모가 워낙 작아 합병법인인 상장회사의 가치에 별다른 영향을 미치지 않지만 의무 사항이라서 어쩔 수 없이 공시를 했다. 그러나 피합병법인의 기존 주인이 오너인 김용우 회장이라는 점에서 의미가 작지 않다고 봤다. 상대적으로 소규모일 뿐 개인에게 몇억, 몇십억 원은 적은 금액이 아니다. 김용우 회장이 더존비즈온에 합병시킬 회사들을 가지

● 기업회계기준에는 수익-비용 대응의 원칙이 있다. 수익과 비용은 그 발생 원천에 따라 명확하게 분류하고, 각 수익 항목과 이에 관련되는 비용 항목을 대응해 표시해야 한다는 원칙이다. 예를 들어 장사를 하기 위해 구입한 상품은 구입 시점에 비용이 되는 것이 아니라 자산으로 존재했다가, 판매돼 수익을 창출하는 시점에 비로소 비용이 된다. 개발비도 마찬가지다. 향후 소프트웨어 판매를 목적으로 개발 비용이 들었다면 연구원 급여 등으로 이미 현금이 지출됐더라도 '개발비'라는 항목의 자산에 기록했다가 소프트웨어가 시판된 이후부터 일정 기간 가상의 비용으로 기록한다.

고 있을 때는 더존비즈온의 가치가 높으면 손해다. 상대적으로 자신이 가진 회사들의 가치가 높고 더존비즈온은 저평가돼 있어야 합병 대가로 받을 더존비즈온 주식의 수가 늘어난다. 그동안 더존비즈온의 신규 사업이 잘되면 안 된다. 본인이 가진 회사를 모두 후한 값에 합병시키고 난 후라도 늦지 않다.

그런데 마침내 김용우 회장이 가지고 있던 마지막 계열회사의 '소규모' 합병 공시가 난 것이다. 이제는 본격적으로 신규 사업에 마케팅 드라이브를 걸어도 된다. 더존비즈온의 주가가 오르면 김용우 회장도 같이 부자가 된다. 회사의 경영 상황을 속속들이 알고 전략을 수립할 수 있는 최대 주주와 이해관계가 같아지는 것을 여의도에서는 '한배를 탔다'라고 표현한다. 바로 이때가 더퍼블릭자산운용 더존비즈온 신화의 출발점이었다.

브이아이피투자자문에서 더존디지털웨어에 투자한 이유도 크게 다르지 않다. 전환 비용이라는 경제적 해자가 워낙 강력해서 원래 100만 원이던 소프트웨어 네오플러스의 가격을 새로운 버전 2에서는 150만 원으로, 버전 3격인 네오아이플러스에서는 300만 원으로 인상했다. 몇 년 만에 가격이 3배가 올랐음에도 고객이 거의 이탈하지 않아 막대한 수익으로 이어졌다. 2013년 출시한 클라우드 버전 스마트A가 3배 가까이 오른 가격으로 책정되면서 성공을 자신할 수 있었던 것도 이런 경험 덕분이다.

가장 중요한 것, 비즈니스 모델

　이렇게 훌륭한 경영 DNA를 가지고 있는 기업이 저평가받게 된 것은 앞서 등장한 김용우 회장에 관한 시장의 불신 때문이었다. 브이아이피투자자문에 입사할 때 도움이 될까 싶어 동봉한 기업분석 보고서는 더존디지털웨어가 아니라 더존비즈온이었는데 당시 더존비즈온은 더존디지털웨어가 개발한 소프트웨어를 판매하는 일을 담당하고 있었다. 더존디지털웨어가 개발, 더존비즈온이 유통하는 것으로 그룹 내 교통정리가 돼 있었다. 더존디지털웨어가 개발한 제품이 훌륭하다는 것은 더존비즈온이 취급하는 제품이 훌륭해 영업하기 쉽다는 말이 된다. 사실상 중소기업 세무회계 솔루션 분야에서 독점적 지위를 차지하고 있기에 영업을 하지 않아도 된다. 그냥 가져다달라는 사람에게 CD를 가져다주면 그만이다.

　더존디지털웨어는 힘들게 개발이라도 하지, 더존비즈온은 하는 일이 뭘까? 없다! 그런데 고객에게 돈을 받아오는 주체는 더존비즈온이다. 만일 더존비즈온이 나쁜 마음을 먹으면 판매대금의 분배를 이상하게 할 수도 있는 노릇이다. 여기서 대주주의 생각이 중요해진다. 하지만 우리는 대주주의 마음을 예측할 수도 없을뿐더러 나쁜 심보를 먹었다고 그것을 되돌리거나 저지할 수도 없다. 그래서 소액 주주 입장에서는 대주주 지분율이 높은 쪽에 베팅하는 것이 편하다. 더존디지털웨어와 더존비즈온은 논리적으로 기업의 가치가 비슷해야 하고, 냉정하게 바라보면 김용우 회장의 지분율이 높은 더존비즈온의 가치가 더 높을 수도 있다. 내가 더존비즈온을 더 높게 평가한 것도 같은 이유에서다.

아쉽지만 이 논리로 팀을 설득하지 못했다. 우회상장한 종목이라는 편견도 작용했겠지만 아마 당시는 말발이 지금보다는 약했던 것 같다. 그래서 우리 회사도 더존디지털웨어에 투자하게 되는데 이 결정은 훗날 잠깐의 후회와 큰 교훈을 준다. 결국 잘나가던 회사를 더존비즈온과 합병해버린 것이다. 이때 더존비즈온의 가치가 높게 평가된 탓에 김용우 회장을 포함한 더존비즈온 주주들은 큰 이득을 봤으나, 우리 회사를 포함한 더존디지털웨어 주주들은 엉겁결에 적은 수량만 가진 더존비즈온 주주로 바뀌면서 순식간에 손해를 봤다.

더존디지털웨어 주주들은 김용우 회장을 비롯한 회사의 윤리성을 지적하며 크게 반발했고, 주식을 저가에 내다 팔았다. 이때의 앙금이 수년 동안 남아 더존비즈온이 클라우드 사업으로 성공 가도를 달리는 중에도 "저 기업은 윤리적이지 않아", "또 대주주가 뭔가 나쁜 짓을 해서 주주의 돈을 빼먹을 거야"라는 편견이 있었고, 그것이 더존비즈온 만년 저평가의 이유였다.

더퍼블릭자산운용이 다르게 생각한 이유는 무엇일까? 브이아이피투자자문에 있던 나는 더존디지털웨어와 더존비즈온이 합병했을 때 주식을 정말 많이 샀다. 과매도 국면에서 쓸어 담았다는 표현이 더 적합하겠다. 대주주의 만행이 기분 나쁜 것은 다른 투자자들과 마찬가지였지만, 냉정하게 생각해보면 돈에 욕심나지 않는 사람이 어디 있겠는가. 몇몇 성인을 제외하면 부자들도 같을 것이다. 빚쟁이에 쫓기는 사람들은 빚만 다 갚기를 갈망하고, 사회 초년생은 내 통장에 1억 원이 모이는 날만을 손꼽아 기다린다. 1억 원이 있으면 내 집 마련을 꿈꿀 테고, 서울 하늘 아래 번듯한 아파트 한 채 가진 이도 수십억, 수백억 부자를 꿈꿀 것이다. 그리고 뉴스에 오르내리는 재벌들은 실질적으로는 돈에 아무런 감각이 없겠지만, 재산 순위를 나열하는 기사에서 또 다른 재벌 친구보다 높은 자리를 차지하기를 바랄 것이다. 그게 인간이다.

나는 기본적으로 모든 사람이 물질에 관한 욕심에 취약하다고 생각하고, 기업가들도 다르지 않다고 여긴다. 대중이 알고 있는 소탈하거나 인정 많은 이미지는 기업 홍보팀의 작품일 뿐이다. 혹 그렇지 않다고 해도 그렇게 믿는 편이 좋다. 투자자는 확률이 높은 쪽에 끊임없이 베팅하는 사람이니까. 그리고 이미지가 좋은 사람이 꼭 경영을 잘해서 주주들에게 더 큰 소득을 안겨주는 것도 아니다. 사회공헌을 하는 기업에 투자할 것이 아니라 확실하게 이윤을 추구하는 경영자와 한배를 타서 번 돈으로 직접 사회에 환원하자.

그렇게 본다면 김용우 회장은 오히려 솔직한 편이다. 2013년에 그랬듯, 그가 어떻게 생각하는지를 미리 알고 길목을 지키면 수익의 기회를 찾을 수 있다. 중요한 점은 경영자가 욕심을 낼 만큼 좋은 비즈니스 모델을 가지고 있느냐는 것이다. 버크셔해서웨이 회장 워런 버핏도 이렇게 말했다.

"나는 바보라도 경영할 수 있는 회사를 사겠다. 어떤 회사도 언젠가는 바보가 경영할 날이 오게 될 테니까."

투자 후 경영에 직접 참여하지 않고 기존의 경영자를 신임하는 워런 버핏이 한 말치고는 놀랍다. 기업이 탁월한 성과를 내는 데 경영자의 능력이 매우 중요한 것은 사실이나, 수익 모델이 형편없으면 애초에 투자를 고려할 대상조차 되지 못한다는 의미다.《경제적 해자》(북스토리, 2021)의 저자 팻 도시는 실체가 없는 경제적 해자의 한 종류로 '경영자의 경영 능력'을 꼽았다. 경제적 해자는 산업 차원에서는 구조적이고 기업 차원에서는 본질적인 것으로, 경영자의 능력은 제한적이라고 본 것이다. 또한 경영자의 경영 기간은 길어야 십수 년 정도에 불과하다.

더존비즈온은 중소기업에 필수 소프트웨어를 제공하고 높은 수익을 취하는 기업이다. 현금을 찍어내는 기계라고 해도 과언이 아니다. 글로벌 기업을 이끌고 있는 P 대표가 자신의 전 직장인 게임회사 N사에 관해 "자고 일어나면 잔고가 늘어 있었다"라고 표현한 것과 비슷한 느낌이다. 이렇게 돈을 잘 버는 회사라면 속된 말로 '아무리 빼먹어도' 돈이 쌓이는 속도가 훨씬 빠를 것으로 판단하고 주식을 추가 매입했다. 그 선택은 틀리지 않았다.

가치주
전성시대

신입 펀드매니저로서 더존디지털웨어와 더존비즈온으로 화려한 데뷔를 마친 나는 승승장구했다. 두 번째로 찾은 종목은 광주신세계였다. 당시 주가는 10만 원 언저리, 시가총액은 1,500억 원 전후였던 것으로 기억한다. 광주신세계는 이름에서부터 알 수 있듯이 광주광역시에서 백화점을 운영하는 회사였다. 그러다가 2005년에 크게 마음먹고 대규모 투자를 해 이마트까지 개점했다. 백화점 옆 주차장으로 쓰던 곳에 할인점을 세웠더니 집객 효과가 좋아졌다. 장을 보러 나온 사람들이 백화점 식당가에서 모임을 갖고 물건도 구매한다. 주말에 백화점에 나왔던 가족 단위 손님이 떡 본 김에 제사 지낸다고 쇼핑 카트에 다음 주 먹거리를 가득 채워서 나간다.

신세계와 이마트라는 전국 단위 사업자가 있기 때문에, 광주광역시 인근에서만 영업해야 한다는 한계가 있기는 했지만 장사가 너무 잘됐다. 광주역 근처 구도심에 롯데백화점이 있었는데 주차 면적이 모자라고 주변 교통이 혼잡해 주말 가족 나들이에 적합하지 않아 보였다. 반면 광주신세계가 자리 잡은 버스터미널 부근은 교통의 요지였다. 다른 지방보다 철도 교통이 빈약한 광주 시민들이 이동하는 데는 버스가 적합했다. 그러면서도 서울과 달리 시내의 범위가 좁아 실질적인 이동 시간은 도심과 큰 차이가 없었다. 롯데백화점이 기대했을 KTX는 광주역이 아니라 광주송정역에 정차하는 것으로 결정이 나면서 쐐기를 박았다. 이 모든 것이 몇 차례 지역 탐방을 하며 몸소 얻은 결론이다. 광주에 내려가서 광주신세계 주식 담당자와 미팅하긴 했지만, 백화점과 할인점을 운영하는 데 미팅이 무슨 소용이겠는가. 실제로 어느 점포에 사람이 많은지, 내가 지역 주민이라면 어느 점포에 갈 것 같은지 생각해보는 것이 거의 전부다.

이렇게 영업을 잘하고 있으면 주식시장에서 정당한 평가를 해 적절한 주가를 매겨주는 것이 타당하다. 하지만 광주신세계는 매년 수백억 원의 이익을 벌어들이면서도 PER이 4~5배에 불과했다. 더 놀라운 것은 이미 시가총액에 육박하는 순현금을 보유하고 있었다는 점이다. 순현금은 현금성 자산에서 이자 발생 부채를 차감한 금액으로, 기업을 청산한다고 가정할 때 주주가 쉽게 회수할 수 있는 금액을 뜻한다.

가치투자의 창시자 벤저민 그레이엄은 시가총액이 순현금의 3분의 2 이하일 때 투자하면 매우 안전하다고 평하면서 Net-Net_{Net cash-Net working capital} ● 전략이라는 이름을 붙이기도 했다. 이 기업을 통째로 사면 지불한 금액(시가총액)은 곧바로 기업의 통장에 들어 있는 돈으로 회수할 수 있고, 그 이후에 백화점과 할인점에서 벌어들이는 돈도 내 것이 된다. 다시 말해 공짜로 광주신세계 주인이 될 수 있다는 뜻이다.

광주신세계는 이후 2~3배 올라 수십만 원에 거래됐다. 발품은 좀 팔았지만 매우 싸게 먹힌 투자였다. 지역 백화점 투자는 여기서 그치지 않고 대전광역시의 한화타임월드, 울산광역시의 현대DSF로 이어졌다. 한화타임월드는 갤러리아백화점 대전점이라고 보면 되는데, 그룹사의 명성에 걸맞게 명품관을 화려하게 수리하면서 단숨에 지역의 강자로 떠올랐다.

금융주도 성장하던 때가 있었다

전북은행(현 JB금융지주)과 우리파이낸셜(현 KB캐피탈) 투자도 재밌는 경험이었다. 전북은행은 이름 그대로 전라북도의 지방 은행

● 순현금에서 순운전자본을 제외한 값. 운전자본은 일상적인 기업 운영에 필요한 최소한의 자금을 뜻한다. 주주가 자신의 몫이라는 이유로 순현금을 모두 인출하려고 하더라도 기업이 본연의 업무를 수행하는 데 필요한 돈은 남겨야 하지 않겠느냐는 의미로 만든 수식이다.

이다. 지방 은행의 특징은 토착민들의 브랜드 충성도로 예금을 손쉽게 유치하고, 촘촘한 영업망으로 해당 지역의 강소기업들을 공략해 대출 규모를 늘릴 수 있다는 것이다. 그러나 계속되는 수도권으로의 인력 유출과 대기업 위주의 산업 재편이 지방 은행의 사업에 걸림돌이 되고 있었다. 여기에 거대 시중은행들이 부산, 대구 등 유력 광역시에 속속 진출해 고객을 호시탐탐 노리는 것도 문제였다. 지방 은행의 PER이 낮은 이유도 충분히 이해할 만하다.

그러나 전북은행은 달랐다. 전라북도 지방 은행 중 유일하게 대출자산이 성장세를 보였다. 의아하게 여겨 어느 업종에 대출을 많이 해주고 있는지 찾아보니 기업 대출과 부동산 대출이 늘고 있었다. 운 좋게도 OCI, 두산인프라코어, 한국GM, 현대중공업 군산조선소까지 군산국가산업단지와 새만금산업단지에 입주한 굵직굵직한 제조업들이 협력 업체와 노동력을 빨아들였던 것이다.

기업들이 호조를 보이니 사업을 확장하기 위해 대출을 많이 받는 것까지는 이해가 갔지만 부동산 대출이 늘어나는 것은 여전히 의문이었다. 바로 출장 가방을 챙겨 용산역으로 떠났다. 익산역에서 렌터카를 빌려 산업단지들을 돌아보는 와중에 계속해서 눈에 띄는 것이 있었다. 산업단지들을 둘러싸고 있는 수많은 원룸 건물과 빌라들 그리고 바쁜 공사 현장이었다. 기업들이 채용하면서 노동자들이 거주할 공간이 필요했던 것이다. 각기 다른 지역에서 전라북도로 일거리를 찾아 모인 노동자들은 당장 가족까지 데려와 이주하기는 부담스럽기에 일단은 주말부부를 할 요량으로 원룸이나 투룸부터 구한다. 시장은 항상 수요를 따라 움직이는 법 아닌가. 부동산 업자들과 여윳돈을 가진 투자자들이 초과 수익을 위해 대출을 일으켜 건물을 지었다. 바로 이것이 전북은행의 부동산 대출이 증가한 이유였다.

견실한 성장을 하는 주식은 그에 걸맞은 평가를 받게 마련이다. 지방 은행이라는 이유로 낮은 PER을 부여받던 전북은행은 시간이 흘러 3배 정도의 수익을 안겨줬다.

우리파이낸셜은 피인수를 계기로 회사의 체질이 완전히 바뀐 사례다. 원래 한미캐피탈이라는 이름으로 GM대우나 쌍용차 영업점을 위주로 신차 할부금융 사업을 주로 하던 회사인데 우리금융지주 산하로 편입됐다.

캐피탈사를 흔히 '여전사'라고 하는데 여신전문금융회사의 약자다. 여신은 '줄 여與'와 '믿을 신信'을 써서 신용을 준다는 의미로 돈을 빌려주는 일을 말하고, 은행이 주로 하는 수신受信의 반대말이다. 여신전문금융회사는 수신 기능이 없어 할부금융, 리스금융, 대출 등 돈을 빌려주는 일만 한다. 쉽게 말해 당신이 캐피탈사에서 돈을 빌려 쓸 수는 있어도 여유 자금을 예금이나 적금의 형태로 그들에게 맡길 수는 없다는 뜻이다.

그렇다면 그들이 고객에게 빌려주는 돈의 원천은 무엇일까? 자기자본으로만 빌려주며 사업하면 안정적이기는 하겠지만, 사업을 확장하는 데는 한계가 있다. 그래서 그들도 다른 누군가에게서 돈을 빌려오고, 그 돈을 이용해 이자놀이를 하는 셈이다. 은행에서 빌리기도 하고 채권을 발행해 투자자를 모으기도 한다. 이때 중요한 것은 그들이 사업 자금을 빌리는 금리다. 예를 들어 자동차를 구매하고자 하는 고객에게 7퍼센트의 금리로 할부금융을 제공한다고 해보자. 여전사의 조달금리가 3퍼센트라면 4퍼센트만큼의 이익을 취할 수 있지만, 5퍼센트라면 이익은 2퍼센트로 줄어든다. 극단적으로 자금을 7퍼센트 이상으로만 조달해야 한다면 사업을 더는 할 수 없다.

한미캐피탈은 대형 금융그룹인 우리금융지주에 인수되면서 새로운 전기를 맞았다. 든든한 계열사가 생기면서 신용등급이 올라가 더 낮은 금리로 사업에 필요한 돈을 빌릴 수 있게 된 것이다. 고객들에게 과거와 같은 금리로 상품을 팔더라도 마진을 더 남길 수 있고, 전략적으로 고객에게 좀 더 경쟁력 있는 금리를 제공한다면 시장 점유율을 확대할 수 있다.

새로 자가용을 구매한다고 해보자. 어떤 할부사를 쓰는지는 당신에게 전혀 중요하지 않을 것이다. 조금이라도 더 싼 금리를 제시하는 쪽과 계약하게 마련이다. 저렴한 브랜드의 옷을 입을 때는 약간 눈치가 보일 수도 있고, 데이트를 할 때 할인 쿠폰을 꺼내면 조금 쑥스러울 수도 있다. 하지만 차 브랜드는 드러나도 어떤 할부사와 계약했는지는 차에 쓰여 있지 않다. 그리고 할부금리나 대출금리가 낮다는 소식은 주변인들 사이에 호기심을 자아낸다. 귀띔해달라며 '갠톡(사적인 메신저)'이 올 수도 있고, '경잘알(경제나 재테크 분야에 밝은 사람)'이라는 좋은 이미지도 만들어질 수 있다. 결국 여신

전문금융업은 상품 간의 차별성이 적기 때문에 어떻게 보면 경제적 해자가 없는 산업이라고도 할 수 있고, 낮은 조달금리만 만들면 모든 것이 해결되는 그들만의 리그나 '답정너' 산업이라고도 할 수 있다.

한미캐피탈이 우리금융지주로 편입되고 우리파이낸셜로 이름을 바꾸면서 얻은 장점이 하나 더 있다. 과거 신차 할부금융에 국한되던 사업을 여러 소매금융 분야로 확대할 기회를 잡은 것이다. 우리은행이라는 메가뱅크는 영위할 수 있는 사업도 다양하고 준비한 상품을 광고할 만한 재원도 충분하다. 무엇보다 천여 개(우리금융지주가 한미캐피탈을 인수한 2007년 말 기준으로는 819개)에 달하는 점포들의 창구는 고객을 직접 만나는 강력한 무기다.

돈을 빌리는 고객 입장에서는 신용등급이나 대출금리 등을 고려할 때 제1금융권인 은행에서 필요한 돈을 모두 빌릴 수 있으면 가장 좋다. 그래서 우선 주거래 은행이나 가까운 은행의 창구를 찾아간다. 하지만 현실적으로 제1금융권에서 모든 대출을 일으키기가 어려운 상황이 있다. 대출을 거절당할 수도 있고, 일부만 승인받아 나머지 금액을 더 마련해야 할 때도 있다. 이때 우리은행에서 먼저 고객에게 우리파이낸셜을 소개하거나 합법적인 한도 내에서 고객의 정보를 우리파이낸셜에 전달하기도 한다. 고객 입장에서 꼭 우리파이낸셜을 이용해야 하는 것은 아니지만, 일단 "저희 우리은행의 계열사입니다"라는 말에 신뢰가 가고 우리파이낸셜이 경쟁력 있는 금리를 제시할 수 있기에 영업이 성공할 가능성이 크다. 특히 은행에 먼저 방문했다는 이야기는 고객이 제1금융권에서 돈을 빌릴 수 있을 만큼 높은 신용등급을 가지고 있다는 뜻이다. 향후 원리금을 연체하는 등의 대손® 리스크도 상대적으로 적다.

우리파이낸셜은 이런 계열사 찬스를 이용해 중고차 금융, 주택담보대출, 신용대출 등 기존의 캐피탈사가 다루기 힘들었던 다양한 상품을 출시해 제1금융권과 제2금융권 사이의 사각지대를 줄이는 역할을 하며 계속해서 성장했다. 투자자들이 금융 업종을 PBR로 평가하는 이유는 성장성이 안 좋고 동종 업계 내에서 차별적인 지위를 구축하기 어렵다는 고정관념 때문이다. 영업자산의 크기 외에는 의미가 없다고 판단해 그냥 가지고 있는 자기자본의 가치 정도만 주가에 반영하는 것이다. 그러나 주식투자의 핵심은 보통의 시장 참여자가 가격을 잘못 책정한 기업을 찾는 것이다. 우리파이낸셜 또한 전북은행의 사례와 같이 수년간 성장하는 모습을 보여주자 '일반적인 금융 업종으로 평가하면 안 된다', '성장주 관점에서는 극도의 저평가다'라는 인식이 확산되면서 주가가 몇 배 뛰었다.

안타깝게도 지금은 우리파이낸셜이라는 회사가 존재하지 않는다. 2014년 정부가 시도하던 우리금융지주 민영화가 지지부진해지자 자회사들을 분리해 매각했기 때문이다. 이때 알짜 매물 중 하나로 분류되던 우리파이낸셜은 KB금융그룹이 인수해 KB캐피탈이

● 외상매출금이나 대출금 따위를 돌려받지 못해 손해를 보는 일.

라는 이름으로 바꿨다. 당연하게도 KB캐피탈은 KB국민은행과 함께 우리파이낸셜과 같은 전략을 내세우면서 승승장구했다.

이후 신설된 우리금융지주는 아주그룹으로부터 아주캐피탈을 인수해 우리금융캐피탈이라는 이름으로 바꿔 영업 중이다. KB캐피탈과 우리금융캐피탈 모두 비상장회사이기 때문에 더는 투자할 수 없지만 인수합병 흐름으로 볼 때 여전사의 금융그룹 피인수 이야기는 여전히 매력적이다.

이처럼 종목마다 투자 아이디어는 조금씩 차이가 있으나 공통점은 쉽게 쉽게 돈을 벌었다는 것이다. 책에서 모두 다룰 수는 없지만, 그때만 해도 이익을 꾸준히 내면서 말도 안 되는 헐값에 거래되던 주식이 쌔고 쌘, 이른바 가치주 전성시대였다.

좋은 기업을 찾고, 아이디어를 정리해 동료를 설득하고, 투자한 이후 수익을 보는 기쁨이 계속됐다. 눈코 뜰 새 없이 바쁜 나날이었지만 힘들다고 생각한 적은 없다. 그렇게 몇 년이 흘러 회사 내에서 입지가 탄탄해지자 오히려 매너리즘이 찾아왔다.

'매일 탐방하면서 열심히 돌을 뒤집다 보면 좋은 기업을 찾을 수 있다. 2배 수익이 나는 주식은 많이 널려 있다. 그런데 언제까지 이런 일을 반복해야 할까?'

마치 〈모던 타임즈〉의 주인공 찰리 채플린처럼 단순 노동자가 된 기분이었다. 그런 작업만 해서 큰 부자가 될 수 있다면 얼마나 좋겠나. 지금 생각해보면 너무 어린 나이에 태평한 생각을 했다. 이제 그렇게 쉬운 시기는 다신 안 올지 모르겠다.

'고유가 시대를 예측해서 조선주에 투자한 선배들은 10배씩 수익을 냈다고 하던데……. 나도 큰 그림을 그려서 투자하고 싶다. 남들에게 자랑할 만한 큰 수익을 내고 싶다'라는 생각에 거의 한 달 동안 태업을 했다. 기업탐방도, 종목 발표도 하지 않은 채로 책상 앞에 앉아서 골똘히 생각에 몰두했다. 시간이 아무리 지나도 답이 나오지 않았다. 도저히 안 되겠다고 생각할 때쯤 방법을 바꿨다.

'앞으로 어떤 산업이 잘될지 생각하지 말고, 과거에 어떤 산업이 잘됐는지 생각해보자!'

큰 그림을 보는
투자가가 되고 싶다

지금은 경제 선진국 반열에 올라선 한국. 그러나 전쟁 후 힘들게 성장한 과정을 돌이켜보자. 가장 먼저 저렴한 인건비를 이용해 섬유 수출에 나섰다. 하지만 섬유 산업은 방글라데시, 아이티, 스리랑카 등 후발주자에게 배턴을 넘겨준 지 오래다. 한국에 영원무역이나 한세실업과 같은 세계 굴지의 의류 OEM 회사들이 많지만, 이들도 생산기지는 대부분 해외에 두고 있다.

그다음으로는 철강과 중화학 공업이다. 이 산업에는 높은 수준의 설비와 숙련된 인력이 필요하기는 하나, 원재료와 생산 과정이 같으면 제품의 스펙이 같을 수밖에 없고 자체 브랜드를 구축하기가 어렵다. 포스코가 만들든 바오산강철寶山鋼鐵이 만들든 일본제철

日本製鉄이 만들든 최종 소비자는 구별하기 어려우므로 그에 따라 값을 다르게 지불하지 않는다는 이야기다. 결론적으로 이 사업은 중국과 피나는 경쟁을 할 수밖에 없다.

그 뒤를 잇는 게 가전제품과 휴대전화, 조선 산업이다. 이 산업들의 공통점은 철강과 중화학 공업보다 무형의 가치가 좀 더 중요하다는 것이다. 싸고 빨리 만든다는 것만으로는 일정 수준 이상의 시장 점유율을 확보하기 어렵다. 가성비가 좋아야 하는데, '대륙의 실수'라고 불리는 샤오미가 많은 사랑을 받는 것도 이 때문이다. 조선업도 수주 프레젠테이션에서 좀 더 싼 금액과 좀 더 빠른 납기를 제안한다면 고객의 관심을 끌 수 있겠지만, 수십 년간 정상적으로 운항할 수 있다는 품질이 뒷받침되지 않으면 수주를 할 수 없다. 그렇다고 선주나 해운회사가 고객에게 선박의 제조사를 어필하지는 않는다. 역설적으로 한국 조선 업계가 호화 크루즈선 수주에서 고배를 마시는 것은 해당 분야에서 제조 기술, 노하우, 브랜드가 중요하기 때문이다. 당신이 해운회사에 물건 운송을 맡기는 화주라고 생각해보라. 내 물건이 목적지까지 얼마나 안전하고 빠르게 배달될지, 운임은 얼마인지만 중요하지 않겠는가.

이렇게 수십 년간의 역사를 나열했지만, 한국을 이끌 다음 산업이 보이지는 않았다. 하릴없이 화살표 뒤에 물음표만 그려낼 뿐이었다. 그러던 중 갑자기 무언가가 떠올랐다. 철강, 가전, 조선……. 포스코, 삼성전자, 현대중공업……. 신일철(현 일본제철), 소니, 이마바리……. 바오산강철, 하이얼Haier……. 한국이 패권을 잡았던 산업은 거의 일본이 주름잡고 있던 것을 가져와서, 차례차례 중국에 넘겨준 것이었다!

그렇다면 지금 일본 브랜드 중 세계를 지배하고 있는 것은 무엇일까? 이건 찾기 쉬웠다. 일본에서 가장 잘나가는 회사를 찾으면 그만이다. 시가총액도 크고, 매출액도 크고, 이름도 있는……. 바로 토요타였다. 당시 토요타는 미국 시장 점유율 1위, 세계 시장 판매량 1위를 석권 중이었고 렉서스라는 프리미엄 브랜드도 승승장구하고 있었다. "요즘 어떻게 지내냐는 친구의 말에 그랜저로 대답했습니다"라는 광고 카피가 기억나는가? 자동차는 이동 수단이 분명하지만 발명되면서부터 부와 지위, 감각의 상징이 아니었던 적이 없다. 분명히 조선업보다 브랜드 가치가 있을 법한 산업이다. 또한 휴대전화보다 교체 주기가 길고 생명을 담보로 하는 만큼 품질 검증도 가전제품보다 깐깐할 수밖에 없다.

투자자는 낙관론자여야 한다. 영화 〈인터스텔라〉 포스터의 "우린 답을 찾을 것이다. 늘 그랬듯이"라는 카피처럼 앞으로 나아가는 쪽으로 생각해야 기회가 생긴다. 투자의 세계에서 확률 100퍼센트인 게임은 존재하지 않기 때문에 좀 더 확률이 높은 쪽에 걸어볼 뿐, 되지 않을 이유만 늘어놓는 사람은 돈 버는 방법과 부자를 논하는 평론가에 그치고 만다. '제2의 한국전쟁이 나면 어떡해?'라고 생각하는 사람은 한국에 투자할 수 없다. '앞으로 한국이 더 잘된다면?'이라고 가정할 때 자동차 산업이 흥할 것 같았다. 그리고 한국에서 자동차 산업은 곧 현대차그룹을 의미한다.

현대차를 매수하다

인생 책으로 짐 콜린스의 《좋은 기업을 넘어 위대한 기업으로》 (김영사, 2021)를 꼽는 사람들을 종종 만난다. 사회인이 돼 만난 몇 안 되는 친구가 나에게 선물해준 책이기도 하다. 일단 감사하다며 받아 들었지만 그 자리에서 이렇게 이야기했다.

"저는 이 책 좋아하지 않아요. 예전에 읽을 때는 밑줄 치며 공부하듯 읽었지만, 지금은 아니에요. 하지만 짐 콜린스가 후속작 《위대한 기업은 다 어디로 갔을까》(김영사, 2010)를 낸 것을 보고 '적어도 거짓말쟁이는 아니구나'라고 생각했어요."

짐 콜린스는 경영학자이자 컨설턴트로 《좋은 기업을 넘어 위대한 기업으로》에서 경제와 산업의 길고 거대한 흐름 속에서 빼어난 성과를 보인 기업들의 공통점을 조사했다. 그리고 많은 경영자와 투자자가 그가 정리한 공통점을 배우고자 했다.

그런데 그 책에 등장한 많은 기업이 조사 기간을 정점으로 쇠락했다. 대표적인 생존편향의 오류일 수 있다. 또는 충분히 긴 기간을 표본으로 삼으려 했지만 충분하지 않았을 수도 있다. 우연히 그 기간에 범접할 수 없는 능력의 경영자가 있었거나, 그 기업의 상황에 꼭 맞는 경제나 소비 흐름이 있었을 수도 있다. 그것도 아니면 이미 많은 경쟁자가 따라 할 수 있을 만큼 경제적 해자가 깊거나 넓지 않았을 수 있다. 짐 콜린스의 책이 잘 쓰이고 많이 팔렸다 뿐이지, 그 외에도 얼마나 많은 학자와 경쟁사의 경영진이 연구와 분석을 거듭했겠는가. 내 전작《부자들은 이런 주식을 삽니다》의 리노공업 사례에서 언급했듯이, 정석적이고 매우 강력한 몇몇 경제적 해자를 제외하면 오히려 눈에 보이지 않는 경쟁력이 더 오래간다. 특허를 내면 30년이지만, 특허를 내지 않으면 평생이라는 말도 있듯이 말이다.

그때의 토요타가 딱 그런 꼴이었다. 재고자산을 최소화하기 위해 필요한 만큼만 생산한다는 JIT Just In Time라는 말까지 생겨났다. 토요타는 JIT 시스템을 위해 생산라인에서 간판을 이용해 작업을 지시했는데 이 간판의 일본식 발음 칸반kanban은 고유명사가 됐다.

어쨌든 토요타와 같은 유명세는 경영자로서도 투자자로서도 조심해야 한다. 기업이 전에 없던 신기원에 오르고 있다는 뜻이고, 그 신기원이 어쩌면 정점일 수도 있다. 그리고 그것이 베낄 수 있는 경쟁 우위라면 먹잇감을 노리는 경쟁자들에게 지름길을 일러주는 셈이고, 1등을 지키기 위해서는 인터뷰나 저술 활동에 한눈팔 새 없이 자기 자신과의 경쟁에 몰입해야 할 수도 있다. 잘나가는 모습을 밖에 떠벌릴수록 더 높은 곳에서 추락할 수도 있다(마치 지금 책을 쓰고 있는 나한테 하는 말 같은데? 맞다. 나한테 하는 말).

여기까지 생각하고 무작정 덮어둔 채 현대차를 매수했다고 생각한다면 펀드매니저를 너무 우습게 본 것이다. 본격적으로 현대자동차가 토요타를 따라잡을 수 있는지 점검에 들어갔다. 현대차는 브랜드 인지도나 시장 점유율 면에서는 미국, 독일, 일본 기업들에 뒤처져 있었으나 소비자들에게는 가성비 좋은 자동차로 입소문이 나고 있었다.

JD파워J.D. Power and Associates*의 내구품질 조사Vehicle Dependability Study**에서 상위권을 기록하고 중고차 가격도 높게 형성되는 등 아는 사람은 아는 차였다. 프리미엄 브랜드 제네시스는 고급 세단에서 인기 있는 차종으로 선정되기도 했다. 아우디의 유명 컨버터블 모델 TT의 개발자로 유명한 피터 슈라이어Peter Schreyer를 디자인 총괄로 영입하는 등 정의선 당시 부회장(현 회장)의 과감한 경영 방식이 큰 역할을 했다.

브이아이피투자자문은 주력 펀드에는 A/S 사업부를 두고 있어 상대적으로 안정적인 현대모비스를 편입하고, 기관투자자를 고객으로 둔 상품에는 현대차와 기아차를 실었다. 현대차그룹이 속력을 낸다면 각종 부품회사도 같이 속도를 올리게 된다. 4차 산업혁명 시대가 된 지금은 거들떠보지도 않을 것 같은 대구 성서 공단을 많이도 돌아다녔다. 현대차그룹의 잘나가는 어떤 모델에 공급하기로 했다는 등 현대차그룹의 전략적 요충지인 어떤 국가에 동반 진출을 한다고 했다는 등 하는 낭보가 계속해서 쏟아졌다. 현대차와 기아차는 자동차를 정신없이 팔았고, 곳간에서 인심 난다고 물량

● 주로 설문조사를 통해 제품의 품질, 고객의 만족도, 구매자 행동 패턴 등을 조사하는 글로벌 마케팅 정보 서비스 회사. 다방면을 조사 대상으로 하지만 특히 자동차 분야의 소비자 만족도 조사로 유명하다.
●● 구매 후 3년이 지난 자동차 소비자들을 대상으로 최근 1년간 주행 중 경험했던 문제의 수를 물어 합산하는 방식으로 조사한다. 참고로 2022년 조사에서는 기아자동차가 전체 1위, 현대자동차가 전체 3위를 기록하는 쾌거를 달성했다. 한국 파이팅이다!

과 납기를 맞출 수 있는 협력 업체에는 후한 수익성을 보장해줬다. 그들은 수주를 따내기만 하면 돈이 됐고, 우리는 숟가락을 얹기만 하면 돈이 돈을 벌어다 줬다.

가치투자자는 좋은 기업을 고르면 경기 순환과 관계없이 꾸준히 수익을 낼 수 있다고 믿는데, 이것을 상향식 투자라고 한다. 경제, 산업, 기업 순으로 큰 단위에서부터 작은 단위로 내려오면서 투자하는 하향식 투자와 반대되는 개념이다. 내가 몸담고 있던 회사도 상향식 투자를 지향했는데, 역설적으로 너무 어린 나이부터 상향식 투자에 잔뜩 성공해 매너리즘에 빠진 내 덕에 차·화·정 열풍에 올라탈 수 있었다.

그러나 지금 생각해보면 현대차그룹의 성공은 이명박 정부 고환율 정책의 수혜가 아니었나 생각한다. 수출 중심의 기업 입장에서 환율이 높다는 것은 한 단위의 제품을 판매하더라도 더 많은 외화를 벌어들인다는 이야기다. 특히 현대차그룹은 본사 및 연구소 인력 그리고 공장 일부가 한국에 있으므로 비용의 많은 부분을 값싼 원화로 지출한다. 당연히 환율이 높을 때는 수익성이 높아질 수밖에 없고, 기업의 주가는 이익에 비례한다는 점을 고려할 때 주가에도 우호적이다. 물론 이런 고환율 시기에 수익성을 확보하는 데그치는 것이 아니라 장기적인 안목으로 외국 고객들에게 파격적인 할인 및 무상 보증 프로모션을 제공하는 기회로 이용한 경영 전략도 빼놓을 수 없다.

차·화·정 시대를 복기하며

차·화·정 시대의 인상 깊은 장면을 복기해볼까 한다. 2011년 여의도 하나금융투자 본사에서 세미나를 듣고 있을 때였다. 갑자기 장내가 웅성웅성하면서 다들 휴대전화를 들여다보기 시작했다. 조금 시간이 지나자 몇몇 참석자는 아예 행사장 밖으로 나가기도 했다. 이상한 낌새가 들어 인터넷 뉴스를 찾아보니 일본에 큰 지진이 났다는 것이다. 바로 동일본 대지진이다. 이때는 그렇게 큰 해일이 해안가를 덮칠 것이라고는 생각하지 못했다. 후쿠시마 원자력발전소가 녹아내린 것은 말해 무엇하랴.

주식투자가 보편화된 요즘, 일반인들에게 널리 공개될 이 책에서 이런 이야기를 쓰는 것조차 같은 업계 사람으로서 부끄럽지만 우리는 그 뉴스를 접하자마자 일본과 경쟁 관계에 있는 국내 산업의 주식을 체에 거르듯 훑기 시작했다. 일본의 어느 공장이 멈춰 섰는지, 그 잠깐의 정전 사태를 복구하기 위해서는 얼마만큼의 시간과 비용이 들어가는지 애널리스트는 자료를 퍼 날랐고 펀드매니저는 그 정보를 기반으로 매매했다.

그것이 차·화·정 랠리의 시작이었다면 '자문사 7공주'는 광기로 가득 찬 끝을 보여줬다. 지금은 다소 개선됐지만 공모펀드는 코스피 등 벤치마크 지수를 추종하는 편이고 한 종목의 편입 비중이 펀드의 10퍼센트를 초과하면 안 된다는 법이 있을 만큼 분산투자 규정도 까다롭다. 1,000원만 있으면 누구나 가입할 수 있는 상품의 특성상 기대수익을 다소 포기하더라도 안전성을 우선으로 한 까닭이다.

그런데 차·화·정 시대에는 워낙 특정한 업종의 몇몇 주식만이 강세를 보였기 때문에 규제가 심한 공모펀드보다는 운용이 상대적으로 자유로운 투자자문사의 상품들이 높은 수익률을 기록할 수 있었다. 당시는 한국형 헤지펀드 시장이 개화하기 전이었기 때문에 투자자문사가 공격적인 투자의 대명사였다. 자문사 7공주는 브레인투자자문(현 브레인자산운용), 케이원투자자문 등 집중적으로 투자해 높은 수익률을 기록하고 그것을 기반으로 빠르게 고객 자산을 늘려가던 상위 일곱 개 기관을 의미한다. 이들이 투자하는 주식은 강력한 순매수 수급 때문에 단기간에 오르기 일쑤였다.

그런데 이들의 고객 자산 중 많은 부분이 투자자문사가 최적의 포트폴리오를 제안하고 매매는 증권사와 같은 판매사가 대행하는 자문형 랩이라는 상품이다 보니 필연적으로 주문 내역과 매매 계획이 외부로 새어 나갔다. 시간이 어느 정도 흘러서는 투자자문사들의 이니셜과 현재 포트폴리오가 대놓고 증권가 메신저를 타고 돌아다닐 정도였다. 놀랍게도 그런 정보에 조금 밝은 기관투자자들은 자문사 7공주의 포트폴리오를 베끼기까지 했다.

폰지 사기●의 특징은 무너지기 전까지 먼저 돈을 넣은 사람들끼리 파티를 벌인다는 점이다. 그러나 일단 무너지기 시작하면 미처 빠져나오지 못한 사람들은 큰 피해를 본다. 돈을 먼저 넣은 사

● 신규 투자자의 돈으로 기존 투자자에게 이자나 배당금을 지급하는 방식의 다단계 금융 사기를 일컫는 말. 1920년대 미국의 찰스 폰지가 일으킨 사기 행각에서 유래했다.

람일수록, 많이 넣은 사람일수록 빠져나오기가 더 어렵다. 내 기억으로 차·화·정 버블은 남유럽 재정위기로 끝이 났던 것 같다. 자문사 7공주의 대장 격이었던 브레인투자자문은 아직도 그 영광을 되찾지 못했고, 금융 소비자들에게 상품을 운용하는 자의 실력이나 상품에 들어 있는 자산의 내용과는 관계없이 '자문형 랩'은 안 좋은 상품이라는 인식이 생겨났다. 그 인식이 깨지기까지는 무려 10년이라는 세월이 필요했다.

투자를 전혀 모르는 사람이 재테크에 실패하지 않는 방법 중 하나는 다른 사람이 권하는 상품에 가입하지 않는 것이다. 재테크에 관심이 없는 당신에게까지 달콤한 소리가 들려왔다는 것은 이미 많은 사람이 재미를 보고 빠져나가려는 참이라는 뜻이다. 속된 말로 '설거지'를 시킬 다음 주자가 필요한 것뿐이다. 운이 나쁜 경우는 그 상품을 팔 때 수수료가 많이 돌아오거나 인사고과 점수가 높게 평가되는 등 고객의 입장이 아니라 판매처 입장에서 유인이 있을 때다.

반대로 인사이트 펀드●에 크게 데고 난 후 "미래에셋에는 투자 안 해"라든지 "중국 펀드는 절대 안 돼", "자문형 랩은 위험하다던데?"라는 상품군 전체에 막연한 거부감이나 불안감이 생기기도 한다. 하지만 이는 자산 증식에 전혀 도움이 되지 않는다.

● 미래에셋자산운용이 창립 10주년을 기념해 특정 자산이나 지역, 업종에 구애받지 않고 전 세계의 매력적인 투자 대상이라면 어디에나 투자한다는 콘셉트로 출시한 고위험-고수익 펀드. 출시 한 달 만에 4조 원이 넘는 자금을 모았으나, 이듬해 글로벌 금융위기로 인해 2008년에만 -53퍼센트라는 큰 손실을 기록했고 2014년에 들어서야 원금 회복 구간에 들어섰다.

우리 회사도 모든 고객의 계좌를 1:1로 맡아야 하는 투자일임 상품 대신 99인까지 하나의 계좌로 묶어 관리할 수 있다는 편의성 때문에 주력 상품으로 사모펀드를 판매하고자 하는데, 어려움을 겪고 있다. 라임자산운용과 옵티머스자산운용이 물을 흐려놓은 탓에 '사모펀드'라면 덮어놓고 퇴짜를 놓는 고객이 많기 때문이다. 같은 사람이 같은 방식으로 운용하기 때문에 기대수익률이 비슷한 데다 최소 가입 금액과 수수료율이 낮음에도 말이다.

손톱 밑의 가시가
더 아프다

금융위기가 일단락되고 많은 선배가 퇴사했다. 어느새 나는 회사의 주축이 돼 있었고 대표님들께 총애를 받은 탓에 알게 모르게 '황태자'라는 별명도 생겼다. 대표님들과 단둘이 기업탐방을 가는 일도 잦았고, 종종 오붓하게 맛있는 것도 먹으러 다녔다. 다짐이랄 것도 없이 평생 이 회사에 다니겠다는 생각이었다. 서로 솔직하게 대했고 숨길 것도 없었다. 아주 작은 문제가 발생해도 대표실 문을 벌컥벌컥 열고 들어가 따질 정도였다. 다른 직원들은 상상도 못 할 처사였다.

이런 관계는 내 머리가 조금씩 크기 시작하면서 삐걱댔다. 워런 버핏처럼 투자할 줄 알고, 가치주가 널려 있어 살 때마다 올랐고,

현대차그룹 질주를 업계에서 가장 먼저 알아챈 나는 턴어라운드 주식, IT, 금융 업종까지 섭렵했다.

멀리서 볼 때 아름다운 풍경도 가까이서 보면 볼품없을 때가 있다. 넓은 시야에서 한눈에 담을 때는 조화로운 것 같던 지형지물들도 따로 보면 그다지 예쁘지 않던 경험 있지 않은가. 넓고 넓은 투자의 세계에서 우리를 보면 상장주식에 투자하는 사람들, 그중에서도 상향식으로 기업의 가치를 계산해서 투자하는 사람들, 가치투자자들로 묶인다. 그러나 가치투자라고 불리는 투자 방법도 다시 세세하게 나누면 정말 다양하다.

워런 버핏처럼 경제적 해자를 가진 기업에 장기 투자하는 사람도 있고, 싸게 거래되는 주식만 찾는 사람도 있다. 저평가된 주식을 찾는 사람 중에서도 자산 가치를 중요하게 보는 사람, 이익을 많이 내서 PER이 낮을 때 투자하는 사람, 노동을 통한 근로소득의 비중을 줄이고 싶어 배당 수익률이 높은 주식만 찾는 사람도 있다. 지금의 나로서는 모든 투자는 당연히 가치가 있는 곳에 그 가치보다 낮은 가격으로 거래될 때 하는 것이므로 '가치투자'라는 말 자체가 동어 반복이며 투자와 투기로 분류해야 한다는 입장이다. 가치투자자로서 이런 입장을 고수하는 이유는 전통적인 가치투자법이 나에게 잘 맞지 않고, 시대적으로도 더는 쉽게 작동하지 않는다고 믿어서다. 나는 가치투자라는 정형화된 틀이 답답하게 느껴졌고, 점차 다양한 투자를 접하고 싶어졌다. 모든 투자자가 점차 똑똑해지는 시점에서 기업의 가치가 커지는 곳에 돈을 넣지 않으면 가치 함정에 빠질 수 있다고 생각했다.

멀리서 보면 다 '가치투자자'로 묶이고 벤저민 그레이엄과 워런 버핏의 후예로 보이는 우리도 안에서는 서로 첨예하게 대립하며 투자관을 타협하지 않고 갑론을박했다.

그런데 몽둥이로 엉덩이를 몇 대 맞을 때보다 손톱 밑의 가시가 더 거슬리고 아프다. 아예 다른 자산에 투자하거나 도박꾼을 데려다 놓고 토론을 하라고 하면 그 자리를 피하는 것이 상책이다. 하지만 학창 시절 고르고 골라 가장 비슷한 투자관을 가지고 가장 많은 것을 배울 수 있으리라고 생각한 회사 및 동료와는 하나의 포트폴리오를 두고 피할 수 없이 맞닥뜨려야만 한다.

메가 트렌드에 반하면 생기는 일

이런 투자법의 갈등을 가장 선명하게 설명할 수 있는 종목이 동서다. 동서는 브이아이피투자자문과 떼려야 뗄 수 없는 기업인데 오래 투자하기도 했고 질곡의 세월을 같이 겪기도 했다. 하지만 세간에 알려진 것과 달리 실제로 내가 회사에 다니던 기간에는 이 종목으로 수익을 낸 적이 없다. 가장 큰 이유는 앞서 말했듯 이런 주식들은 변동성이 작기 때문에 평시에 장기로 투자해야 하는데, 투자 시점이 글로벌 금융위기 직후 유형별 분류를 한 때라 반등폭이 적었기 때문이다.

더 큰 이유는 역설적으로 사람들이 커피를 너무 많이 마셔서다. 내가 사회 초년생이던 시절에만 해도 카페는 뭔가 특별한 일이 있을 때만 가는 곳이었다. 카페라는 명칭도 익숙해진 지 얼마 되지 않았고 커피숍이라는 이름이 더 와닿는다. 그때 커피숍이 그토록 특별한 장소였던 이유는 맥심 커피믹스 때문이었다. 회사에 애널리스트나 법인 영업 브로커, 내방 IR을 위해 찾아온 상장사 관계자가 오면 회의실로 안내하고 종이컵에 커피믹스를 타서 드렸다. 지금 같으면 이미 그들이 입장할 때부터 아이스 아메리카노를 들고 왔을 거다. 그렇지 않더라도 커피믹스를 타준다는 것은 대접이라기보다 의도된 홀대 같은 느낌을 줄 것이다.

　이것이 메가 트렌드다. 사람들은 이제 더는 커피믹스를 선호하지 않는다. 적당한 가격의 집들이나 개업식 선물로는 쓰이지만 확실히 마시는 사람이 줄었고, 더러 "난 아직도 커피믹스가 더 좋아"라고 하는 이들도 마시는 빈도가 줄었을 뿐 아니라 밖에서 미팅할 때 커피믹스를 고집하지 않는다.

　동서식품의 노란 상자와 포장지는 그 자체로 브랜드 가치의 전형이다. 분명히 경제적 해자가 있다. 하지만 브랜드 가치는 상대적이다. 커피믹스 제품들 사이에서는 이름만 보고 집어 들 만큼, 더 높은 가격을 기꺼이 지불할 만큼 브랜드 가치가 있지만 카페라는 공간이 주는 편안함이나 아이스 아메리카노가 주는 청량함에는 비길 수 없다.

　로스팅 원두커피를 싸고 손쉽게 마실 수 있는 '카누'라는 브랜드를 안착시킨 것도 매우 칭찬할 만하다. 하지만 이 또한 생명을 다소 연장하는 데 그친다. 대주주는 생명을 연장하는 동안 충분한 현금 흐름을 창출할 수 있을지 모른다. 그러나 우리와 같은 소액 주주는 매매 차익으로 부를 쌓아가야 한다. 그런데 주가는 미래가치를 반영하기 때문에 "지금까진 돈을 잘 벌어"로는 부족하다. "미래에는 못 벌 것 같은데?" 한마디로 끝이다.

동서 경영진 입장에서는 수출 문제도 아쉬웠을 것이다. 알고 보면 상장사 동서는 포장지를 만드는 일을 하고 실제로 커피믹스와 시리얼을 파는 회사는 자회사 동서식품이다. 동서식품은 동서와 1968년 크래프트푸드Kraft Foods의 합작으로 만들어진 회사다. 참고로 지금 크래프트푸드는 케첩으로 유명한 하인즈Heinz와 합병해 크래프트하인즈Kraft Heinz로 바뀌었고, 동서식품을 공동 소유하는 법인은 크래프트푸드에서 분사한 제과회사 몬델리즈Mondelez International다. 동서는 크래프트푸드와 합작함으로써 엄청난 기업을 일궜지만, 한국을 제외한 다른 국가에서는 영업을 할 수 없다는 단서 조항이 발목을 잡는다. 다른 나라에서 커피믹스가 보편화되지 않은 것을 볼 때 '맥심'을 키워낸 것은 한국이 맞겠지만, 처음 합작할 때는 아마 이렇게 될 줄은 생각하지 못했던 것 같다. 단순히 크래프트푸드의 브랜드와 제조 공정을 배워 한국에서 유통하는 비즈니스만 보고 합작법인을 만든 것이다. 동서의 달달한 커피믹스는 면세점에서도 인기 상품이었고 중국에서는 짝퉁이 나올 정도였다. 만일 지금처럼 카페가 많이 생기기 전에 수출이 됐다면 동서식품은 현재의 모습과 상당히 달라졌을 것이다. 하지만 합작 상대방이 몬델리즈가 된 지금도 동서식품은 정식 해외 판매를 시작하지 못했고, 이제 해외 진출을 한다고 해도 열광할 만한 투자자는 남아 있을 것 같지 않다.

평생의 멘토로 모시고 싶은 Y 부장님은 현금흐름 분석의 대가이자 투자의 행간을 읽을 줄 아는 분이다. 그분은 동서식품이 매년 광고비로만 1,500억 원을 지출하는데 브랜드 가치가 매우 확고하므로 만일 기업의 성장 잠재력이 완전히 소진됐다고 판단되면 광고 집행을 중단할 수 있고, 그러면 이익이 2배 이상 늘어나기 때문에 드러난 것보다 이익이 훨씬 단단하고 주가도 매우 저평가된 상황이라고 이야기하셨다. 너무 타당한 이유여서 한마디도 토를 달지 못했다.

그냥 다른 것이다. 기업 전체를 산다는 마음가짐으로 투자하는 사람과 소액 주주이자 가난하다는 현실을 인정하고 싸게 사서 비싸게 파는 일을 반복해 빠르게 부자가 되고자 하는 사람은 다르다. 누구는 맞고 누구는 틀리다고 할 수 없다. 동서의 경우는 지금까지라는 전제하에 내가 맞았지만, 그렇다고 그때부터 지금까지의 수익률이 꼭 내가 더 높다는 근거가 될 수도 없다. 확실한 것은 투자란 이기는 게임을 지루하리만큼 반복해야 하는 것이므로 손톱 밑에 가시가 박힌 채 할 수는 없다는 점이다. 나는 거센 풍랑을 헤치는 모터보트가 아니라 순풍으로 나아가는 돛단배와 같은 투자를 하고 싶었다. 성장하는 산업에 투자하면 덜 공부하더라도 쉽게 수익을 낼 수 있다.

사실 Y 부장님은 더퍼블릭자산운용을 설립할 때 공동 창업자로 모신 적이 있다. 같이 일하려면 어떻게 하는 것이 가장 좋은 방법일지 몇 달 동안 논의만 하다가 본격적으로 기치를 올리기 전에 스스로 하차를 선언하셨는데, 그 사유도 비슷하다. 회사 경영에 관한 논의가 마무리되고 본격적으로 투자 활동을 늘려가야 할 때로, 공식적인 첫 포트폴리오를 구상하던 시점이었다. 각기 해당 시점에서 최고라고 생각하는 종목들을 발표하고 난상토론을 벌였다.

Y 부장님은 대한약품이라는 수액제 회사를 가져오셨다. 수액은 쇼크, 탈수증, 영양실조가 있을 때 주입할 수 있는 혈액과 삼투압이 같은 액체다. 주로 생리적 식염수, 포도당 용액 등을 주사로 투여한다. 흔히 말하는 링거액, 링거주사를 만드는 것이다. 수액제는 기초수액, 영양수액, 특수수액 등으로 나뉘는데 기초수액은 생명 유지에 필요한 성분인 수분, 전해질, 당을 공급하는 것으로 생리식염수에 포도당을 섞어 만든다. 영양수액은 장기간 경구로 음식물을 섭취하지 못하는 환자에게 영양소를 공급하는 용도로 쓰인다. 피곤하거나 과음했을 때 동네 의원에서 몇만 원을 내고 맞는 것도 영양수액이다. 기초수액은 영양수액보다 제조 과정이 간단해 진입장벽이 낮고 판매 가격도 저렴한 편이다. 그런데 말 그대로 기초적인 의약품이기 때문에 누구에게나 필요할 수 있어 반드시 적정량을 공급해야 한다. 제품 가격과 수익성은 낮은데 국민들에게 없어서는 안 될 제품이라 국가에서는 퇴장방지의약품이라는 제도를 통해서

기초수액의 생산과 일정 수준의 마진을 보장해준다. 기초수액 제조사들이 건강보험심사평가원에 원가를 투명하게 공개하면, 거기에 한국은행이 조사한 의약품 제조업 평균 자기자본세전순이익률(법인세차감전순이익÷자기자본)을 근거로 한 적정이윤을 붙여 가격을 산정해준다.

Y 부장님은 과거 사례를 볼 때 앞으로도 퇴장방지의약품관리제도 아래 기초수액의 가격이 꾸준히 오를 것이라고 주장하셨다. 실제 원가가 많이 부담되지는 않더라도 "가격 이렇게 안 올려주면 우린 더 이상 생산 안 해!" 하는 식으로 일종의 몽니를 부리면 국가로서는 들어줄 수밖에 없다는 것이다. 이미 정해진 가격 산정 방식을 무시하고 어떻게 '행패'를 부린다는 건지 고개를 갸우뚱할 수도 있는데, 대한약품의 경쟁사를 알면 이해하기 쉽다.

기초수액은 대한약품 외에 JW중외제약과 CJ제일제당(이후 CJ헬스케어로 분사하고 한국콜마그룹에 매각돼 지금은 HK이노엔이라는 이름을 쓴다) 등도 생산하는데, 이들은 기초수액 말고도 여러 제약 사업도 영위한다. 따라서 원가나 적정이윤을 산정할 때 쓰는 자기자본세전순이익률을 눈속임해도 건강보험심사평가원에서 알아챌 재간이 없다. 연구개발비나 제조원가가 좀 더 드는 사업부의 숫자를 가져다 쓰면 기초수액을 더 비싸게 팔 수 있는 것이다. 대한약품은 손 안 대고 코 푸는 격이다. 아니, 사실은 기초수액을 주로 생산하기 때문에 기초수액 가격이 올랐을 때 가장 극적인 실적 개선을 보이는 회사가 대한약품이다.

지금 이렇게 잘 알고 있는 것은 우리가 나중에 대한약품과 JW생명과학이라는 수액제 회사에 두세 번 투자했기 때문이다. 하지만 2013년 당시에는 의구심이 자꾸 생겼다.

'과거에 그랬다고 앞으로도 그럴까?'

'건강보험심사평가원이 정말 그렇게 허술할까?'

'JW중외제약은 수익성이 안 좋아 보이기는 하지만 대한약품은 기초수액만 생산하고 이미 10퍼센트가 넘는 영업이익률을 기록하고 있는데 언젠가는 들통나서 수익성이 내려가지 않을까?'

분명 합리적인 의심이었다. 그러나 대한약품의 주가는 이미 슬금슬금 오르고 있었다. 여러 차례에 걸쳐 우리를 설득하던 Y 부장님은 결국 포기하셨다.

"나는 자유롭게 투자하고 싶어서 회사를 나온 것인데, 굳이 여기서까지 타인을 설득하는 데 시간과 노력을 기울이고 싶지 않다. 너희 말도 맞다. 하지만 나는 앞으로 홀로 투자하겠다."

충격이었지만 어떻게 할 수가 없었다. 메워지지 않는 틈이었다. 결국 그분은 회사가 사업을 시작하기도 전에 자유로운 곳으로 떠나셨다. 하지만 그가 남기고 간 유산은 컸다. 공동 창업자 중 경제적으로 가장 여유가 있었던 만큼 투자금도 가장 많이 납입하셨는데, 어차피 초기에는 매출액이 없어 대부분 운영경비로 사라졌다. 본인이 먼저 떠나기로 했다는 미안함에 이 금액의 지분을 주장하지 않고 모두 손실로 처리하기로 했다. 그리고 추가 출자를 약속했던 금액은 아주 작은 이자만을 받고 장기간 빌려주셨다. 그때는 아직 회사 설립조차 되지 않은 상황이었기 때문에 차입금을 기재할 수조차 없었다. 그래서 내가 남은 공동 창업자들을 대표해서 급여를 좀 더 받은 뒤 상환하는 일을 반복했다. 인터넷 뱅킹으로 돈을 이체해도 상관없었지만 꼭 직접 전달하고 싶다는 명분을 내세워 매월 용인시 수지구를 찾아갔다. 그 빌미로 소주잔을 기울이며 워런 버핏에 관해, 투자에 관해 논의하던 그 시간이 그립다.

나도 이제 꼰대?

또 다른 파트너 이야기도 있다. K 이사는 나와 정호성 대표가 처음으로 밑에 데려온 친구다. 1인 창업을 하고 동생들을 좋아하는 정 대표 사무실에는 후배들의 발길이 끊이지 않았다. 학교 앞 그리고 나중에는 이태원 클럽들 사이에 있던 손바닥만 한 사무실이었지만, 동아리가 생기고 나서 처음으로 본격적인 투자회사를 하겠다고 나선 '형'이니 주식 좀 해보겠다고 나서는 친구들에게는 사랑방 같은 곳이었다. 그때 빨빨거리던 후배들이 지금은 다들 여의도에서 한가락씩 한다. 자연스럽게 그중에서 직원들을 찾게 됐다. 급여를 제대로 챙겨줄 만한 돈도 없고, 회사가 마땅한 수익 모델도 찾지 못한 마당에 누군가를 채용할 엄두가 나겠는가. 회사가 조금씩 커졌을 때는 바쁘고 정신이 없어 내 몸 하나 건사하기 어려웠다. 하루하루 벌어진 일을 수습하느라 미래를 위해 인재를 채용하는 것이 아니라 당장 꼭 필요한 인력만 한 명, 한 명 늘려나갔다. 그러니 회사의 규모나 브랜드, 연봉을 보고 일터를 선택하는 신입 펀드매니저들을 뽑는다는 건 어불성설이었다. 다행히 투자 동아리 후배 중에 회사의 투자 철학과 두 형의 주식 실력만을 보고 용감하게 인생을 거는 친구들이 간혹 생겨났고, 그런 친구들이 고용 계약이나 이렇다 할 교육 과정도 없는 사무실에 들러붙고 눌러앉았다.

그러다가 K 이사가 처음으로 합격한 것이다. 공식적인 선발 과정은 없었지만, K 이사 이전에 여러 차례 티 타임을 가장한 면접 아닌 면접을 보고 "너랑 같이하기는 어렵다"라고 전달한 이들도 여럿 있었다. 한 친구는 일단 주식투자를 하다가 나중에 대학원 공부를 더 해 국제기구에서 일하고 싶다고 했다. 당연히 탈락. 창업이라는 것이 얼마나 힘든 일이고 언제 성공할지, 아니, 성공은 할 수 있을지 알 수가 없는데 시작도 하기 전에 아예 다른 일을 인생 2막으로 구상하고 있다니 안 될 말이었다. 재밌는 것은 이 친구도 지금은 어엿한 투자자문사의 사장이라는 점이다. 대학원도 다니고 있다. 또 다른 친구는 주식을 정말 배우고 싶다고 무급이어도 좋으니 인턴십을 하게 해달라고 연락해 왔다. 그래서 언제 하고 싶으냐고 물었더니 방학 때 한 달 동안만 하고 싶다는 것이다. 대학교 방학은 두 달도 넘는데 왜 한 달이냐고 물었더니 영어 학원에 다닌단다. 단숨에 거절했다. 그건 그냥 다양한 활동을 하고 싶은 것이지 정말 무언가를 배우고 싶어 하는 태도가 아니었다.

K 이사는 호기심이 아주 많고 승부욕도 대단해서 주식투자를

하기에 제격이었다. 대학생 시절부터 생각하면 후배들을 가르쳐온 것이 15년은 됐는데 선배들의 보고서를 샅샅이 읽고 투자의 흐름 대로 처음부터 끝까지 다시 공부한 다음에 질문하는 사람은 이 녀석이 처음이자 마지막이다. 질문을 아예 안 할 수도 있고, 대강 익힌 채 물어봐서 쉽게 습득할 수도 있는데 말이다.

이런 친구도 제대로 된 본인 종목을 편입하기까지 장장 몇 년의 세월이 걸렸다. 선배들의 뒤꽁무니를 쫓아다니고, 어깨너머로 배운 투자법을 흉내 내고, 그러면서도 계속 실패하고……. 얼마나 힘들었을까? 나는 어릴 때 그렇게 혹독하게 배우지 않았는데 말이다. 그만큼 모든 운용역이 찬성한 종목만 포트폴리오에 넣는 만장일치 제도의 문턱이 얼마나 높은지 알 수 있다.

그런 K 이사가 어느새 부쩍 성장해 나와 가장 친한 투자 친구가 됐다. 삼양식품, JYP엔터테인먼트, 아세아제지 등 굵직굵직한 종목들을 같이 분석하고 추적했다. 한밤중이나 새벽이어도, 주말이어도 상관없었다. 뭔가 '핑' 하고 뇌리를 강하게 스치면 소파에 누운 상태에서 스마트폰으로 갖은 정보를 찾아 사내 메신저에 쏟아냈다. 서로 우당탕탕 이야기를 나눈 끝에는 꼭 "회사에서 다시 이야기해"라고 한다. 그리고 출근하자마자 서로 짠 듯이 그 기업 이야기부터 꺼낸다.

아세아제지도 비슷했다. 중국 정부가 친환경 노선을 타고 쓰레기 수입을 금지하면서 한국에 쓰레기가 쌓여가기 시작한 것이 2017년이다. 쓰레기 양은 늘어나는데 가져갈 수요자가 줄어드니

폐지 등의 재활용 쓰레기 가격이 급락할 것 같았다. 아파트 분리수거장의 수거 중단 공고를 보자마자 분석에 들어갔다. 폐지를 재활용해 원재료로 사용하는 골판지 업체들이 가장 큰 수혜자였다. 리어카를 끌던 폐지 수거 노인들이 8시 뉴스에서 힘들다고 토로하는 인터뷰를 본 곳이 회사 주변 치킨집이었다. 약간 죄송한 마음이 들었지만 건배를 했다.

아이러니하게도 K 이사와 헤어지게 된 결정적 순간은 아세아제지로 가장 수익을 많이 냈을 때다. 이미 100퍼센트가 넘는 수익률을 기록한 효자 종목이었는데, 당시 최고운용책임자였던 K 이사와 종목 담당자인 나 사이에 갈등이 불거졌다. 골판지회사들에 관한 시장의 관심이 최고조인 상황에서 실적 발표를 앞두고 있을 때였다. 우리는 시장이 관심을 두지 않는 주식에 투자하는 것을 즐긴다. 어차피 아무도 기대하지 않는 기업은 설령 문제를 일으키더라도 주가가 별로 하락하지 않는다. 오른 것이 없기 때문이다. 그래서 분석에 실수가 있거나 투자 아이디어가 맞아떨어지지 않더라도 잃을 위험이 작다. 하지만 어떤 기업이 잘나간다는 소문이 퍼지고 나면 온갖 소음에 휘둘린다. 깊은 분석을 기반으로 심지 있게 투자하는 사람만이 그 회사의 주주가 아닌 때가 오기 때문이다. 나는 1년에 한 번 발표하는 연차보고서(사업보고서)만 보고 긴 호흡으로 투자하고 싶은데, 핫한 종목이 되고 나면 매일 뉴스가 쏟아지고 제품 판매나 원재료 수급과 관련된 분석이 1개월이 멀다고 발표된다. 주가가 오르려면 어쩔 수 없는 과정이기는 하지만, 저평가된 주가가 기업의 가치에 수렴하면 파는 단기 투자가 아니라 기업의 가치가 꾸준히 우상향할 것으로 기대하는 장기 투자형 종목의 경우에는 이런 상황이 꺼려진다. 나도 한 명의 인간이기에 일희일비하고 휘둘리기 때문이다. 자칫 잘못하면 단기적인 소식에 진이 빠져 수익을 날리는 일도 생긴다.

아세아제지의 실적 발표가 꼭 그런 꼴이었다. 원재료 가격이 하락해 분명 예년보다 준수한 실적을 기록할 것이 분명했지만, 시장의 기대치를 충족할지는 알 수 없었다. 애초에 수많은 시장 참여자가 어느 정도를 기대하고 있는지 예상한다는 것 자체가 불가능에 가깝다. 증권사 리서치센터 애널리스트의 전망치를 평균 낸 컨센서스가 존재하기는 하지만 그것이 정말 대표성을 띨 수 있을지, 현재 주가를 움직이는 '주포'들도 똑같은 생각일지는 누구도 모른다. K 이사는 이미 시장의 기대치가 높은 것 같으니 일단 팔았다가 주가가 조금 하락하면 다시 사자고 했다. 나는 내 분석에 자신 있으니 그 이상의 실적을 기록할 수 있고, 혹 그렇지 않아 주가가 조금 내려가더라도 장기 보유를 하면 결국 더 높은 가격까지 오를 수 있다는 입장이었다.

몇 차례 설전 끝에 K 이사가 양보해 실적 발표 이후까지 주식을 보유하기로 했다. 그런데 예상하다시피 실적은 기대치를 밑돌았고 주가가 하락했다. 부랴부랴 회사에 확인해보니 내가 놓친 부분이 있었다. 내가 추적하던 폐지 가격은 공표되는 시장 가격일 뿐 실제 골판지 제조사들이 폐지를 매입하는 중간 도매상은 그만큼 가격을 인하하지 않았던 것이다. 이미 폐지 가격 하락으로 수익성이 많이 개선된 골판지 제조사들이 상대적으로 영세한 고물상을 더 옥죄기는 무리였다. 이미 세간에서는 언론을 통해 리어카 끄는 폐지 수거 노인들의 구겨진 표정으로 쓰레기 대란을 인식하고 있었다.

수년이 지난 지금 코로나19로 쓰레기가 더 많이 나오고, 중국은 계속해서 쓰레기 수입 금지 기준을 강화하고 있다. 기존에는 이물질이 많이 묻어 있는 등 재활용하기 어려운 일부 쓰레기 품목에 한정했으나, 2020년에는 고체 폐기물 전부를 수입 금지 품목에 포함했다. 그 와중에 대형 골판지 제조사 중 한 곳인 대양제지 공장에 큰 화재가 발생한 것은 엎친 데 덮친 격이었다. 물론 환경 차원에서만 그렇다. 골판지 업체들은 남몰래 미소를 지었고, 대양제지는 화재 피해를 복구하기는커녕 그냥 사업을 철수해버렸다. 제품인 골판지 가격은 오르고 원재료인 폐지 가격은 내려간 채 반등할 기미가 안 보이니 공장을 복구하는 것보다는 공급을 제한한 상황에서 계열회사인 신대양제지의 사업으로 벌어들이는 이문이 더 크다고 판단한 것 같다. 이런 상황에서 우리 회사는 한 번 더 아세아제지에 투자해 수십 퍼센트의 수익률을 기록했다. 주식을 그대로 가지고 있었다면 천문학적인 수익률을 기록할 수도 있었을 것이다.

이 일을 계기로 K 이사는 많은 생각을 했던 것 같다. 실력을 인정받아 최고운용책임자까지 올랐지만, 결국 김현준과 정호성이라는 시어머니 둘을 모시고 살면 정말 책임자가 되기에는 글렀다는 생각이었을까? 본인이 한 살, 한 살 나이를 먹어가고 1년, 2년 경력이 쌓여가지만 그건 두 형도 마찬가지니까. 무엇을 제안하더라도 "나는 해봤어", "그건 안 돼"라고 말하는 꼰대와 일하느니 혼자 투자하는 것이 더 낫겠다고 생각했을지도 모른다. 특히 사람 좋은 K 이 사이니만큼 우리와의 관계를 지키기 위해서 차선책을 택한 것일 수도 있다.

투자도
벤처다

나의 투자 색채가 브이아이피투자자문과는 다르다고 생각할 즈음, 회사에 새로운 인물이 등장했다. R 차장이다. 젊은 나이에 현대차가 처음 내놓은 고급 브랜드 제네시스를 타고 다니는 사람이었다. 그에 관한 풍문들을 정리해보니 대학 때 창업한 게임회사를 대기업에 매각해 100억 단위의 돈을 만져봤다고 했다. 예전부터 브이아이피투자자문에 꽤 많은 돈을 맡기던 고객이기도 했다.

이미 부자인 사람이 왜 이 작은 회사에 입사했을까? 공인회계사 출신이자 전 직장에서 최고재무책임자로 일하면서 워런 버핏을 존경하게 됐다고 한다. 회사를 매각할 때까지는 현실에 치여 사느라 엄두도 내지 못했지만, 시간과 돈에서 자유로워지고 나니 예전부터 꿈꾸던 투자를 해보고 싶어졌다고 했다. 재무제표나 자금의 흐름에 관해서는 통달한 사람이었지만 상장주식에 관해서는 초보자였기 때문에 우리 팀과 상호작용하며 배우는 한편, 해외 주식 장기 투자 업무를 맡았다. 워낙 호기심이 많은 사람이기도 하거니와 딴 세상에서 온 것 같은 이력에 내가 관심 있던 해외 주식을 담당하게 된 R 차장을 "형", "형" 하며 잘 따랐다.

그러던 어느 날 R 차장과 점심을 먹으러 나가던 길이었다. 그가 나에게 물었다.

"현준아, 너는 주식투자를 왜 하니?"

나는 솔직하게 대답했다.

"재밌어서요."

"그것 말고는?"

"재밌는데 돈도 벌 수 있으니까 일석이조 아닌가요?"

"돈 벌고 싶어?"

"그럼요."

여기에서 내 인생을 바꾼 한마디가 나온다.

"현준아, 돈 벌고 싶으면 남의 돈을 벌어주면 안 돼. 자기 사업을 해야 해."

이미 100억 원 이상을 벌어본 사람의 고백이었다. 지금이야 R 차장보다 돈 많은 사람을 발에 치일 만큼 자주 보지만, 그때는 내가 직접 아는 사람 중 가장 부자라고 해도 과언이 아니었다. 그런 사람이 한 말이라면 그건 사실이었다.

나는 누구를 만나건 그 사람한테서 하나라도 배울 점을 찾을 수 있으면 된다고 생각한다. 아흔아홉 가지 단점이 있어도 그건 그 사람 몫으로 내버려 두고 나에게 부족한 한 가지 장점만 찾아서 따라 하면 나는 그 사람을 만나기 전보다 나은 사람이 된다. 내가 만나는 사람을 가리지 않고, 오는 사람을 막지 않는 이유도 그 때문이다. 일반적으로 흠이 더 많다고 여겨지는 이를 만난다고 하면 주변에서 그런 사람을 대체 왜 계속 만나냐고 지적하듯 묻는다. 내가 배알이 없어서 그런 것이 아니라 그 사람에게도 분명 배울 점이 있으리라고 생각해서다. 그래서 누군가를 뒤에서 헐뜯고 깎아내리는 사람을 보면 얼굴이 매우 찌푸려진다. 타인을 흉보는 사람은 상대의 좋은 점을 발견하려는 노력을 기울이지 않는 사람이고, 그래서 결국 자신의 발전을 기약할 수 없기 때문이다. 그가 발전해야 나도 그에게 배울 것이 많아지는데, 반대의 경우라면 나도 그를 만날 이유가 점점 적어진다.

그런 면에서 R 차장은 나에게 이미 평생 가도 못 배울 큰 것을 알려준 사람이고, 그 이후에도 겸손하고 열정적으로 사는 모습이 귀감이 됐다. 큰 자산과 어느 정도의 사회적 지위를 가지고 있음에도 투자의 정수를 찾아 낮은 자세로 여러 투자법을 배우려는 10여 년간의 여정을 한 걸음 떨어진 곳에서 지켜본 바로는 그렇다.

R 차장의 말을 곱씹어보니 정말 그랬다. 브이아이피투자자문에서 가장 부자가 된 사람은 다름 아닌 두 대표님이었다. 시간이 좀 더 지나 더퍼블릭자산운용을 설립했을 때, 우리 회사의 큰 고객이자 2대

주주로 있는 D사의 L 대표님도 이런 이야기를 했다.

"더퍼블릭자산운용의 투자 철학에 공감합니다. 자금을 맡기겠습니다. 하지만 조건이 하나 있습니다."

"뭔가요?"

"더퍼블릭자산운용의 주주가 되게 해주십시오."

"특별한 이유가 있으신가요?"

"오랫동안 여러 투자회사에 돈을 맡겨봤습니다. 우리도 수익을 많이 냈죠. 그런데 가장 돈을 많이 버는 사람은 그 투자회사의 오너더라고요."

백번 천번 맞는 말이다. 이런 요청을 하는 것 자체가 투자업에 관한 이해가 높고, 주주들의 돈을 불려줄 좋은 투자회사를 고르는 선구안이 있다는 것이다. 고객은 맡긴 돈에 수익률을 곱할 뿐이지만 투자회사 오너는 고객 돈을 받음으로써 본인 돈으로만 투자했을 때보다 훨씬 더 큰 레버리지 효과를 누릴 수 있다. 예를 들어 개인 돈 1억 원으로 100퍼센트 수익을 내면 1억 원을 번 셈이지만, 고객 돈 100억 원으로 100퍼센트 수익을 내서 수익의 20퍼센트를 성과보수로 받는다면 20억 원을 벌 수 있다. 돈을 빌린 것이 아니므로 손실을 낸다고 해서 빚을 지는 것도 아니고, 고객의 돈까지 투자한다고 해서 기업분석에 더 큰 노력이 필요한 것도 아니니 이보다 좋을 순 없다(고객 관리에는 그 이상의 막중한 책임과 스트레스가 동반됨을 잘 알지만 일단 여기서는 논외로 하자).

이런 깨달음을 얻었을 때쯤 마침 한국에도 스타트업 붐이 일기 시작했다. 유니콘으로 불리는 쿠팡이나 당근마켓, 마켓컬리는 탄생하기도 전이었고 '티몬'이라는 이름으로 더 유명해진 티켓몬스터가 말하자면 스타트업 업계의 대장주였다. 티켓몬스터는 나와 꽤 인연이 있는 편인데 창업자인 신현성 대표(현 의장)가 엄친아이기 때문이다. 그가 미국 명문대인 와튼스쿨에서 수학하고 세계적인 컨설팅 기업 맥킨지앤드컴퍼니McKinsey & Company를 다녔으며 20대의 나이에 창업한 회사를 수천억 원대에 매각한 사람이라서가 아니고, 진짜 우리 엄마 절친의 아들이다.

신현성 대표의 모친께서 "실컷 공부시켜 놨더니 한국으로 돌아가 단칸방에서 소셜 커머슨가 뭔가를 한다"라며 우리 어머니께 푸념을 하신 것이 시작이었다. 내가 일찍 취직했고 직업이 '펀드매니저인가 애널리스트인가 뭔가'이니 한번 알아봐달라고 가벼운 부탁까지 하셨다. 소셜 커머스는 소셜 미디어를 통해서 이뤄지는 전자상거래를 통칭하는데 티켓몬스터의 비즈니스 모델을 대략 들어보니 데일리 딜daily deal 형태였다. 지금의 쿠팡, 위메프, 티몬은 여타 전자상거래 회사와 거의 유사한 사업을 하고 있지만, 초기에는 특정한 서비스나 물건을 공동 구매하는 방식이었다. '몇 월 며칠에 에버랜드 자유 이용권을 반값에 팔 건데 구매자가 몇 명 이상 모여야 성사된다', '그날의 거래를 성사시키기 위해서 소셜 미디어를 통해서 많이 알려야겠다'라는 식이다. 그 딜의 입장권을 쿠폰, 티켓이라고 표현해서 쿠팡, 티켓몬스터라는 회사 이름이 생긴 것이다. 위메프도 위메이크프라이스WeMakePrice의 약자로 '우리가 모이면 좋은 가격을 만들어낼 수 있다' 정도로 해석할 수 있다.

이런 데일리 딜은 그루폰Groupon이 미국에서 유행시킨 것인데 상장 주식을 분석하는 내 기준에서는 진입장벽이 너무 낮은, 누구나 할 수 있는 사업에 불과하다고 느껴졌다. 특히 좋은 딜을 가져오려면 판매자에게 일정 수준 이상의 구매를 약속하거나 소비자들을 대상으로 대규모의 광고를 해야 하므로 자금력이 부족한 신생 기업이 경쟁 우위를 점하기는 어렵다고 봤다. 보기 좋게 틀려버렸지만, 당시 어머니를 통해서 그 사업은 잘 안될 것 같으니 일찌감치 포기하는 것이 좋겠다고 전했다(실제 신현성 대표에게 전해졌는지는 잘 모르겠다). 그때 헛소리를 하는 것이 아니라 단돈 몇백만 원이라도 투자했다면 어땠을까? 지금은 신현성 의장을 매우 대단하다고 생각하고 존경한다. 스타트업에는 대부분 진입장벽이 없다. 모두가 동등하게 위험한 정글과 같은 곳에서 동물적인 감각을 가진 경영자가 빠른 의사결정을 통해서 생존하고, 수익 모델을 만들어내고, 나아가 진입장벽을 세운다는 사실도 지금은 잘 안다.

티켓몬스터를 부정한 일이 얼마나 큰 실수였는가는 시간이 지나면서 깨달았다. 새롭고 신기한 것이라면 사족을 못 쓰는 내가 기술 벤처에 빠져들었기 때문이다. 지금으로 말하면 에어비앤비Airbnb 같은 공간 공유 아이디어를 생각한 다음 '내가 시작하기 전에 다른 사람이 먼저 하면 어쩌지?', '아무한테도 말하지 않고 어떻게 시작하지?', '이 아이디어는 진짜 대박이야. 떼부자 되면 어떡하지?' 하는 말도 안 되는 망상을 하기도 했다. 지금은 이 세상에 처음인 아이디어는 없고, 나만 모를 뿐 이미 누군가는 시작하고 있으며, 아무도 안 하는 사업 아이템은 안되는 이유가 있기 때문이라는 것을 잘 안다.

〈유 퀴즈 온 더 블럭〉에서 이렇게 말했다.

"요새 창업하는 젊은 친구들이 많은데 너무너무 추천하고 싶어요. 혹시 망하더라도! 너무너무 즐겁고 인생을 잘 살게 됐어요."

바쁜 것은 짜증 나는 것이 아니라 즐거운 것이고, 힘든 과정이 있어도 극복했을 때의 희열을 잘 알기 때문에 괜찮다. 내 일이니까. 이 좋은 것을 왜 나만 하나? 배우자에게도 입버릇처럼 말한다. 회사 그만두고 자기 사업 하라고. 지금은 내 벌이가 나름대로 괜찮기 때문에 망해도 괜찮다고. 그런데 아내는 회사를 그만둘 생각이 별로 없단다. 무려 회사 다니는 게 너무나 재밌기 때문이라고 한다! 그게 재밌는데 굳이 관둘 필요는 없지. 사람은 각자 다르니까. 그런데 나도 그럴 때가 있었다. 회사는 평생 다니고 싶지만 다른 것에 한눈도 팔던 때.

창업을 향한 열망

금요일 오후 2시로 기업탐방 일정을 잡았다. 충청북도 청원군에 있는 나노신소재라는 회사였다. 예나 지금이나 특출한 나노 기술을 기반으로 여러 전방 산업에 걸쳐 다양한 매출을 발생시키는 좋은 회사로 기억한다. 나쁘게 말하면 언제 어떻게 팔릴지 모르니 예측 가능성이 떨어진다고도 볼 수 있고, 좋게 말하면 어느 곳에나 적용할 수 있는 플랫폼 격인 기술을 지니고 있으니 확장 가능성이 무궁무진하다고도 볼 수 있다. 일반적으로는 좋게 보는 무리가 많아서 밸류에이션이 고평가돼 있지만, 아쉬운 마음에 생각날 때면 '요새는 좀 어떤가' 하고 들여다보곤 하는 기업이었다. 이렇게 구구절절 설명하는 이유는 금요일 오후에 충청북도에 간 것이 그 이유에서만은 아니라는 점을 설명하기 위해서다. '겸사겸사' 정도로 해두자.

그 이유란 무엇일까? 예비 창업가들이 모여 2박 3일 동안 밤을 지새우며 시험판 서비스를 만들고 벤처캐피탈리스트나 선배 창업가에게 평가를 받는 세계적인 이벤트 스타트업위켄드Start-up Weekend가 한국에도 상륙한 것이다. 대전광역시의 카이스트에서 대한민국 1회 대회가 열린다는데 그냥 넘어갈 수 없었다.

'내 아이디어를 인정받아보자. 성공하면 부업으로 앱 하나 출시하는 거야.'

나노신소재 미팅이 끝나고 다시 열심히 차를 몰았다. 보통 같으면 지방 출장 때 회삿돈으로 KTX를 끊었을 수도 있지만 영수증 처리를 하다가 동선이 이상하다며 괜한 의심을 사기는 싫었다.

스타트업위켄드에 가면 첫날 아이디어 피치pitch●를 해서 팀을

● 장사꾼의 외침을 의미하는 'sales pitch'의 준말이다. 주로 콘텐츠 제작자가 고위 관계자에게 아이디어를 간략히 설명해 제작을 허락받거나 창업가가 투자자에게 자금을 유치하기 위해 사업 개요를 설명하는 행위를 뜻한다.

꾸리고 마지막 날, 그러니까 일요일 오전에 심사 및 시상을 한다. 내 아이디어는 트리피디아Tripedia였다. 트립Trip과 위키피디아Wikipedia의 합성어로 여행 정보를 사용자가 직접 참여해 구체화하고 업데이트하는 서비스다. 스마트폰과 데이터 로밍이 없던 시절에는 여행을 갈 때마다 '100배 즐기기'니 '저스트 고'니 하는 여행 서적을 최신판으로 골라 들고 다니는 불편함이 있었다. 게다가 그 정보조차 부정확해 힘들게 찾아간 명소의 대문이 굳게 잠겨 있거나, 레스토랑이 다른 곳으로 이전했다는 팻말을 보기도 했다. 그런 좌절감을 없애보고자 하는 서비스였다. 손수 업데이트를 하는 유저에게는 포인트 등의 형태로 보상을 주고, 그 보상은 서비스 내에서 광고 효과를 얻은 식당·액티비티·명소 등에서 사용할 수 있게 하자는 취지였다.

스타트업위켄드는 정말 재미있는 경험이었다. 마치 내가 정말 창업가의 길로 뛰어든 듯한 기분이었고, 펀드매니저로 완성된 형태의 기업을 찾는 것과는 또 다른 매력이 있었다. 문제는 다음 주 월요일이었다. 또 다른 기업을 탐방하기 위해 바로 경기도로 출근한 탓에 회사에는 며칠째 얼굴을 비치지 못했다. 돌아오는 길에 팀장한테 문자 메시지가 왔다.

"혹시 이 그림은 뭔가요?"

식겁했다. 순간 거짓말을 했다.

"아무것도 아니에요."

실은 동생이 만들어준 트리피디아 앱 로고였다. 원래부터 발표

할 때는 화려한 장표보다는 몇 가지 키워드나 이미지만을 띄워놓고 이야기를 푸는 스타일을 좋아한다. 그래야 디자인도 폼이 나고 청중도 나에게 집중한다. 텍스트가 빼곡하게 적혀 있으면 호기심을 불러일으키기 어렵고, 청중이

기대하는 바와 다르게 내용을 반전시키기도 어렵다. 다시 말해 내가 주인공이 되기 어렵다. 지금도 고객을 대상으로 프레젠테이션을 하거나 특강을 할 때면 심플한 자료를 선호한다. 가끔은 자료만 보내달라던 PB나 나 대신 프레젠테이션을 하는 직원이 구체적인 내용을 적어달라고 할 때도 있는데 덕지덕지 복잡한 디자인은 용납할 수 없다. 마치 내 얼굴에 먹칠하는 것 같다. 로고 하나만 띄워놓고 멋들어지게 피치를 마친 후 우레와 같은 박수갈채를 받는 모습을 상상했다. 그런데 아직도 이유를 알 수 없지만 그날 밤 카이스트에서는 이메일 접속이 잘 안 됐다. 그림 파일을 주최 측 컴퓨터에 전달할 방법이 없었다. 피치 시간이 다가오면서 마음이 급해져 동생에게 트위터 피드에 올려달라고 부탁했다. 아무런 멘션을 달지 않고 이미지만 올려놨으니 그게 무엇인지 누가 알겠는가.

　중요한 건 우리 팀이 입상했다는 것이다. 일요일 대낮에 대학가 치킨집에서 벌건 눈을 한 채 자축할 때만 해도 이런 전개는 예상치 못했다. 나는 피치에서 고배를 맛보고 다른 아이디어를 가진 팀에 합류했다. 우리 팀은 책으로 시작해 전자제품 등으로 확장하는 중

고장터 앱의 프로토타입을 만들었고 3등 상을 받았다. 중고 거래 서비스의 핵심은 판매하는 제품의 신뢰성이라고 판단하고, 서비스 초기에는 표준화를 하기 용이한 제품군부터 시작하기로 했다. 전 세계 모든 책에는 ISBN이라는 국제표준도서번호가 있어서 조건에 부합했다. 거래액을 높이기 위해 판매자는 '적어도 이 정도는 받아야 한다'는 최소 가격을, 구매자는 '이 이상은 지불할 수 없다'는 최대 가격을 기재한 뒤 서로 매칭이 되면 본사를 통해 거래한다. 구매자와 판매자는 서로를 모르는 상태로 거래가 '체결'되는 블라인드 경매 방식을 제안했다. 눈치 빠른 독자는 알아챘을 것이다. 주식시장을 본뜬 방식이라는 것을.

팀장에게 아무것도 아니라고 하자마자 "그럼 이 기사는 뭔데요?"라고 답장이 왔다. 스타트업위켄드 코리아 1회 성황리 개최, 수상은 누구누구…… 등의 내용이었다. 아뿔싸! 어차피 벤처를 창업할 생각이 있는 것도 아니었는데 차라리 처음부터 솔직하게 말할 걸. 스타트업위켄드 입상 팀에게는 상금뿐만 아니라 수상팀이 그대로 창업할 경우 심사위원이 재직하고 있는 벤처캐피탈로부터 투자를 받을 수 있는 특전도 있었다. 하지만 브이아이피투자자문에 다니고 있었고, 계속 다닐 것이기에 기회를 아쉬움 없이 포기했다. 그런데 뭔가 켕기는 것이 있는 모양새가 되어버렸다.

그런데 시간이 갈수록 창업을 향한 열망이 커졌다. 유명 스타트업 창업가의 특강을 들어보기도 하고, 많이 어색하지만 서양(이 말 자체가 너무 늙어 보인다)과 스타트업 업계에서는 당연하다는 네트워킹 파티에도 기웃거렸다. 지금은 유명 액셀러레이터accelerator●가 된 B사의 H 대표를 무작정 찾아갔다가 트리피디아 아이디어가 아직 미숙한 점이 많다는 이야기를 듣고는 '두고 봐라. 내가 꼭 해낼 테다'라는 오기 어린 각오를 다지기도 했다.

주식투자는 너무 재미있고 평생 할 일이지만, 맨땅에 헤딩하는 격으로 내 회사를 만들어보고 싶다는 마음과 계속 충돌했다. 이럴 때는 멘토를 찾아가야 하는 법이다. 인생의 멘토 중 한 명인 K 대표님을 찾았다. 이분과의 인연은 대학생 때 시작됐다. K 대표님은 아이투자라는 투자정보 서비스를 경영하고 계셨는데, 지금이야 일반 투자자들이 공부할 만한 플랫폼과 서비스가 다양해졌지만 그때만 해도 여기만 한 곳이 없었다. 그래서 지금도 가치투자의 성지로 불린다. 내가 회사의 양해를 얻어 기고와 강의 같은 외부 활동을 하기 시작한 곳도 아이투자다. 양질의 투자서를 출간하기로 유명한 출판사이기도 해서 내 전작인《워런 버핏처럼 사업보고서 읽는 법》과 《어닝스, 최고의 주식투자 아이디어》(2015)도 여기서 출간했다.

투자를 좋아하는 학생으로서 책이야 도서관에서 빌려 볼 수 있고 투자정보는 스스로 분석하면 된다지만, 훌륭한 선배 투자자들을 만나보고 싶은 욕구는 해소할 길이 없었다. 지금은 너무나 좋은 세상이 돼서 워런 버핏이나 피터 린치의 CNBC 인터뷰나 버크셔 해서웨이 주주총회를 어디서나 볼 수 있다. 심지어 자막까지 달려

● 초기 단계의 스타트업이 한 단계 '가속'할 수 있도록 돕는 단체. 투자 유치 컨설팅, 사업 설계 지원은 물론 투자에도 직접 참여한다. 자동차의 가속장치에서 명칭을 따왔다.

서 나온다. 유튜브 알고리즘 신께서 모니시 파브라이Mohnish Pabrai가 경영대학원 학생들과 질의응답을 하는 영상도 용케 찾아 추천해준 다. 아이투자에서는 관계회사 브이아이피투자자문의 펀드매니저 를 비롯해 여러 투자 명사를 초청해 강의를 개최하곤 했는데, 수십 만 원에 달하는 강의료는 내게 큰 부담이었다. 아니, 부담을 넘어서 데이트 비용에 쪼들려 월말만 되면 학생식당에서 450원짜리 공깃 밥에 150원짜리 사각치즈를 한 장 얹은 식단으로 일주일을 나던 나 에게는 거의 그림의 떡에 가까웠다('엄카' 찬스는 논외로 하자).

그래서 무작정 이메일을 보냈다. '투자를 너무 좋아하는 학생인 데 용돈이 충분하지 않아 강의를 신청하기가 어렵다. 강의장 청소 도 좋고, 칠판 닦이도 좋다. 강의료 대신 뭐라도 일을 시켜달라'는 내용이었다. K 대표님은 의외로 흔쾌히 수락하셨다. 나만이 아니 라 친구를 몇 명 더 데려와도 좋다고 하셨다. 강의 시작 전 신청 명 부를 확인하고 간단한 간식과 필기구를 배부하고, 강의가 끝나면 뒷정리를 하는 역할을 맡았다. 온전한 강의를 공짜로 듣는 대가로 는 매우 저렴했다.

멘토를 만난 뒤, '투자냐, 벤처냐'라는 긴 고민의 결론은 의외로 싱겁게 났다. K 대표님은 이렇게 말씀하셨다.

"현준아, 왜 앱을 만들어야만 벤처라고 생각해? 세상에 새로운 가치를 주기 위해 창업하면 금융회사도 벤처가 아닐까? 나는 네가 투자 이야기할 때 즐거워하는 그 표정을 잊지 못하겠더라."

지금까지 쌓아온 투자에 관한 경험을 무위로 돌리는 것이 아쉽다고 하셨다. 발상의 전환이었다. 그 뒤로 내 페이스북 프로필에는 이렇게 쓰여 있다.

"투자도 벤처다."

주식투자는 노력만으로 되지 않는다

나만의 투자회사를 차리겠다는 꿈을 정한 후 가장 먼저 한 것이 파트너를 찾는 일이었다. 스타트업은 생존 게임이다. 시작부터 비즈니스 모델이 완벽할 수는 없다. 어느 정도 돈을 벌 때쯤 되면 진입장벽을 쌓기도 전에 경쟁자들이 들이닥친다. 통계적으로 보면 망하는 것이 당연할 정도다. 그런데 또 창업이라는 것이 마약과도 같아서 스스로 비즈니스를 일군 경험이 있는 사람은 그 맛을 잊지 못한다. 먼저 했던 사업을 성공시킨 이들이 조기 은퇴자로 남는 것이 아니라 연쇄 창업가의 길로 들어가는 것이 그 때문이고, 한밤중 술에 얼큰하게 취해 자가용 키를 맡기면 대리기사가 과거 사업을 크게 하다 쫄딱 망했지만 언젠가는 다시 자기 사업으로 일어날 거라는 자기 암시 조의 이야기를 들려주는 것도 그 때문이리라.

창업의 재미있는 요소는 사실 무조건 성공한다는 점이다. 성공할 때까지 포기하지만 않으면 말이다. 그 때문에 초기 회사에 투자하는 이들이 창업가와 그 팀을 중시하는 것이다. 사업 아이템은 언제 어떤 이유로든 피봇 pivot ●할 수 있지만 창업가의 의지와 능력, 품성은 어디 가지 않기 때문이다. '사람은 변하지 않는다'라는 말을 믿으면 세상이 잿빛으로 보인다는 이야기도 있지만, 조금이라도 높은 확률에 걸어야 하는 이 업계에서는 손실을 회피할 수 있다면 조금 냉소적인 편이 더 낫다.

나는 여러모로 완벽하지 않기 때문에 혼자서 회사를 이끌어가는 것은 생각할 수 없다. 그렇다면 투자관과 경영 철학을 공유할 수 있는 동료를 찾아야 한다. 머리를 이리 굴리고 저리 굴려도 좁은 인맥은 어쩔 수 없었다. 명함은 수백 장 있었지만 진지하게 이야기해본 적이 없어 미래를 공유할 만한 사람이 떠오르지 않았다.

혹시 영화배우 류승범의 데뷔 일화를 아는가? 친형인 류승완 감독이 신작 〈죽거나 혹은 나쁘거나〉를 준비하는데 제작비가 빠듯해 배우 캐스팅에 애를 먹었다고 한다. 그래서 직접 출연하거나 친한 친구를 배우로 섭외하기도 했는데, 양아치 역할을 할 사람은 영 찾기 힘들었다고 한다. 좌절하면서 집에 들어갔더니 웬 양아치 하나가 방에 누워 있는 것이다. 이것이 천의 얼굴을 가진 배우 류승범이 태어난 순간이다.

나한테 정호성 대표는 그런 사람이었다. 대학생 때부터 워낙 친하게 지내던 친구라 사업을 같이해야겠다는 마음을 먹어본 적이

● 에릭 리스의 《린 스타트업》(인사이트, 2012)에서 나온 용어로 기존 사업에서 배운 것을 활용해 다른 영역으로 진출한다는 의미. 농구에서 한쪽 발을 땅에 붙인 채 남은 한 발로 방향을 전환하는 데서 따왔다.

없을 뿐 너무 완벽한 상대였다. 쥐뿔도 없는 놈이 깡다구 좋게 취업은 생각도 하지 않은 채 이미 회사랍시고 차려놓고 혼자 주식투자를 하고 있었다. 웬만해서는 포기하거나 도망칠 위인이 아니라고 생각했다. 회사라고 해봐야 매출도 없이 달랑 사업자등록증과 임대차 계약서가 전부였지만, 조심성 많고 엔진을 예열하는 데 오래 걸리는 나로서는 든든한 안식처 같은 느낌이었다. 전혀 경험이 없던 게임주를 분석해 높은 수익을 올리는 것도 멋있었다. 나중에 들은 이야기지만 이 녀석은 내가 어린 나이에 펀드매니저라며 활약하는 모습이 부러웠다고 한다. 사장이라고는 하지만 어디 가서 당당히 내밀 명함이 없었다는 것에 위축됐던 것 같다. 둘 다 남의 떡이 커 보였던 때다. 좋게 말하면 합이 잘 맞았던 것이고.

바라보는 방향이 비슷하다는 것을 어렴풋이 확인한 후로는 본격적인 준비에 들어갔다. 매일 오후만 되면 기업탐방을 같이 다니면서 투자의 결이 서로 맞는지 확인했다. 기업탐방이 끝나고는 학교 앞 카페에 앉아 회사가 어떤 포지셔닝을 하면 좋을지, 어떤 계획을 세울지 밑그림을 그렸다.

공부해도
안 되는 것이 있다

워런 버핏과 찰리 멍거는 능력의 범위를 수도 없이 강조했는데, 안전한 투자를 하기 위해서는 내가 아는 또는 적당히 공부하면 알 수 있는 분야에 집중해서 성공 확률을 높이라는 뜻이다. 내가 IT 주식에 잘 투자하지 않는 이유가 이것이다.

잉크테크는 공부해서 되는 것이 있고, 공부해도 안 되는 것이 있다는 점을 알게 해준 기업이다. 잉크테크는 주로 프린터용 잉크를 생산하는 회사로, 그 기술을 이용해서 인쇄전자 분야에 진출했다. 인쇄전자는 전자제품에 들어가는 회로기판을 마치 프린터로 인쇄하듯이 그려내는 기술이다. 초록색 판 위에 금색이나 은색의 무늬가 그려지고 반도체들이 납땜돼 있는 걸 본 적이 있을 것이다. 이것을 PCB Printed Circuit Board (인쇄회로기판)라고 하는데, 전자회로는 일반적으로 동박에 필요한 문양을 그린 뒤 필요 없는 것을 질산 등의 식각액을 이용해 깎아내는 방식으로 만든다. 어차피 깎아낼 것을 쌓으니 공정상으로 비효율적이고, 깎아낸 부분은 폐기해야 하니 제조원가 측면에서 아깝다. 그래서 나온 것이 전도체로 만든 잉크로 기판 위에 바로 회로 모양을 그려보자는 아이디어다. 상용화만 잘 되면 모든 IT 분야에서 파괴적 혁신을 가져올 수 있는 기술이었다. 이것을 안 이후 정 대표와 몇 개월 동안 인쇄전자 공부만 했던 것 같다. 상장사는 물론이요, 비상장사라고 해도 갖은 인맥을 총동원해 만났다. 논문이란 논문은 샅샅이 검색해 읽었다. 엔지니어나 연구원을 제외하면 우리가 가장 잘 안다고 자부했다. 그렇게 해서 새로운 시대를 이끌어갈 회사로 잉크테크를 골랐다.

그런데 투자 이후 예상과 달리 주가는 비리비리했다. 인쇄전자에 관심이 고조되면서 기업탐방 일정도 늘어나고 증권사 애널리스트의 보고서도 조금씩 발간되기 시작했다. 실제로 삼성전자의 터치 펜을 적용한 갤럭시 노트 시리즈에 잉크테크의 기술이 적용됐다. 터치스크린 패널에 은으로 만든 잉크가 쓰이기 시작한 것이다. 아직 미세한 회로를 그리기 어려워 가장자리에만 적용된다는 한계는 있었지만 기대를 부풀게 하는 데는 충분했다. 얼마 지나지 않은 미래에 대부분의 IT 기기에 잉크테크의 기술이 쓰일 생각만 하면 먹지 않아도 배부를 정도였다. 하지만 주가만은 예외였다.

수익은커녕 어느 정도 손실을 보고 있을 때였다. 잉크테크의 감사보고서 제출이 지연된다는 공시가 발표되고 주가는 하한가로 직행했다. 상장회사는 물론 상장 여부와 무관하게 자산 120억 원 이상, 부채 70억 원 이상, 매출액 100억 원 이상, 종업원 수 100명 이상 중 두 개 이상의 요건에 해당하는 주식회사는 외부회계감사 대상이다. 회계법인은 감사를 수행한 후 주주총회 일주일 전까지 감사보고서를 제출해야 한다. 보통 3월 중에 주주총회를 개최하므로 감사보고서 제출 기한은 3월 초·중순이라고 생각하면 된다. 기한까지 감사보고서를 제출하지 못했다는 이야기는 단순히 업무가 밀려 데드라인을 지키지 못했다는 것과는 차원이 다르다. 과징금이나 벌금, 무겁게는 징역 처분까지 받을 수 있는 중차대한 일이다.

그렇다면 감사보고서 제출이 지연되는 이유는 무엇일까? 외부감사인(회계법인)과 회계처리에 큰 갈등이 있는 경우가 많다. 외부감사인은 감사 후 내용에 따라 적정, 한정, 부적정, 의견거절 중 하나를 선택해 의견을 제시해야 하는데 회사는 당연히 적정하다는 의견을 받고 싶을 것이다. 그런데 어떤 회계처리에서 회사가 생각하는 바와 외부감사인의 의견이 다를 경우 조율하고 재검토하는 과정에서 시간이 걸릴 수 있다. 외부감사인은 자신이 보증한다는 내용이 들어가므로 위험을 감수하고 싶지 않겠지만, 감사 대상 회사가 수수료를 지불하는 고객이기도 하기 때문에 곤란한 상황도 생길 수 있다.

그래서 감사보고서 제출 지연은 이유 여하를 막론하고 주식시장에서 악재로 인식된다. 혹여 의견거절이 뜨거나 두 해 연달아 부적정 의견일 경우 상장폐지 사유에 해당하기 때문에 하한가에라도 주식을 팔아버리는 것이 손실을 줄이는 방법이다. 한편 기업가치에 확고한 믿음이 있는 투자자는 감사보고서 제출 지연에 겁먹을 필요가 없을 것이다. 훌륭한 기업임이 분명하다면 단순한 업무 실수이거나, 다소 회계처리에 문제가 있다고 하더라도 기초 체력과 무관한 이슈라 주가는 금세 회복할 것이므로. 어떻게 보면 저가 매수 기회가 될 수도 있다.

나는 그렇지 않았던 것 같다. 공부를 충분히 했다고 생각했지만 막상 문제가 생기자 겁이 났다. 인쇄전자 기술은 공부했지만 그 외 부문은 깊이 따져보지 않았다. 또 잉크테크의 기술이 좋은 것은 내가 접근할 수 있는 기업 중에서 그렇다는 것이지, 절대적이고 객관적인 기준에서 제일 훌륭하다고 말할 수도 없었다. 아니, 인쇄전자라는 기술이 정말 5년 후, 10년 후에 세상을 바꿀 수 있을지 아닐지도 확신할 수 없다는 생각이 먹구름처럼 피어올랐다. 주가에 흔들린 것이다. 기업가치를 제대로 측정했다면 주가가 하락하더라도 더 싸게 살 수 있으니 좋아해야 하는데, 주가가 오르면 확신의 강도가 높아져 조급한 마음에 따라 사고 싶고, 주가가 하락하면 제대로 확인한 것이 맞는지 불안해졌다.

당시 나는 회사 정책상 개인 투자를 할 수 없었고, 어머니 돈만을 운용하고 있었는데 하필 그날따라 노트북을 집에 놔두고 출근했다. 수수료를 조금이라도 아껴보겠다고 어머니께 다이렉트 계좌 개설을 권유한 것이 그렇게 후회될 수가 없었다. 내일이라도 거래정지가 될지 모르는데 HTS와 공인인증서는 노트북에만 깔려 있었다. 어쩔 수 없이 택시를 잡아타고 방학동까지 내달렸다. 업무 시간 중이었다. 집에 도착해서 하한가에 시장가®로 전량 매도를 하고 나니 아쉬운 마음보다는 안도의 한숨이 나왔다. 택시비 좀 아끼겠다고 돌아올 때는 버스를 타고 왔다. 창문을 열고 한쪽 뺨을 내놓고 회사로 복귀하는 한 시간이 참 길게 느껴졌다.

냉철하게 생각해보면 내가 시간을 더 들여 그 분야를 공부했다고 한들 뚝심 있게 투자할 순 없었을 것 같다. 내 능력 범위 밖에 있는 아이템이었던 것이다. 지금도 잉크테크의 사업보고서에 보면 이렇게 적혀 있다.

"터치스크린 패널의 전극용 실버 잉크는 최근 시장의 포화에 따른 정체기를 맞고 있으나 (……) 미세 패턴 인쇄가 가능한 신규 제품 승인을 통해 점유율 확대를 위한 재도약을 추진 중입니다."

아직도 그대로다.

능력의 범위 안에서 투자하라!

그 후 비슷한 실수를 또 한 적이 있다. 주가가 수십 배 올랐다가 다시 제자리로 돌아와 한때 '남자의 주식'으로 불렸던 OCI다. 미

● 투자자가 종목, 수량은 지정하되 가격은 지정하지 않고 주문을 내면 주문이 접수된 시점에서 가장 유리한 가격으로 매매가 성립되는 주문.

래에는 발전원 중 신재생에너지의 비율이 높아지는 것이 당연하다고 생각했고, 그중 태양광이 가장 유력한 후보라고 봤다. 원자력 발전은 태생적으로 위험이 따르고 수명이 다한 후 원자로를 폐쇄하는 비용까지 고려하면 발전단가가 싸다고 볼 수 없다. 풍력발전은 좋은 에너지원이지만 지형에 따라 바람의 양이 다르고 소음 등의 문제로 설치할 수 있는 곳이 제한적이다. 해상 풍력 등이 대안이 될 수는 있지만, 결국 전기를 인간이 생활하는 곳까지 끌어와야 하므로 전선 설치 비용이 들고 효율이 낮아지는 송전 문제가 생긴다. 태양광은 인류가 생존하는 기간에는 지역을 막론하고 무한하게 존재하며, 주택 지붕을 포함해 필요한 지역에 패널만 설치하면 송전 문제 없이 그대로 사용할 수 있어 분산형 발전에도 제격이다. 그런 이유로 태양광발전 비율은 시간이 지날수록 가파르게 오르고 있었다.

OCI는 태양광 패널의 원재료인 폴리실리콘을 생산한다. 태양광발전의 핵심은 얼마나 저렴한 패널로 얼마나 많은 전력을 생산할 수 있느냐여서 고품질의 폴리실리콘을 저렴하게 생산할 수 있는 상위 업체로 재편될 수밖에 없었다. 아이러니하게도 OCI의 주가가 80만 원대에서 20만 원까지 하락한 이유도 상위 업체들끼리 경쟁하면서 폴리실리콘 가격이 하락했기 때문이다.

나는 이제 산업 구조조정이 마무리됐다고 보고 투자를 결정했다. 이 결정을 하기까지도 많은 조사와 연구가 필요했다. 대단한 기술 공부까지는 필요 없다는 것이 잉크테크의 그림자를 지우는 데

도움이 됐지만, 전 세계에서 폴리실리콘을 가장 싸게 생산할 수 있다는 회사의 말만 믿을 수는 없었다. 각국 정부의 정책을 조사해 태양광발전량이 어느 정도 될지 조사하고 패널의 발전 효율별로 나눠 폴리실리콘의 소요량을 계산했다. 그 소요량을 가장 품질 좋고 가장 싼 폴리실리콘을 생산하는 기업들의 생산능력과 증설 계획을 반영해 거꾸로 채워나갔다. 2013년 당시에도 폴리실리콘의 수요와 공급은 거의 균형 상태라고 판단했고, 적어도 몇 년만 지나면 폴리실리콘 가격이 오를 것으로 확신했다. 그리고 OCI는 미국의 헴록 Hemlock Semiconductor, 독일의 바커 Wacker Chemie, 중국의 GCL GCL-Poly Energy 보다 훌륭한 회사였다. 탄소 중립 시대에 한국을 빛낼 자랑스러운 기업이 될 것 같았다.

결과적으로는 그런 날은 오지 않았다. 폴리실리콘 가격은 균형 가격이라고 생각했던 킬로그램당 20달러를 뚫고 내려갔고, 10달러선까지도 붕괴됐다. OCI는 현재 전라북도 군산시의 폴리실리콘 공장을 완전히 폐쇄한 상태고, 2011년 인수한 말레이시아의 공장만을 가동하고 있다. 지금은 다시 30달러가 넘었지만 OCI는 더 이상 세계 최고의 폴리실리콘 회사가 아니고, 설령 세계 최고라고 하더라도 내가 이 주식을 가지고 있지 않기 때문에 배만 아플 일이다.

이제 와 생각해보니 OCI 투자에는 두 가지 결점이 있었다. 먼저 기술적으로 우수해 상대적 우위를 점할 것으로 예상됐던 단결정單結晶 시장이 다결정多結晶 시장에 밀렸다는 점이다. 폴리실리콘은 고온의 실리콘 막대를 중심으로 모노실란SiH4이나 삼염화실란SiHCl3이 반응해 원기둥 모양으로 성장하는 과정을 거쳐 생산된다. 이때 입자가 일정한 축을 따라 규칙적으로 모여 있으면 단결정, 여러 방위로 나뉘어 생성되면 다결정이라고 한다. 일반적으로 단결정 폴리실리콘으로 만든 태양전지가 발전 효율이 더 높다고 알려져 있으며, 나머지 조건이 같다면 단결정 폴리실리콘이 더 잘 팔린다. OCI는 독일의 바커와 함께 반도체에 쓰일 정도로 높은 순도의 단결정 폴리실리콘을 생산하고 있었으므로 다결정 제품을 생산하는 경쟁자와는 비교 검증을 덜 했다.

그런데 실상은 달랐다. 태양광발전을 한국처럼 아파트 베란다나 농촌 주택의 지붕에 주로 설치한다면 당장의 설치 가격보다는 발전 효율이 더 중요하다. 그러나 전 세계적으로 태양전지를 많이 필요로 하는 곳은 분산형 발전이 아니라 땅값이 매우 싸고 부지가 아주 넓은 곳이었다. 금융회사의 자본을 이용해 사막 같은 곳에 끝없이 펼쳐진 태양광발전 단지를 건설하는 프로젝트들이 수요처로 급부상하면서 약간의 설치단가 차이가 천문학적인 금액으로 불어나 다결정 제품들이 시장의 많은 부분을 차지하게 됐다. 워런 버핏이 OCI에서 사들인 미국 텍사스주의 알라모 프로젝트도 그런 대규모 발전소다.

두 번째는 깨진 유리창 이론●처럼 작은 구멍 하나를 무시했다가 발생한 문제다. 폴리실리콘 사업에서 가장 중요한 요소는 생산원

● 깨진 유리창 하나를 방치하면 그 지점을 중심으로 범죄가 확산된다는 이론으로, 사소한 무질서를 방치하면 나중에 지역 전체로 퍼질 수 있다는 의미다.

가다. 태양광발전 사업자는 적은 돈을 들여 많은 전력을 생산할 수 있게 해주는 제품을 선택하기 때문이다. OCI와 몇몇 상위 사업자가 규모의 경제를 이용해 낮은 생산원가를 자랑하고 있지만, 당시 암초를 하나 발견했다. 그때는 암초라고 하기에는 너무 작은 산호섬 느낌이라 '별일 없겠지'라고 생각했다.

중국에 다초뉴에너지Daqo New Energy라는 작은 회사가 있는데 회사소개서에 자신들의 생산원가가 킬로그램당 10달러 정도밖에 안 된다고 발표했다. 회사마다 계산 기준이 조금씩 달랐지만 상위 사업자들의 생산원가가 20달러 전후인 상황이었으므로 파격적인 수치였다. 이 회사의 공장은 신장웨이우얼 지역에 있는데 지방 정부의 혜택으로 전기료를 매우 적게 부담했기 때문에 가능한 일이었다. 믿지 않았다. 아니, 믿고 싶지 않았던 건지도 모른다. '너무 작은 회사라 시장 전체에 영향을 줄 수 없어', '지방 정부의 지원책은 지속 가능하지 않을 거야'라고 하면서. 그러나 나쁜 예감은 왜 틀린 적이 없나. 투자를 집행하기 전, 아니면 손실 보기 전 의심스러운 구석을 발견했다면 운이 좋은 편이다. 하지만 그것을 '설마' 하는 마음으로 눈감는 순간 그 나쁜 일은 벌어질 것이고, 손실과 함께 덤으로 자책도 얻게 될 것이다. 지금은 다초가 세계에서 가장 큰 폴리실리콘 회사 중 하나가 됐다. 작은 산호섬이 아니라 타이태닉을 침몰시킨 큰 빙벽이었다.

IT를 포기한 순간

오킨스전자도 비슷한 경우다. 메모리 반도체를 검사할 때 쓰는 소모품을 생산하는 회사인데, 반도체 업황이 개선되면 주가가 많이 오를 것으로 예상했다. 똑같이 메모리 반도체 가치사슬에 있는 기업이지만 소형주이기 때문에 삼성전자와 SK하이닉스보다 상승 탄력성이 클 것 같았기 때문이다.

경기 순환 업종의 문제점은 항상 예상한 것보다 불황기가 길고 어둡다는 것이다. 반도체의 수요는 계속해서 늘었고, 공급이 부족하면 제품 가격이 오르는 호황기가 온다. 호황기에 벌어들인 돈으로 설비 투자를 해서 공급을 늘린다. 미래를 대비하는 당연한 의사결정이기는 하지만, 필연적으로 공급 과잉이 오고 가격이 하락하는 불황기가 찾아온다. 10여 년 동안 비슷한 사이클이라 생각하고 투자했는데 내 돈이 들어가 있으니 마음이 내 마음 같지 않았다. 여러 회사를 미팅해보고 반도체 전문 잡지들을 읽어봤지만 결론은 어둡기만 했다. 시간이 지날수록 별의별 생각이 다 들었다. 어디선가는 이제 신기술이 나왔기 때문에 과거의 검사 방법은 쓰이지 않는다고도 했다. 거의 1년 이상을 기다리다가 포기하고 매도했다. 결론이 너무 뻔한가? 매도 이후 주가는 10배 이상 올랐다. 삼성전자와 SK하이닉스의 성과를 압도했다.

오킨스전자의 사례가 더 아쉬움으로 남는 까닭은 좋은 가격에 팔 기회가 있었기 때문이다. 투자한 이후 얼마 지나지 않아 2배 가

까이 올랐을 때다. 그 회사의 2대 주주는 창업 때 엔젤 투자 형태
로 돈을 넣었다가 아주 오랜 시간이 지난 후에 코스닥 상장까지 가
며 대박을 터뜨린 사람이었는데, 없던 셈 치던 돈이 갑자기 수십억
원이 되니 이참에 매각을 생각했다. 그런데 이 사람이 우연히 한 다
리 건너 지인이라 그가 우리에게 매각 시기와 방법에 관해 자문했
다. 나쁜 마음을 먹었으면 그 소리를 듣자마자 우리가 가지고 있던
주식부터 팔았을 것이다. 10퍼센트에 달하는 지분율의 2대 주주가
지분을 매각한다는 소식이 알려지면 기업가치와는 무관하게 주가
가 급락할 수밖에 없기 때문이다. 그러나 확신도 있었고 주가도 오
르고 있었기에, 과감히 주식을 가진 상태로 블록딜block-deal 을 주
선했다. 회사를 키워야 하고 사업을 오래 하기 위해서는 법적으로
나 윤리적으로나 당연한 결정이라 후회는 없지만, 결과가 앞서 말
한 대로이니 아쉬움은 남는다.

● 기술력은 있으나 자금이 부족한 창업 초기 벤처기업에 자금 지원과 경영 지도를 해주는
천사 같은 개인 기반의 투자. 스타트업 업계에서는 1억 원 미만의 최초 외부 투자를 의미하
기도 한다.
●● 주식을 대량으로 보유한 매도자가 사전에 물량을 인수할 매수자를 구해 시장 가격과
관계없이 지분을 넘기는 거래. 많은 물량을 장내에서 거래할 경우 매도와 매수 모두 시장
가격에 큰 영향을 주기 때문에 일반적으로는 정규 시장이 종료된 이후 장외 거래를 한다.

1등 고과를 받은 직원, 회사에서 잘리다

브이아이피투자자문은 1년에 두 번씩 근무 평가를 했는데 그중 연초의 평가가 훨씬 무게감이 있었다. 진급이나 연봉, 성과급이 결정되기 때문이다. 으레 그랬듯 근무 평가는 성과 1위이자 자칭 타칭 노조위원장이었던 나부터였다.

작은 탁자와 의자 몇 개가 놓인 접견실에서 팀장이 기다리고 있었다. 먼저 지난 6개월과 1년에 대한 평가가 나왔다. 편입한 종목들의 수익률부터 기업탐방과 보고서 작성 개수, 대표와 팀장의 정성적 의견까지.

'올해도 1등이구나.'

종이를 한 장 더 넘기니 그해의 성과급이 기록돼 있었다. 피고용인 입장에서 성과급이라는 것은 항상 기대에 못 미치게 마련이다. 하지만 절대적인 금액으로 수천만 원(10여 년 전에는 큰 금액이었다)이 적혀 있으면 일순간에 불만이 사르르 녹는다. 팀장이 성과급이 적힌 페이지를 넘겼다. 테이블 상판이 나왔다. '뭐지?' 분명 다음 장에 진급 여부와 연봉 액수가 적힌 페이지가 있어야 한다. 종이가 서로 붙어 잘못 넘어간 것도 아니었다. '뭐지?'

"현준 대리하고는 올해 계약을 하지 않기로 했어요."

나는 계약직도 아니었다. 그래서 계약을 하고 안 하고도 없다. 하지만 그런 법적인 절차를 따지고 싶은 마음도 없었다. 그냥 '나한테 어떻게 이럴 수 있지?' 하는 생각이었다. 두 대표님이 계신 방으로 들어갔다.

"대표님, 지금 제가 팀장님께 들은 내용 대표님들도 알고 계신 건가요?"

그렇다고 했다. 허망했다. 스스로 퇴사해 창업할 생각을 하고 있던 사람에게도 권고사직은 청천벽력 같은 일이더라. 회사는 전략기획팀으로 이동하면 고용을 유지하겠노라고 했다. 주식만 바라보고 살아온 지 8년 차. 회사 경영에 감 놔라 배 놔라 가지가지 참견했던 나지만, 그건 회사의 주인인 줄 알았던 잘못된 애정에서 비롯된 것이다. 주식투자를 하지 말라는 것은 그냥 자존심을 깎고 길들이겠다는 의도 외에 아무것도 아니었다. 단칼에 거절했다.

팀으로 돌아가자 질문이 쏟아졌다.

"뭐래?", "얼마 줬어?"

"저 나가래요. 잘렸어요."

권고사직의 표면적인 이유는 컵라면이었다. 아침 회의 시간에 배가 고프면 가지고 들어가 먹었던 컵라면. 하지만 더 직접적인 이유를 들기에는 당사자인 내가 민망해할까 싶어 그것을 예로 들었을 뿐 내 행실이 피고용인으로서 부적절하다는 것이었다.

100퍼센트 오해라고 강변하고 싶은 스타트업위켄드 사건을 제외하면, 출근 체크 매크로 프로그램 배포가 가장 눈 밖에 난 사건이 아닌가 싶다. OB 멤버들이 인정하는 브이아이피투자자문 제2의 전성기 견인차는 P 전략기획팀 팀장이다. 영업과 관리 양쪽에서 출중한 능력을 갖추고 있어서 지금의 브이아이피자산운용이 수조 원의 돈을 무리 없이 운용할 수 있게 했다. 투자회사 사장으로서 너무 탐나는 인재다. 그런데 이 사람의 출신이 두 대표님의 대학 친구이다 보니 처음에는 오해와 질시를 많이 샀다. 운용 파트 위주의 회사여서 나이와 연차를 막론하고 자산운용팀의 입김이 셌는데 낙하산이 아니냐며 배척했다. 이런 분위기를 감지했는지 대표님들도 처음에는 P 팀장을 법무실장이라는 전에 없던 직책으로 앉혔다. 그리고 시간이 지나 전략기획팀을 신설하고 팀장을 시키더니 경영관리팀을 전략기획팀에 흡수시키면서 자산운용팀 팀장과 대등한 위치가 됐다.

P 팀장이 전략기획팀을 장악(?)한 뒤 자산운용팀에 손을 뻗치기 시작한 것이 리서치를 정량적으로 평가하는 일이었다. 기업탐방을 몇 번 가고, 보고서를 몇 개 썼으며, 이것이 어떻게 회사의 수익에

기여했는지를 조사하고 정리하기 시작했다. 투자는 예술이라고 생각하는 운용역들로서는 상당히 불쾌할 수 있는 일이지만, 좋아서 하는 일이니만큼 리서치의 양을 평가하는 것에 부끄러움이 없었고 자존심 하나로 먹고사는 사람들이라 수익 기여도 앞에서도 당당했다.

문제는 그다음이었는데 근태관리를 강화하겠다고 나섰다. 몇분 이상 지각을 하면 징계라느니 하는 이야기가 오갔다. 처음에는 근로기준법 위반이라는 논리로 맞섰으나 실은 한없이 자유로워야 할, 아니 그래야 한다고 생각하는 운용역들의 권리(?)를 침해하는 모든 행위가 싫었다. 인터넷을 한참 뒤지고 테스트한 끝에 출근 시각 3분 전인 8시 27분만 되면 컴퓨터가 자동으로 켜지고 그룹웨어에 출근 체크까지 되도록 만들었다. 그리고 개선장군이라도 된 듯이 자산운용팀 모두에게 배포했다. 사람들 사는 세상에서 너무 로봇 같은 명령어가 문제였을까. 자산운용팀 직원들이 하나같이 하루도 빠짐없이 8시 27분에 출근한다는 사실을 이상하다고 여긴 P 팀장의 조사 끝에 범행을 자백할 수밖에 없었다. 얼마나 눈엣가시였을까? 말 참 안 들었다.

그럼
내 딸 못 주네

면담 이후 여자친구(현재의 배우자)와 함께 제주도에 다녀왔다. 펀드매니저에게 성과급은 단순히 가욋돈 이상의 의미를 지니고 있어서 매년 2~3월 성과급 지급 시즌이 되면 펀드매니저들은 예민해진다. 얼마가 나올지, 회사에서 약속한 대로 지급은 할지 궁금해한다. 혹시라도 튀는 행동을 했다가 안 좋은 영향을 미칠까 쉬쉬하는 분위기가 된다. 그래서 여의도에 빈자리가 숭숭 나고 한 바퀴 돌듯 채워지는 이직 시즌도 성과급 지급이 얼추 마무리되는 3월 이후부터 활기를 띤다. 수익률과 개인의 성과가 직접적으로 연동되는 구조를 가진 곳의 매니저들은 연말이 다가오면 포트폴리오에서 주식 등 위험자산을 싹 팔아치워 아예 성과를 확정 지어버리기도 한다.

내 제주도 휴가 역시 이미 정해져 있었다.

제주도 일정 마지막 날 게스트하우스 방 안에서 어렵게 입을 뗐다. 휴가 직전에 회사에서 잘렸는데 어차피 창업할 계획이었으니 이참에 시작하려고 한다고. 이미 여러 번 말했고, 내 성격상 한번 입 밖에 꺼낸 것은 이미 많은 고민 끝에 내린 결정이고 꼭 해낸다는 것을 알았는지 흔쾌히 알겠노라고 답했다. 미래의 배우자에게 허락을 받았으니 파트너에게 알릴 차례였다. 정 대표에게 전화해 이제 곧 합류할 것이라고 말했다.

부모님 순번이 이렇게 늦은 것을 알면 섭섭해하시겠지만 내가 무엇을 하든 승낙하고 지지하는 어머니와 "그걸 왜 나한테 허락받느냐?"라는 식의 츤데레 아버지라 다음 차례는 처가 어른들이 됐다. 김포공항에 내려 장모님께 전화를 드렸다. 예비 사위가 직장인에서 사업가로 거듭나겠다는 말씀을 드렸더니 이런 답변이 왔다.

"그럼 내 딸 못 주네."

나와 배우자는 투자 동아리 선후배다. '썸 타던' 시절 우리는 동아리 모임 뒤풀이 중에 몰래 빠져나와 버스로 한두 정류장 떨어진 쪼끼쪼끼라는 호프집에서 데이트를 하곤 했다. 너무 가까운 곳에서 어슬렁거리다가는 2차, 3차 장소를 찾는 친구들에게 발각될 위험이 있었기 때문이다. '동아리 내 연애 금지'를 떠들고 다니던 임원으로서 체면이 깎이는 일은 할 수 없었다. 결국은 내가 동아리 내 첫 번째 결혼 골인 커플이 됐고, 그 이후로는 많은 청춘이 교제하고 결혼했다. 재미있는 것은 내가 배우자와 교제한다는 것을 처음 알게 된 사람도 지금 같이 일하는 정 대표라는 것이다.

이 친구와 연애를 해야겠다고 마음먹었을 때 물어본 것이 있다. 결혼을 언제 하고 싶냐는 것이었다. "빨리"라는 답에 확신이 생겼다. 왠지 모르게 결혼은 인생에서 꼭 해야 하는 통과의례처럼 느껴졌고, 기왕 해야 하는 일이라면 빨리 해치우는 것이 좋을 것 같았다. 그렇다고 사랑하지 않는 사람과 결혼만을 목적으로 교제했다는 뜻은 아니다. 지금 내 배우자는 내가 가장 사랑하는 사람이자 뭐든 내 편을 들어주는 든든한 동반자다.

생각이 일치하니 질질 끌 필요가 없었다. 본격적으로 교제한 지 1년이 채 안 되는 시점에 프러포즈를 했다. 파리 여행을 가서 몽마르트르 언덕에 올라 일몰 후 매시 정각마다 반짝이는 에펠탑을 바라보며 티파니 다이아몬드 반지로 한 청혼이었다. 거절당했다. 일단 명품이나 브랜드에 관심이 없어 티파니의 하늘색 상자를 알아보지 못했고, 쪼끼쪼끼에서 말한 '일찍'이 지금은 아니라고 했다. 수백만 원짜리 티파니 반지를 가지고 다니면서 '각'을 재느라 얼마나 힘들었는지도 모르면서. 출국할 때 휴대반출신고를 해야 했을 뿐 아니라, 일주일 동안 미술관과 박물관만 대여섯 군데를 갔는데 갈 때마다 보안요원 앞에서 여자친구에게 들릴세라 "This is a secret present for my fiancée"라고 몰래 설명하는 것도 얼마나 고역이던지……. 귀국을 사흘 남겨놓고 괜히 프러포즈는 해가지고, 돌아오는 비행기 안에서 괜히 어색해졌다.

'일찍'의 정의를 확실히 한 후 대학로 소극장에서 이벤트를 했다. 눈물을 줄줄 흘리는 것을 보니 성공한 듯했는데, 처가에선 아직 어리다며 서른까지 기다리란다. 그리고 세 번째 프러포즈가 결혼 서약이 됐다. 이렇게 힘든 여정을 겪었는데 결혼을 포기하라니! 그럴 수는 없었다.

먼저 정 대표에게 다시 연락했다.

"결혼은 해야 하지 않겠나?"

정말 미안하지만 반드시 돌아올 거라며 1년만 더 기다려달라고 부탁했다. 넓은 마음으로 이해해줬다. 다음은 회사였다. 권고사직을 당한 사람이 이직을 한다는 것은 현실적으로 불가능했다. 내 발로 알아서 나갈 테니 딱 3개월의 말미만 달라고 부탁했다. 나중에 알게 된 사실이지만, 비슷한 형태로 퇴사한 동료 중 노동청에 진정하지 않은 사람은 나뿐이라고 한다.

결혼하기 위해 다시 작장인으로

졸지에 구직자가 됐다. 이직 생각을 한 번도 해본 적이 없었기에 어디 연락을 해볼 만한 곳도 없었다. 곧 창업하리라는 의지 때문에 아무 데나 취업할 수도 없었다. 이번 이직은 내가 만든 회사 홈페이지에 올릴 약력에 그럴싸한 스토리로 남아야 했다. 가치주만 하다가 성장주를 섭렵하기 위해 옮겼다든지, 국내 주식에서 글로벌 주식으로 보는 눈을 넓혔다든지. 그래서 꼭 펀드매니저여야만 했다.

펀드매니저 세상은 상당히 좁아서 대규모 공채도 없고 유명 취업 포털 사이트에 공고가 올라오지도 않는다. 특히나 경력직은 알음알음 소개와 추천이 오고, 정식 공고가 없는 채로 충원이 마무리되기도 한다. 매일 자산운용협회(현 금융투자협회)와 금융권 취업 전문 카페인 KKB에 들어가 무수하게 새로고침을 눌렀다.

그런데 이런 구직 활동도 마음 놓고 할 수 없는 상황이었다. 아들이 회사에서 잘렸다는 말을 부모님께 도저히 할 수가 없었다. 그래서 전과 다름없이 매일 아침 6시 30분에 일어나 양복을 차려입고 집을 나섰다. 멀리 가기도 뭣하고, 그렇다고 동네에 있을 수도 없었다. 그래서 결정한 것이 등산이다. 내가 살던 동네는 북한산과 도봉산으로 둘러싸인 곳이다. 젊은 시절부터 산을 좋아한 아버지가 결정하신 일이다. 성당길을 지나 주말텃밭과 약수터를 지나 30분 정도 더 걸어 올라가면 네모반듯하게 다져진 땅에 대문자 H가 그려진 헬기장이 나온다. 여기까지 가야 다른 사람들의 시선이 닿지 않는 벤치가 있다. 매일 양복 차림으로 헬기장까지 올랐다.

그리고 부모님이 출근하시고 난 9시쯤 다시 집으로 몰래 들어왔다. 컴퓨터를 켜고 어디 자리 나온 데는 없는지 찾아보고 지원서를 만들어 보냈다. 그러다가 점심시간이 가까워지면 여의도로 향했다.

회사는 서초구에 있었지만 나름대로 기업 설명회장에서 손을 번쩍 들어 깊이 있는 질문을 해서 "쟤 누구야?"라는 소리를 듣는 등 여의도 '인싸'였기에 갑자기 두문불출하면 내 신상에 뭔가 문제가 있다는 사실이 알려질까 봐 두려웠던 것이다. 여의도에서 점심을 하면서 늘 그렇듯이 주식 이야기를 빙자한 잡담을 나누고 상대를 들여보냈다. 다행히 근무지가 여의도가 아니었기 때문에 회사로 다시 돌아간다는 핑계를 댈 수 있었다. 그런 후 집에 돌아와 퇴근하신 부모님과 함께 저녁 시간을 보냈다.

그해는 정말 바이사이드 자리가 안 났다. 세 군데 정도 지원했고, 서류는 두 군데 합격했다. 키움증권 투자운용본부와 P자산운용 해외 주식 파트였다. 3개월은 그리 긴 시간이 아니었고 찬물 더운물 가릴 처지가 아니었기 때문에 전형 일정이 신속하게 진행되는 곳에 올인해야 했다. 그렇게 해서 키움증권과 만나게 됐다. 이 판단이 심장을 쥐어짜는 것처럼 내 마음을 옥죄게 될 줄은 전혀 몰랐다.

키움증권 투자운용본부는 여의도 용어로 프랍 데스크다. 프랍 데스크는 '소유주의'라는 뜻의 형용사 'proprietary'를 써서 고객의 돈이 아니라 금융회사의 돈으로 투자를 하는 부서다. 다른 말로는 고유계정운용부서라고도 한다. 고객 재산을 운용하는 곳보다 운용 규모는 작지만, 몇 퍼센트의 수수료를 수취하는 것이 아니라 수익이나 손실이 모두 회사의 손익으로 귀속되므로 실력도 실력이려니와 막중한 책임감이 필요한 자리다. 그만큼 성과가 좋을 때는 인센티브도 많이 받고, 성과가 나쁠 때는 근로 계약이 위태로워지기도 한다.

키움증권 투자운용본부는 여의도의 여러 고유계정운용부서 중 투자 규모가 크고 과감한 것으로 유명하다. 증권사는 대부분 상장 회사라 만천하에 공개되는 재무제표를 클릭 버튼 하나로 좌우할 수 있다고 생각하면 조금 벌더라도 손실을 극단적으로 회피하고 확실한 수익을 추구하게 마련이다. 특히 한국 증권사는 대부분 뚜렷한 주인(대주주)이 없는 경우가 많아 더더욱 과감해질 필요가 없다. 반면 키움증권은 다우키움그룹의 김익래 회장이라는 창업자가 떡하니 버티고 서서 '내가 책임질 테니 한번 해봐' 하는 스타일이라 결이 조금 다르다. 동시에, 어떻게 보면 본인 돈이라고도 말할 수 있는 수백, 수천억 원을 맡기려면 그 별동대를 채용할 때 검증을 빡빡하게 할 필요가 있다. 여기에 내가 걸려든 것이다.

서류 전형을 통과한 후에 실무 면접이 이어졌다. '이제 길어야 1~2주 내에 끝나겠구나' 싶었던 예상은 보기 좋게 빗나갔다. 당시 투자운용본부는 주식운용팀, 채권운용팀, AI팀, 장외파생상품팀으로 나뉘어 있었고 본부장 아래에 실무를 조율하는 매니징 디렉터가 있는 구조였다. 그러니까 채용을 위해서는 팀장, 이사, 본부장을 모두 거쳐야 한다는 이야기다. 팀장과의 실무 면접에서 합격한 후에 여의도 지하 식당가에서 만났다. 편안한 분위기에서 진솔한 대화를 나누는 이 면접 방식은 증권가에서 종종 볼 수 있다. 차이점이라면 보통은 주사를 부린다든지 너무 얼토당토않은 이야기를 한다든지 하지만 않으면 채용에 문제가 없다는 뜻인데, 이때는 그렇지 않았다는 것이다. 면접 내내 분위기가 좋았지만 합격 통보는커녕 한동안 연락이 뜸했다가 그 자리에서 만났던 이사님과 제대로 된 면접을 보게 됐다. 벌써 세 번째였고, 네 번째가 본부장님 면접이었다. 이쯤 되면 형식적으로 넘어갈 만도 한데 분위기가 냉랭했다.

'주식운용팀에 경력직 뽑으면 다들 금방 나가는데 얘는 뭐가 다르냐'라는 식으로 이사님과 팀장님을 다그치는 느낌이라 좌불안석이었다.

그렇게 거의 두 달을 끌었다. '차라리 P사를 갈걸', '그동안 다른 회사 공고도 많이 났을 텐데', '전 직장에서 준 3개월이 지나면 경력에 공백이 생길 텐데 큰일이네' 같은 생각을 골백번도 더 했다. 그리고 본부장님께 주식운용 방침에 관해 프레젠테이션을 한 번 더 했다. 이사님과 팀장님께서 쐐기를 박기 위해 마련해주신 자리인 듯싶었다. 결혼만 하고 도망칠 나쁜 마음을 품고 있으면서 마치 뭔가 기여라도 할 것처럼 떠벌렸다. 사장님 면접이 마지막이었다. 다른 파트는 팀장급이나 되어야 사장님 면접을 보는데 투자운용본부는 직위를 불문하고 모두 사장님 면접을 거친다고 했다. 회장님 돈을 관리하니까 그렇다나. 불행인지 다행인지 마침 회사에 큰일이 터져 사장실이 있는 층에서 몇 시간을 대기했다. 여러 임원이 비서와 일정을 조율하고 사장실을 드나들었다. 잠깐 짬이 났을 때 팀장님과 내가 얼굴을 빼꼼 내밀었더니 네이버에 치면 나오는 그분이 계셨다.

"왜 왔어?"

"사장님, 이번에 저희 팀에서 새로 뽑은 유능한……."

"알았어, 잘 뽑았겠지. 지금 바쁘니까 나중에 다시 이야기해."

팀장님도 긴장하셨던 것 같다. 안도의 표정을 짓고는 이제 진짜 한 식구가 됐다고 말씀하셨다.

피할 수 없다면
즐겨라

키움증권은 한국에 인터넷 증권사 바람을 만들어낸 곳이다. 지금이야 대부분 개인 투자자가 스마트폰으로 주식을 거래하고 "거래 수수료 평생 무료"라는 광고 카피가 식상해질 정도가 됐지만, 오프라인 점포 없이 인터넷만으로 거래할 수 있고 그 수수료를 수십분의 일로 낮춘 키움증권의 행보는 그 자체로 파격이었다. 아마 기존 증권사들의 질시와 견제도 상당했을 것이다. 광고도 마찬가지다. 증권사 광고라고 하면 슈트를 번듯하게 차려입은 미남 배우가 중후한 목소리로 신뢰감을 주는 것이 일반적인데 키움증권은 업계에서 볼 때 '근본도 없는' 날라리 트로트 가수가 말을 타고 쇳소리를 내며 "이랴, 이랴(1위야, 1위야)" 했다.

이렇게만 보면 키움증권은 매우 젊고 역동적이며 자유로운 분위기의 벤처기업이리라고 착각할 수도 있다. 그러나 한국에서 금융업은 매우 규제 중심적인 산업이다. 또한 나라를 막론하고, 제공하는 서비스의 차별성이 크지 않은 산업이기도 하다. 고객 친화적인 UI를 제공하는 인터넷 은행과 딱딱하고 불친절한 전통 은행이 있다고 해보자. 당신은 생애 처음으로 내 집 마련의 꿈에 부풀어 있는 상황이고 주택담보대출을 일으켜야 한다. 이때 전통 은행의 대출금리는 3퍼센트, 인터넷 은행의 대출금리는 5퍼센트라면 어느 쪽에서 돈을 빌리겠는가? 당연히 전통 은행으로 갈 것이다. 이것이 차별성이 없다는 증거다.

이래서 나는 금융업에 투자하기를 굉장히 꺼리는 편이다. 그런데 왜 자산운용사를 하고 있느냐고? 그러게 말이다. 다시 서른 살로 돌아가 창업한다면 금융업은 선택하지 않을 것이다. 일반 투자자를 보호해야 한다는 취지에는 충분히 공감하지만 나부터도 소상공인에 불과한데 규제에 막혀 사업을 확장하는 데 어려움을 겪거나 중소기업을 대상으로 하는 지원책에서 배제된 적도 많다. 규제 산업의 특징이 규제 장벽을 넘어선 선발주자에게는 그것이 진입장벽으로 작용한다는 점인데, 투자회사는 그렇지만도 않다. 앞서 대출금리 이야기에서 알 수 있듯이 브랜드라는 것이 별반 의미를 가지지 못하고, 결국 그만둘 때까지 계속해서 성과로 입증해야 한다. 매월, 매년 동등한 출발점에 선다는 뜻이다.

결국 키움증권도 같은 금융업이다. 내부적으로는 규율과 절차를 따라야 하는 모습을 지니고 있다. 실은 맨손으로 재벌 반열에 오른 김익래 회장이 특별한 애정을 갖고 있는 회사이므로 다른 회사들보다 훨씬 딱딱하고 일사불란한 일종의 군대 문화가 남아 있다. 김 회장은 원래 영업맨이었고 키움증권 설립 전 다우데이타, 다우기술이라는 IT 서비스업으로 일가를 이뤘다. 빅테크 기업들이 득세하고 온갖 스타트업이 출현하면서 IT 서비스업에 환상이 많이 생겼지만, 원래는 외주 영업을 기반으로 하는 경우가 훨씬 많으므로 수익성이 낮고 고객의 변덕에 시달릴 수밖에 없는 비즈니스다.

그렇다고 김익래 회장이 직접적인 투자에 관해 잘 아는 편은 아니었다. 주식운용팀 사람들은 각자 서너 개씩의 모니터를 쓰는데 그걸로도 모자라 벽걸이 텔레비전에는 한국경제TV의 생방송이 계속 틀어져 있었다. 그렇다고 한국경제TV의 내용을 참고하는 것도 아니다. 그렇다면 왜 틀어놓는가? 풍문으로는 회장이 소일거리로 한국경제TV를 즐겨 보는데 이때 궁금한 것이 생기면 핫라인을 통해 우리 본부장님께 묻는다는 것이다. 그때마다 본부장실 문이 열리고 다시 우리 팀장님이나 이사님을 호출하는 본부장님의 목소리가 들린다. 회장의 질문에 곧장 대답해야 하는데 보통은 주가나 속보 같은 단기적인 이슈였다. 이때 답을 못 하는 것은 괜찮아도 무슨 이슈가 있는지조차 모르면 불호령이 떨어지기 때문에 회장이 말하는 소재를 파악하는 용도로 텔레비전이 걸려 있는 것이다.

세상 자유로운 회사에 다니다가 각이 살아 있는 큰 회사에 들어왔다는 것을 실감하게 한 일이 생겼다. 입사가 여름쯤이었고 베트

남으로 휴가를 떠날 계획을 세웠다. 브이아이피투자자문에서도 휴가를 결재받는 절차가 있기는 했지만 연차 개수를 기록하기 위함일 뿐 유명무실했다. 그냥 "저 내일부터 휴갑니다. 다녀오겠습니다" 하면 그만이었다. 그래도 새로 입사했으니 최소한의 눈치를 보는 척은 해야 하지 않겠는가. 팀장님께 휴가 일정을 말씀드렸다. 콧방귀 끼는 표정과 함께 돌아온 답변은 이랬다.

"장이 열리는데 자리를 비워?"

엄마야……. 조용히 앉아서 고개만 내 쪽으로 돌리는 팀원들의 눈동자가 더 가관이었다. 끊어둔 항공권과 호텔을 취소하는 동안 내 1년간의 미래가 그려졌다.

회식 문화도 재밌었다. 브이아이피투자자문에서는 공식적인 회식은 없었던 것 같다. 연말에 한 번 가족까지 동반하여 특급 호텔 연회장에서 하는 연말 행사가 다였다. 물론 자산운용팀 동료들끼리는 근처 추어탕집에서 낮술을 하기 일쑤였기에 분위기가 썰렁하거나 그런 것은 없었다. 키움증권 투자운용본부는 본부장님이 호출하는 그 시각이 회식이 된다. 내가 마포의 평양냉면 노포 을밀대의 마니아가 된 것도 이 때문인데, 을밀대는 이른바 대박집이라 계절을 막론하고 줄을 서는 곳이다. 그런데 당시 매니징 디렉터였던 L 이사님은 을밀대에 매주 수요일 1년 내내 예약이 돼 있다. 을밀대 점원들 사이에서는 '키움증권 사장님'으로 통할 정도다. 놀라운 사실은 그렇게 음주를 하고 나서도 다시 고난도의 금융상품에 관해 토론하는 장이 일어나곤 했다는 것이다.

업무 시간에 갑작스레 만들어지는 자리를 번개라고 한다면, 본부원이 모두 참석하는 회식에는 전통이 하나 있었다. 바로 황비어천가다. 세종대왕 때 편찬한 조선왕조의 창업을 칭송한 노래 용비어천가龍飛御天歌에서 용 대신 본부장님의 성인 황黃을 붙인 것이다. 자리의 분위기가 본격적으로 달아오르기 전 참석자 모두가 건배사를 한마디씩 해야 하는데 언제부터인가 본부장님께 아부 멘트를 하는 시간으로 변질(?)됐다. 물론 일부는 '이 무슨 말도 안 되는 상황인가'라며 불쾌했을지도 모르지만, 내 기억으로는 회식을 한다는 것 자체가 싫으면 싫었지 그 자리는 무척 유쾌했다. 오히려 '누가 누가 더 잘하나' 식의 경연장 같기도 했다.

금융을 하는 사람이면 뭔가 논리적일 것 같고, 이성적이지 않은 행동은 전혀 하지 않을 것 같다는 편견도 있다. 또 나를 아는 사람이라면 정말 자유분방하고 기계적이기까지 한 인간이 그런 곳에 가서 고생했으리라고 걱정할 수도 있다. 어느 정도는 사실이다. 그러나 나에게 더 중요한 가치는 예측 가능성과 원칙 준수다. 원칙을 정하는 데 민주적이고 공평하게 그리고 효율적이라는 기준을 모두 담기 위해 고심하는 편이지만, 그것조차 한번 정하고 나면 섣불리 바꾸지 않고 잘 지키고 싶기 때문이다. 정치적인 사안을 평가할 때도 불합리한 것이 있으면 의견을 적극적으로 개진하고 더 좋은 사회를 만들기 위해 바꾸는 것을 두려워해서는 안 되지만, 절차를 무시한 채 목적만 타당하면 된다는 식은 아주 혐오한다. 다소 불합리한 법령이더라도 바뀌기 전까지는 준수하는 것이 우선이라고 생각한다.

중소기업을 운영하면서 마땅히 전담자를 두기도 어렵고 그렇다고 상시로 변호사나 법무사 같은 전문가의 도움을 받는 것은 더더욱 불가능하기 때문에 법률과도 친해졌는데, 이 역시 내 적성과 맞는 업무였다. 법인의 중요 사항을 법원에 등기하거나 일과 관련된 법령을 검토할 때, 특별한 경우를 제외하면 문구 그대로 받아들이면 된다. 아주 상식적이고 누구나 이해할 수 있는 말로 적혀 있기 때문이다. 문장을 하나하나 읽어가면 어떻게 처리해야 하는지, 어떤 것이 타당한지 명명백백히 드러난다. MBTI 검사 결과에서도 ISTJ(청렴결백한 논리주의자)는 "법률회사나 법 규제기관 또는 군대와 같이 전통이나 질서를 중시하는 조직에서 핵심 구성원 역할을 한다"라고 나온다. 또 "얼마나 많은 희생이 따르든 일단 정해진 체계나 지침을 고수한다"라고도 적혀 있다.

나에게 황비어천가는 그런 것이었다. 당연히 해야 할 일 또는 '피할 수 없다면 즐기자'라는 느낌이랄까. 그날도 본부장님 댁 근처인 서래마을에서 회식이 있었다. 여의도에서 서래마을까지 다 같이 이동할 수 없어서 각자 이동 수단을 통해서 정한 시각에 모였다. 여느 때처럼 자가용을 타고 올림픽대로를 달리고 있는데 그날따라 보름달이 휘영청 밝았다.

"제가 건배사 하겠습니다. 그런데 건배사를 하기 전에 제가 경험한 특별한 일을 먼저 말씀 올리고 싶습니다."

이목이 집중됐다.

"여러분, 오늘 오실 때 보름달 보셨습니까? 올림픽대로를 쭉 달리고 있는데 큰 보름달이 계속 밤하늘을 밝혔습니다. 그렇게 수십 분을 달렸으니 분명히 달에 조금 가까워져야 하는데 그 달은 여전히 같은 정도의 먼 거리에 있었습니다. 마치 본부장님 같았습니다. 저희가 올바른 길을 가도록 계속 밝혀주시고, 하지만 아무리 노력해도 '발끝조차 따라갈 수 있을까?' 하는 생각이 드는 존재가 바로 우리 본부장님이십니다. 안 그렇습니까, 여러분?"

지금 생각해도 미친 드립력이다. 우엑, 토할 것 같다. 그날은 단연 내가 1등이었다. 양주 한 병을 선물로 받았다.

키움증권이 어떤 회사인지 전혀 모르셨겠지만 나를 이 회사로 인도하신 장모님께서는 좋아하셨다. 구미 처가에 내려갔더니 "이번에 산악회에서 제주도에 갔거든? 근데 제주도 가는 비행기에 김 서방 회사 이름이 떡하니 나와 있더라. 회원들한테 자랑했어"라고 하셨다. 비행기를 타면 머리카락이나 머릿기름이 묻지 않도록 좌석 위를 덮은 부직포 재질의 헤드레스트 커버를 본 적이 있을 것이다. 저비용항공사 중에 여기에 글이나 그림을 새겨 뒷좌석 승객들에게 노출하는 광고를 하는 곳이 있었다. 키움증권도 그렇게 큰 회사는 아니지만 어쨌든 B2C 서비스를 하기 때문에 소소한 광고를 한다. 그것만으로도 이렇게 기뻐하시다니……. 왠지 더 죄송해졌다.

어떤 시장에서도
돈을 잃지 않겠습니다

키움증권에 다니던 때는 남유럽 재정위기와 미국 재정절벽 및 정부폐쇄 문제가 연달아 발생했다. 서브프라임 모기지 사태가 대형 지진이었다면, 남유럽 재정위기는 그보다 규모는 작지만 여진이 계속되는 듯한 느낌이었다. 여러 나라가 동시다발적으로 문제가 생기다 보니 해결책도 단번에 나오지 못했고, 위기도 차례차례 봉합됐다. 조금 안정될 조짐이 보이면 또 다른 문제가 불거지곤 했다. 남유럽 재정위기가 한풀 꺾일 무렵 시작된 미국의 재정절벽 문제는 이미 새가슴이 돼 있는 투자자들을 공포에 떨게 했다.

코로나19 이후 새로운 시대를 찾아가는 지금도 마찬가지 문제가 도사리고 있는 것처럼, 서브프라임 모기지 사태를 진정시키기 위해 미국 정부는 천문학적인 유동성을 공급했고 많은 사람이 그것을 당연하게 여겼다. 하지만 풀어놓은 돈은 과도한 인플레이션을 초래할 수 있어서 회수할 수밖에 없고 그 시기가 찾아오면 재정적으로 절벽 끝에 마주한 것과 같은 상황이 된다. 여기에 새로운 정부가 들어서는 2013년 초까지 의회에서 정부 예산안에 합의가 이뤄지지 않으면, 쉽게 말해 공무원의 월급조차 지급할 수 없어 정부의 모든 기능이 마비된다는 정부폐쇄에 관한 걱정도 한몫했다.

나는 지금도 재정절벽과 정부폐쇄에 관해 혹여 틀린 정보를 제공할까 봐 백과사전과 과거 신문 기사를 참조해 앞의 문단을 적었다. 그만큼 모른다는 이야기다. 그런데 매일매일 손익을 1원 단위까지 정산하고 사장 보고까지 하는 프랍 부서는 어떤 상황이 와도 무조건 벌어야만 한다. 그러려면 미분을 하듯 투자 기간을 쪼개어 관찰, 아니 대응해야 한다. 무슨 이야기인지도 모르는 미국 ISM 지수[*]를 조사해 공유할 뿐 아니라 베이지북^{**}, 실제 FOMC 발표, 1개월 뒤에 발표되는 의사록까지 여러 차례 업데이트한다. 마치 아주 긴급한 사안처럼 취급한다.

그러나 건강한 분기 실적들이 모여 장기 투자의 밑거름이 되는 적분형 투자와 달리 미분형 투자는 절대 수익을 가져다주지 않는

● 공급자관리협회가 미국 내 스무 개 업종 사백 개 이상 회사를 대상으로 매달 설문조사를 실시해 산출하는 지수. 50 이상이면 경기 확장을, 50 이하면 수축을 의미한다.
●● 연방준비제도이사회가 1년에 여덟 차례 발표하는 경제 동향 종합 보고서. 표지가 베이지색이라 이런 별칭이 붙었다.

다. 조금 내려가면 손절매해서 손실을 최소화하고, 조금 오르면 매도해 확정한 수익을 쌓아나간다는 것인데, 말이 쉽지 실제로 그렇게 되지는 않는다. 하락이 일시적이라고 생각해 원칙을 바꿔 기다리면 더 하락해 큰 손실이 된다. 그렇다고 조금씩 모은 수익이 칼같이 손절매한 것보다 더 크다는 보장도 없다. 포트폴리오의 수익률은 한두 개의 스타 주식이 견인하고, 그 스타 주식은 가장 포기하고 싶어 한 순간부터 오르기 시작해 단기간에 놀라운 상승세를 보여준다.

하지만 그건 내 생각이고 회사원이면 회사의 생각을 따라야 한다. 키움증권 주식운용팀은 다우그룹의 일원으로서 6개월마다 사업계획을 발표해야 한다. 팀의 계획은 본부의 계획으로, 본부의 계획은 회사의 것으로 합쳐져 그룹사 연수원의 확대 임원회의 의제로 오른다. 주식운용팀이 '어떤 기업을 분석하겠다', '앞으로는 한국 주식시장이 어떻게 될 것 같다', '새로운 퀀트* 전략을 테스트해봤더니 좋더라' 등의 계획을 세울 수는 있지만 그것이 임원회의 발표 자료에 올라갈 때는 결국 '회삿돈 얼마를 써서 얼마를 벌겠습니다' 형태로 축약될 수밖에 없다. 그런데 얼마를 쓸지까지는 정할 수 있지만, 얼마를 벌겠다는 것이 계획대로 되나? '몇 월부터 몇 월까지는 이런 장세가 펼쳐질 것 같아 저렇게 투자하면 이 정도 수익이

● 'Quantitative'의 약자. 오로지 숫자에만 기반해 의사결정을 하는 투자 방식. 주로 사전에 정해놓은 논리에 따라 여러 가지 재무 또는 경제 데이터를 조합해 컴퓨터가 투자 판단을 한다.

납니다'라는 거짓말을 할 수밖에 없는 것이다(그럼에도 설립 이래 단한 해도 손실을 내지 않은 키움증권 프랍분들께 경의를 표한다).

강세장과 약세장의 진단

거시경제나 주식시장 전망에는 젬병이지만 업계에 오래 살아남다 보니 몇 가지 나만의 팁은 가지고 있다. 가장 중요한 것은 금리와 PER이다. 안전자산의 수익률인 금리는 모든 투자자가 어떤 금융상품이든 비교하는 지표로, 자본시장의 중력처럼 작용한다. 금리가 높아지면 위험자산의 선호도는 상대적으로 덜할 수밖에 없다. 자산의 선호도는 결국 기대수익률로 나타나는데 주식시장의 기대수익률은 PER로 표현한다. 부동산에 투자하면 임대료를 받고 예금을 하면 이자를 받듯이, 주식에 투자하면 그 회사가 벌어들이는 이익을 지분율만큼 나눠 얻는 것이다.

그다음은 OECD 경기선행지수와 환율이다. 경기선행지수는 현재 경제 상황이 기업의 이익을 늘리는 쪽인지 줄이는 쪽인지 가늠하는 데 쓴다. 한국은 경제구조상 수출입을 많이 할 수밖에 없기 때문에 세계 경제에 큰 영향을 받으니 OECD의 자료를 차용한다. 환율은 외국인 투자자의 수급에 좌우되는 한국 주식시장의 특성을 반영한 지표다. 그들 입장에서는 한국 주식시장에 투자하기 위해 달러화 등 자국 통화를 원화로 바꿔야 한다. 그래서 원화가 싸게 거래되면(환율이 높으면) 더 저평가돼 있다고 느낄 수 있고, 반대로 원화가 비싼 상황이라면 저평가된 특정 기업에 투자해 차익을 실현하더라도 자국 통화로 바꿔 가져갈 때 환율에서 손해를 보기에 주저하게 된다. 따라서 나는 외국인 투자자가 원화를 자국 통화로 많이 바꾼 탓에 원화가 헐값에 거래될 때 한국 주식시장에 더 매력을 느낀다. 일반적으로는 한국 경제 사정이 좋지 않을 때 환율이 높아지기(원화가 평가절하되기) 때문에 투자하기 어려운 상황이라고 생각하지만, 사실은 대중과 반대로 투자해야 안전하다.

그러나 내가 2018년 10월 미·중 무역분쟁에 따른 지리멸렬한 하락장과 2020년 2월 코로나19 발병으로 인한 급락장의 저점을 꽤 정확히 예측할 수 있었던 것은 이런 방법들을 통해서가 아니었다. 나는 사람 관찰하는 것을 좋아한다. 지하철을 타더라도 '저런 옷을 입었구나', '이런 앱을 쓰네', '저 둘은 무슨 관계일까?', '어딜 가기에 여기서 내리지?'라는 생각이 끊이질 않는다. 동행자를 귀찮게 한 적도 많고 궁금증의 대상에게 불필요한 오해를 사기도 한다. 여의도 사람들도 당연히 관찰 대상이다. 내 눈에 비치는 그들의 행동 양식은 일종의 인간 지표로, 주식시장을 가늠하게 해준다. 주식시장이 좋으면 수입차를 뽑는 사람들이 늘어나고 유흥주점도 성업한다. 별것 아닌 아이디어도 대단한 꿈이 있는 양 주가 상승의 동력이 되고, 기업 설명회장이 붐빌 뿐 아니라 기념품도 빵빵하게 챙겨준다. 또 많은 사람이 겸손과 호기심을 가장해 자신의 수익을 자랑한다. '이 정도 벌었는데 내 실력은 아닌 것 같다', '나도 버는 걸 보니 시장이 꼭지인 것 같은데 어떻게 전망하느냐'라는 식이다. 그런데 시장경제는 보통 확장기가 수축기보다 훨씬 더 길다. 어느 나라든 좋다. 주식시장의 지수를 장기 시계열로 그려보면 바로 알 수 있을 것이다. 완만하게 오래 상승하다가 급격히 하락한다. 따라서 어느 정도의 예감만 가질 뿐 시기를 맞히기는 어렵다.

하락장에서는 상승장과 정반대의 모습이 펼쳐진다. 전문 투자자라고 하더라도 돈을 잃는 사람들이 속출한다. 과도한 레버리지를 사용하거나 잘 모르는 기업에 '몰빵'하기 때문이다. 일반 투자자들은 펀드매니저들이 좋은 정보를 얻으면 개인 매매에만 이용하고 펀드에는 모호한 종목들만 대강 편입한다고 믿는다. 하지만 그렇지 않다. 애초에 좋은 정보란 없다. 욕심에 눈이 멀어 주가가 '오를 것 같은' 주식을 사는 것은 펀드매니저들도 마찬가지다. 물론 펀드보다 훨씬 큰돈을 벌어 조기에 은퇴하는 매니저들도 있지만 대다수는 늙을 때까지 계속 회사에 다닌다. 왜? 돈을 못 벌었으니까! 엄격한 기준을 충족해 펀드에 편입한 기업들은 급등하진 않을지언정 폭락하는 일 없이 시장 수익률을 따라간다. 그러나 펀드매니저의 개인 계좌는 보통 그보다 훨씬 못한 경우가 많다.

약세장에서는 회사의 분위기도 바뀐다. 자유롭게 점심을 먹지 못하게 되고 잠시 외출하는 일도 눈치를 보거나 윗사람의 허락을 받아야 한다. 야근을 강요하는 회사도 속속 생겨난다. 하지만 인간들은 과거를 망각하고 같은 잘못을 반복한다. 우리 본부도 각자 자유롭게 쓸 수 있던 점심시간이 시장이 어수선하면 도시락 스터디로 바뀌곤 했다. 정해진 요일에는 누구도 바깥 일정을 잡을 수 없고, 돌아가면서 공부할 만한 주제를 뽑아 와 발제하고 토론하는 자리였다. 처음에는 이사님의 감독 아래서 이뤄지던 점심 스터디도 주식시장이 조금씩 안정을 되찾아가면 중요한 일이 있다며 하나둘 빠져나가고, 한두 달 후면 어느새인가 스터디가 흐지부지되곤 했다. 약세장이 닥치면, 어쩔 도리가 없으니 주신株神에게 예의를 갖추는 것일 뿐이다. 사실 그때 해야 할 행동은 냉정을 되찾고 주식을 더 사는 것이다.

다우키움그룹에서 가장 큰 회사는 키움증권이다. 그래서 주식시장에 비상이 걸리면 그룹 전체에 비상이 걸린다. 남유럽 재정위기가 불거졌을 때는 사무실에서 무한정 대기하기도 했다. 우리 본부 임원들을 포함해 그룹 임원들이 모두 모여 있고 우리는 회의 상황에 따라 각국의 주가지수 전망과 한 해 손익 목표를 수정하려고 사무실에 앉아 있었다. 분석하는 것이 아니라 그룹 수뇌부의 입맛에 맞는 슬라이드 장표를 만들기 위해서 말이다! 사무실에 하릴없이 앉아 있다가 이사님한테 전화가 오면 몇 마디를 나눈 후 자료를 고쳐 다시 보낸다. 쥐 죽은 듯 고요한 회사에서 새벽까지 대기하기를 며칠, 그때가 주가지수의 저점이었던 것으로 기억한다.

배움은
끝이 없다

보따 선생

　한편 개인적으로는 이때가 가장 교만했던 것 같다. 펀드매니저들은 PC에 몇 가지 메신저를 설치하고 이용했는데 업무적으로는 네이트온이나 미스리 메신저를, 정보 교환 목적으로는 주로 야후 메신저를 이용했다. 그러다가 스마트폰이 보급되면서 모바일 메신저 시대가 열렸고, 카카오톡보다 보안이 철저할 것 같다는 이유로 바이버를 썼다. 요새 주식 정보를 외국 회사인 텔레그램 메신저로 나누는 것과 마찬가지다. 바이버는 그룹 채팅 기능이 잘 갖춰져 있었으며, 지금의 카카오톡 단톡방처럼 여러 무리가 각각 채팅방을 만들어 정보를 교환했다. 그룹 채팅방의 특성상 한 명과 이야기해도 나머지 참여자가 모두 알림을 받기 때문에 동종 업계 친구들과 대화를 훨씬 더 많이 나누게 됐다. 물론 그냥 시시덕거리는 신변잡기도 많았다.

이 채팅방들에서 내 별명은 '보따 선생'이었다. 보따는 '보수적으로 따블'의 약자로 김현준이 찍으면(?) 못해도 2배는 간다는 뜻이었다. 브이아이피투자자문에서는 한 종목을 매수하려면 A4 용지로 적어도 열 페이지는 되는 줄글 보고서를 발표해야 했다. 대표님을 포함한 모든 팀원 앞에서 수도 없이 발표하지만 포트폴리오에 편입되는 비율은 매우 낮았다. 그럴 수밖에 없는 것이 많은 매니저가 많은 종목을 발표하는데 편입할 수 있는 종목의 수는 한정돼 있기 때문이다. 반면 키움증권 주식운용팀에서는 단기 투자를 더 선호했다. 2배, 3배의 수익률은 기대하지도 않고 그런 장기 투자가 오히려 더 많은 위험을 짊어져야 한다고 생각했다. 어쨌든 중은 절의 룰을 따라야 한다. 단기적으로 20~30퍼센트의 수익 기회가 있으면 한 쪽짜리 보고서를 팀장님께만 올려 간단히 설명해드리고 샀다 팔았다를 반복했다. 말이 한 쪽짜리지 회사의 개요와 주요 재무지표들을 채우고 나면 정성적인 투자 아이디어는 몇 줄 쓰는 것이 전부였다. 어차피 금방 팔 것이니 자세한 근거를 채울 필요도 없었고, 오히려 대기업 스타일로 행간과 자간을 맞추는 문제나 줄글 앞에 특수 기호를 '■'를 쓰느냐 '※'를 쓰느냐로 지적받을 때가 더 많았다.

투자가 제일 좋아 창업을 선택한 나다. 억지로 취업한 회사에서 투자 스타일이 맞을 리 없었다. 하지만 결혼할 때까지는 아무 문제 없는 양 참고 지나가야 했다. 이때의 탈출구가 메신저였던 것 같다. 어차피 여의도 사람들은 브이아이피투자자문 사람들처럼 기업에 관해 깊이 연구하지 않는다. 누구를 만나도 "요새 톱픽top-pick이 뭐예요?"만 묻는다. 톱픽이란 가장 좋게 보는 주식을 말한다. 주식쟁이들 사이에서 어색한 공기를 날려줄 수 있는 마법의 단어다. 후배들에게 선배들을 만날 일이 생기면 반드시 미리 생각해서 가라고 하는 말이기도 하다. 톱픽을 물었을 때 시장에서 관심이 없는 분야의 이야기를 꺼내거나, 시가총액이나 거래량이 너무 적어 쉽게 투자할 수 없는 종목이거나 하면 그 사람은 다음 점심 약속 우선 리스트에서 빠질 것이다. 그러나 제아무리 좋은 투자 아이디어라도 몇 개월째, 나아가서는 수년째 같은 이야기만 반복하는 사람은 더욱 배제된다. 나에게 도움이 안 되는 사람, 아이디어가 별로 없는 사람으로 낙인이 찍히기 때문이다.

브이아이피투자자문 다닐 때는 기업에 관한 호기심은 있되 투자 철학상 여러 종목을 다룰 수는 없었다. 키움증권에서는 여러 기업을 보지만 회사에서 더 쏟아내고 싶은 갈증을 사람들에게 풀었다. 지금 기준으로 보면 아무 기업이나 대강 '입을 터는' 수준이지만 어차피 여의도 사람들은 신경 쓰지 않는다. 그중 몇 가지만 인상 깊게 주가가 오르면 끝이다.

보따라는 별명이 붙게 된 데는 시장 환경도 한몫했다. 키움증권에 다니는 동안 계속해서 남유럽 재정위기의 여진이 있었고 주식 시장이 횡보장일 때는 특별한 주도주가 없어서 박스권에서 트레이딩을 잘하는 사람과 함께 기업들의 개별 아이디어를 잘 발굴하는 투자자가 두각을 보인다. 여기에 바이오라는 테마가 처음 등장했고 스마트폰이 이 세상의 모든 것을 바꾸고 있을 때다 보니 발 빠르게 움직이며 돌을 뒤집다 보면 의외의 수혜주도 찾을 수 있었다.

예를 들면 바이오 기업들이 연구개발비를 많이 지출한다는 이유로 대한과학이라는 회사도 며칠 만에 2배가 올랐다. 대한과학은 실험기구를 제조하는 업체다. 나는 바이오나 신약 개발을 하는 회사들이 수십 배의 PER을 적용받으니 삼각플라스크를 만드는 회사도 PER 15배는 받아야 한다고 떠들었다. 한심한 이야기였다.

이연제약도 비슷한 느낌의 투자였다. 한때 시대를 풍미했던 바이로메드(현 헬릭스미스)라는 주식이 있었다. 바이오 벤처로 당뇨병 합병증을 치료하는 신약을 개발한다고 했다. '기술력이 독보적이네 어쩌네⋯⋯. 성공하면 시장 규모가 얼마고 어떻고⋯⋯.' 축약하면, 주주들에게 돈을 달라는 것이었다. 연구개발비와 임상시험 비용이 필요하니 유상증자를 계속해야 했고, 그러려면 주가를 높이 띄워야 했다. 지금은 한국에 제약·바이오 전문가가 많아졌지만 당시는 이런 분위기가 처음 형성되던 때였고, 바이로메드가 이른바 대장주였기 때문에 모두가 빠져들었다.

주식시장에서 잘 먹히는 투자 테마 중 하나가 '지금 미국에서 잘 나가는 주식'이다. 2022년 화두인 물류 대란과 곡물 인플레이션, 명품 오픈런과 같이 전 세계를 관통하는 것이나 '한국에는 배달음식 서비스가 잘돼 있으니 미국도 그럴 거야', '미국은 중고차 시장이 모두 온라인으로 대체됐대'처럼 지역별로 시차는 있으나 자연스럽게 펼쳐질 인간의 행동 양식이 아니더라도 그냥 '선진국에서 이런 투자법이 유행하니까 우리도 따라 하자'라는 측면도 분명히 존재한다.

바이오도 그랬다. 외국에서는 바이오 신약이 속속 상용화되면서 천문학적인 돈을 벌어들인다는 이야기가 투자자들을 자극했다. 그러나 그런 물질들은 대부분 화이자Pfizer니 머크Merck니 하는 빅파마big pharma가 무제한에 가까운 돈을 투입하니까 개발될 수 있다. 한국처럼 하나의 후보 물질만 가지고 기술 특례로 상장● 한 후 하이 리스크-하이 리턴을 추구하는 것이 아니다. 차라리 연구개발 풍토가 보편화되면서 CROContract Research Organization(임상시험수탁기관) 시장이 커진다면 모를까.

나는 바이로메드의 기술력도 전혀 이해할 수 없었고, 이해할 수 없는 곳에 투자해서 큰 손실을 볼 수 있는 위험을 감수하기 싫었다. 하지만 욕심 많은 한 사람으로서 이 기회를 놓치기는 아까웠다. 그때 찾은 종목이 이연제약이다. 이연제약은 완제의약품의 성분이 되는 원료의약품과 CT나 MRI 등 검사 또는 시술 시에 특정 조직이나 혈관이 잘 보일 수 있도록 인체에 투여하는 약물인 조영제를

● 외부 검증기관을 통해 심사한 뒤 수익성 요건을 충족하지 못하더라도 기술력이 우수한 기업에 상장 기회를 주는 제도.

생산하는 회사다. 그러다가 우연히 연이 닿아 바이로메드의 초기 출자사가 됐다. 기존의 원료의약품과 조영제 사업도 순항하는 와중에, 알고 보니 주목받는 회사의 지분 가치가 시가총액에 육박했다. 바이로메드 주가가 오르면 이연제약도 어느 정도 따라 오를 것이고, 혹 바이로메드의 임상시험이 실패한다고 하더라도 이 회사의 가치가 전부 사라지는 것은 아니다. 엄밀히 보면 주가 하락 가능성은 작았다. 이것이야말로 '아니면 말고' 투자 기회였다. 결국 안전하게 2~3배 수익을 올렸던 것으로 기억한다. 물론 바이로메드는 훨씬 많이 올랐다(지금은 임상시험이 거의 실패한 것으로 알려졌으니 무승부로 하자).

아마 운 좋게 바이로메드로 돈을 벌었다면 또다시 위험한 베팅장을 어슬렁거렸을 것이다. G사에 집단으로 투자해 마을 전체가 부자가 됐지만 부자가 된 이후에 '빚투'를 늘려 지금은 아무도 소식을 모른다는 이야기와 S사로 수십 배를 번 후 지인의 돈까지 투자해준다며 끌어 썼다가 제 돈은 마이너스로 돌아섰다며 "절대 팔아서는 안 되고 이 주식으로만 수익을 내줄 수 없냐"라고 묻던 간절한 눈빛의 아저씨까지……. 모두 내 고객이 될 뻔한 사람들이었다. 공교롭게도 G사와 S사는 모두 항암제를 만들려고 했던 곳들이다.

그렇다면 지금 나에게 키움증권은 어떻게 기억될까? 정말 배운 게 하나도 없을까? 전혀 그렇지 않다. 아마 키움증권 투자운용본부 시절이 없었다면 지금의 투자가 김현준은 없었을 것이다. 시가총액 수백억 단위 중·소형주만 건드려 돈은 벌었을지도 모른다. 하지만 투자의 난도가 올라간 지금 시장에서 수천억 원을 굴리는 운용사를 만드는 일은 불가능했을 것이다. 해외 주식이나 비상장 주식에 목말라 서른아홉 살에 제2의 창업을 준비하는 열정가도 없었을 것이다.

시야가 넓어지다

키움증권에서 나에게 가장 큰 가르침을 준 분은 직속상관이던 J 팀장님이다(지금은 계열사 상무로 재직 중이시다). J 팀장님께서는 이 업계에서 드문 여성 트레이더다. 펀드매니저 출신은 평생 매니저라고 불리기를 원하고, 트레이더라는 단어를 투기에 가까운 잦은 매매를 하거나 매니저의 지휘를 받아 일하는 사람인 양 약간 평가절하하는 경향이 있다. 반면 프랍 출신은 트레이더라는 단어가 직위 고하를 막론하고 맨몸으로 전선에서 싸우는 보병의 훈장 같다고 여긴다. 상장회사들이 보수 지급 금액 5억 원 이상 중 상위 다섯 명의 개인별 보수 현황을 공개하면서 전 국민의 유리지갑이 되어버린 J 선배님을 존경하는 이유 역시 부사장까지 되고도 본인의 벌이는 본인이 책임지기 때문이다. 항상 모니터 보느라 눈이 아프다고 하시면서도 '백발의 트레이더'라는 카카오톡 상태 메시지는 자부심처럼 비친다.

J 팀장님은 U 이사님과 함께 키움증권 투자운용본부를 만들어

냈다고 해도 과언이 아니다. 주식만 사고파는 PI Proprietary Investment 팀에서 시작해 지금은 무려 네 개의 팀을 꾸리고 있고, 놀라운 것은 십수 년 동안 단 한 해도 손실을 내지 않았다는 점이다. 투자라는 것은 거창한 철학이나 고고한 이론에서 끝나면 말짱 도루묵이다. 결과가 설명하는 비즈니스다. 열심히 해도 소용이 없고, 무조건 잘해야 한다. 프랍 데스크는 회사의 곳간을 이용해서 이자 수익 이상을 버는 것이 목표다. '올해는 시장이 안 좋았네', '코스피보다는 훨씬 잘했네' 따위의 변명은 통하지 않는다. 특히 키움증권은 회사가 빠른 속도로 성장해왔기 때문에 투자 금액이 계속 증가했음에도 꾸준히 수익을 냈다는 데 더 점수를 줄 수 있다. 투자 금액이 커지면 어디 가서 어깨는 좀 펼 수 있지만, 실제로 적당한 투자 대상을 찾기가 어려워지므로 투자의 난도가 올라간다고 볼 수 있기 때문이다.

J 팀장님은 내가 빨빨거리며 중·소형주 탐방을 다니는 것을 못마땅해하셨다. 나는 배운 것이 이것밖에 없기 때문에 어쩔 수 없지만, 팀장님으로서는 기껏 팀 내 유일한 경력직으로 데려온 만큼 굵직굵직한 투자 건에 기여하기를 원하셨을 것이다. 그러던 중 하루는 이렇게 물으셨다.

"현준아, 너는 기업탐방을 왜 가니?"

'돈 벌려고, 주식 찾으려고 가는 것 아닌가요?' 하지만 이렇게 대답하면 대드는 격이다. 잠자코 있었다.

"기업탐방을 가서는 딱 세 개를 알아 오는 거야. 첫째는 아직 발표되지 않은 분기의 실적. 둘째는 올해의 실적. 마지막은 3년 정도의 미래 실적. 최근 분기의 실적을 알기 위해서는 그 회사의 비즈니스 모델을 정확히 이해해야 해. 올해의 실적을 알기 위해서는 기업을 둘러싸고 있는 주요 변수의 움직임을 알아야 하고. 마지막으로 미래 실적이라는 것은 그 회사가 올해 실적을 기반으로 높은 PER을 받을 수 있는지 아닌지, 다시 말해 회사의 경영 비전을 시장 참여자의 눈으로 점검하는 거야."

이번에는 잠자코 있는 것이 아니라 말문이 턱 막혔다. 이 이상 맞는 말이 없었다. 그렇다면 나는 무엇을 위해 돌아다녔는가? 택시비가 서울 시내까지만 나오고 직원은 건물에 주차할 수 없어서, 집까지 택시를 타고 가서 자가용으로 갈아타면서까지 다녔던 이유는 무엇인가? 공부해도 알 수 없을 비즈니스를 펀드매니저라고 뻐기면서 주식 담당자에게 설명을 들으려고? 아니면 메신저에서 이것저것 아는 척하면서 자랑하려고? 그것도 아니면 숨 막히는 회사 생활의 도피처로?

그러고 보면 팀장님께서는 재무제표를 꿰뚫어 보는 능력이 뛰어나셨다. 대단한 설명을 하지도 않았는데(어차피 엑셀 기반의 한 쪽짜리 보고서에는 많은 내용이 담길 수도 없다) "이익률이 낮은 걸 보니 B2B 비즈니스 하는 회산가 봐?", "자산이 이렇게 많으면 투자자본이익률이 낮다는 건데, 그럼 결국 다시 설비 투자를 하느라 자금을 조달해야 하는 것 아냐?"라는 질문으로 경영의 맥을 탁탁 짚어내셨다. 기업을 대충 보는 것이 아니라 빨리 보는 데 최적화된 것이다.

키움증권 투자운용본부 출신으로서 배운 두 번째는 다양한 시각이다. 기존에는 저평가되어 있는 중·소형주를 주가가 오를 때까지 장기 보유하는 전략에 치중했다. 그러나 이곳에서는 주식운용팀만 해도 대형주, 퀀트 전략, 해외 주식 등을 다뤘고 같은 사무실을 쓰는 다른 팀의 채권, 메자닌mezzanine●, 비상장 투자까지 쉽게 말해 돈이 될 수 있는 모든 금융상품을 어깨너머로나마 배울 수 있었다. 이로써 어떤 시장 환경에서도 반드시 수익을 낼 수 있는 다양한 무기를 습득함과 동시에 많은 시장 참여자와 기업주가 어떤 생각을 가지고 움직이는지를 알 수 있게 됐다.

예를 들어 같은 기업에 투자하더라도 보통주에 투자하는 것과 전환사채에 투자하는 것은 엄연히 위험 대비 수익률이 다르다. 기업의 경영이 악화돼 주가가 하락하면 보통주 투자자는 속절없이 손실을 봐야 하지만, 전환사채 투자자는 채권을 주식으로 전환하지 않는 한 원칙적으로 원금과 소정의 이자를 보장받을 수 있다. 그러다가 주가가 많이 올랐다 싶으면 그때 가서 주식으로 전환해 차익을 챙기면 된다. 수익 구조가 하락 가능성은 작고 상승 가능성은 보통주와 똑같이 열려 있는 것이다. 또한 사채 발행 당시 계약 구조에 따라서는 리픽싱re-fixing이라고 해서 전환 가격을 낮추는 옵션도 얻을 수 있다.

블록딜도 프랍에서 처음 배웠다. 한 기업의 주식을 많이 가지고

● 건물 1층과 2층 사이에 있는 라운지 공간을 의미하는 이탈리아어로, 채권과 주식의 중간 위험 단계에 있는 전환사채, 신주인수권부사채 등을 말한다.

있는 주주가 주식을 팔고 싶을 때, 시장에서 매도하면 주가가 크게 하락하고 심지어는 원하는 만큼 매도 주문을 체결시키지 못할 수도 있다. 그래서 장외에서 사적 계약을 통해 주식을 통째로 매매하는데 이를 블록딜이라고 한다. 주식운용팀은 주로 이때 주식을 사오는 역할을 했다. 시장에서도 많이 사면 덤을 얹어주듯이 블록딜을 할 때는 보통 전일 종가를 기준으로 10퍼센트 정도 할인해준다. 매도자 입장에서는 조금 할인을 해주더라도 시장에 내다 파는 것보다는 이득일 것이고, 매수자도 어차피 그 기업을 잘 이해하지 못하는 상태에서 잠깐의 유동성을 공급해주는 대가를 받는 것이므로 사 온 가격보다 1퍼센트라도 높으면 며칠 내로 시장에서 매도하는 것이 일반적이다. 가치투자를 공부한 입장에서 '과연 이게 맞는 처사인가?'라는 생각을 했다. 몇 퍼센트 할인해서 사 왔다고 한들 과연 그것보다 높은 가격에 팔 수 있을까? 잘 알지도 못하는 기업을 안고 손실 구간으로 들어가면 어쩌려고?

주식운용팀은 블록딜 물량을 확보하는 동시에 그 주식과 비슷하게 움직이는 주식이나 ETF를 찾아 공매도를 했다. 공매도는 내가 가지고 있지 않은 주식을 다른 투자자한테 빌려 매도한 후 주가가 더 내려갈 때까지 기다렸다가 다시 사서 갚는 투자 기법을 말한다. 이미 공매도한 시점에서 매도한 금액은 확정이 됐고, 주가가 하락했기 때문에 좀 더 적은 금액으로 주식을 사서 되갚을 수 있는 것이다. 빌려준 이에게 이자를 주고도 차액이 남으면 그것이 공매도로 인한 수익이 된다. 아무 장치 없이 블록딜을 받으면 다음 날 시장이 열릴 때까지 전전긍긍해야 하고, 개장하자마자 누구보다 빠르게 주식을 내던져야 한다. 그러나 이미 공매도를 해놓은 투자자는 수익률이 상대적으로 낮을 수 있어도 주가 하락을 괴롭게 지켜볼 필요가 없다.

애초에 키움증권에 입사할 때는 배울 것이 전혀 없으리라고 생각했다. 그냥 브이아이피투자자문에서는 애널리스트 역할만 했으니까 직접 운용을 해봤다는 정도로 이력에 한 줄 추가할 수 있으면 좋겠다고 생각했다. 아니면 프랍 데스크니까 절대 수익형 투자를 경험해봤고 '고객님들의 돈을 절대 잃지 않겠습니다'라는 문구 정도? 그러나 이 짧은 기간은 나에게 가장 밀도 있는 경험을 선사했다.

우리를 위한
투자의 시작

키움증권에 다니던 때 나는 하루에 두 번 출근했다. 한 번은 7시 10분까지 여의도로, 한 번은 오후 6시쯤 이태원으로. 그때 정호성 대표는 임차료를 아끼려고 이태원으로 회사를 옮겨갔다. 사무실은 간신히 책상 두 개를 놓을 수 있을까 말까 한 곳이었는데 그곳에 정호성 대표와 우리가 뽑은 두 명의 후배 파트너까지 세 명이 복작거리며 앉아 있었다. 특별한 비즈니스 모델도 없던 터라 그냥 그들과 지인의 돈 조금을 굴리는 것이 전부였다. 당연히 돈에 궁했다. 그나마 월급을 받는 내가 풍족한 편이었다. 키움증권에서 퇴근하면 곧장 이태원으로 향했다. 동료들은 마치 어미 새를 기다리는 아기 새처럼 나를 기다렸다. "뭐 먹을래?"라고 물으면 "고기, 고기"라고 답했다. 밥을 사주고 투자에 관해 논의하다 보면 어느새 한밤중이 됐다.

더퍼블릭이라는 회사 이름은 그즈음 지었다. 그 셋은 셋대로 나는 나대로 지방 탐방이 잡혔다. 중간에 오늘 꼭 만나야 한다고 연락이 왔다. 서울까지 가자니 너무 늦을 것 같고 중간 지점을 계산해 보니 평택쯤 됐다. 차 두 대가 만났다. 평택 출신인 정 대표가 평택도 바닷가라며 가로등 하나 없는 산길을 달려 작은 항구로 안내했다. 회를 한 접시 시켜놓고 무슨 바쁜 일이냐 물으니 자기들끼리 회사 이름을 정했단다. 퍼블릭은 골프장이나 유흥주점이 생각난다는 분들이 많아 곤란을 겪기도 했지만 퍼블릭에 정관사 'the'를 붙이면 '일반 국민', '대중'이라는 명사가 된다.

우리는 좀 더 많은 이들에게 전문적인 투자 서비스를 제공하고 싶었다. 누구나 이용하는 티몬처럼(그때는 쿠팡이 후발주자에 불과했다) 스케일업scale-up● 할 수 있으면서도 타임폴리오자산운용이나 머스트자산운용처럼 고객들을 장기간 만족시키는 회사를 만들고자 했다.

스마트폰의 등장으로 제2의 벤처 붐이 일어나면서 많은 정보가 장벽 없이 실시간으로 공유되는 시대에 이르렀는데, 여전히 개인 투자자들은 투자 사각지대에 놓여 있었다. 검증되지 않은 유튜버에게 투자를 배우고 사기꾼과 다름없는 리딩방 운영자들은 전문가의 탈까지 뒤집어쓰기 시작했다. 왜 그럴까? IT 공룡들과 유니콘들

● 실험실에서 성공한 프로세스가 상업적으로도 성립하도록 규모를 확대하는 것을 뜻한다. 최근에는 스타트업 중에서 의미 있는 규모로 성장하는 기업들을 의미하기도 한다.

은 이용자의 지평을 넓혀 유저들의 편익을 증진함과 동시에 자신도 부를 축적하는데, 왜 금융은 그러지 못할까?

그 문제의 원인은 두 가지다. 첫 번째는 규모를 키우기 위해서는 다양한 상품을 다룰 수밖에 없다. 그러면 필연적으로 수익률이 줄어든다. 투자를 못해서가 아니라 많은 이들에게 접근할 수 있어야 하므로 범용성을 띠는 상품을 만들 수밖에 없고, 고객 중 투자에 관한 이해도가 가장 낮고 위험 감수 성향이 낮은 고객을 타깃으로 삼을 수밖에 없다. 학교에서 선생님이 반에서 1등 하는 우등생만을 대상으로 선행학습을 하면 안 되는 것과 마찬가지다.

두 번째는 기술적인 장벽이다. 많은 고객에게 다가가기 위해서는 규제, 기반 기술, 판매 채널 등 다양한 준비가 선행돼야 한다. 그런데 운용에 집중하는 회사는 그 정도 기반을 닦기 어렵고, 한번 기반을 닦으면 손쉽게 돈을 버는 쪽으로 눈을 돌리고 만다. 뼈 빠지게 수익률을 올리는 것보다 고객 자산을 많이 모으고 적당히 수익을 내는 것이 투자회사 입장에서는 더 돈이 된다. 한국 개인 투자자들은 신기하게도 마이너스 수익률을 기록하면 본전 생각이 나서 돈을 빼지 않는다. '언젠가는 회복되겠지' 하면서 방치하는 동안 수수료가 꾸준히 빠져나가 운용사 오너의 배만 불린다. 내 돈을 청지기처럼 잘 관리해줄 투자회사를 고르는 법 중 하나가 그 회사 사장 돈이 어디에 있는가를 보는 것이다. 많은 돈이 회사의 자본금이나 펀드에 납입돼 고객의 돈과 같은 형태로 투자되고 있다면 한배를 탔다고 봐도 좋다. 그렇지 않고 강남 아파트나 수입차를 사는 데 쓰였거나, 심지어는 엉뚱한 금융상품에 투자되고 있다면 얼른 상담실 문을 박차고 나와야 한다.

우리는 기술적인 장벽은 충분히 해소됐다고 봤다. 각종 스타트업이 생길 만큼 토양이 갖춰졌고, 우리만 고객의 입장을 대변하고자 하는 마음가짐을 가지면 해결 방안은 충분히 있을 것 같았다. 그렇다고 소액 투자자가 정말 수익률이 낮은 것을 원할까? 오히려 그들이 더 돈에 아쉽다. 그들을 전문적으로 돌봐줄 투자회사가 없기 때문이고, 그 시장에 침투한다면 충분히 승산이 있어 보였다.

한편 우리 창업자들은 어떤 마음이었을까? '우리를 위한 투자의 시작'이라는 슬로건에서 잘 알 수 있다. 여기에서 '우리'는 더퍼블릭자산운용의 잠재 고객인 대중을 뜻하기도 한다. 하지만 솔직히 말해 어떻게 고객만을 보고 일하겠는가. 기업 하는 사람도 잘돼야지. 창업 당시에는 '우리'가 내포하는 의미 중 공동 창업자들을 지칭하는 비중이 더 컸다고 생각한다. '우리가 하고 싶은 투자를 하자', '우리가 부자가 되는 회사를 하자'라는 갈망을 담은 것이 우리 회사의 슬로건이다.

결혼을 하고 축의금을 걷자마자 회사를 그만두는 것은 예의에 어긋나는 행동이라고 생각했다. 심지어 나는 입사 때부터 이들을 속인 나쁜 놈 아닌가. 정 대표와는 결혼식 이후 6개월이 지나면 퇴사하기로 이야기가 돼 있었다. 그런데 K와 J 두 후배가 슬슬 의심을 하기 시작했다. "정말 합류하는 것이 맞느냐", "회사가 잘될 때까지 간만 보는 것 아니냐"라는 것이다. 그 이야기를 들으니 피가 거꾸로

솟는 것 같았다.

그 주에 키움증권을 그만뒀다. 딱 1년 3개월 만이었다. 태어나서 처음으로 사직서다운 사직서를 썼다. 퇴직 사유를 적는 난에 '창업'이라고 적었다가 팀장님께 "가지가지 한다"라는 소리를 들었다. '일신상의 사유'로 고쳐 적었다. 키움증권은 내가 가장 어려울 때 받아준 곳이다. 그런데 배신을 하고 떠나왔다. 너무 죄송한 일이다.

여전히 J 팀장님께서는 내가 먹는 것에 흥미가 없는, 입 짧은 친구로 아신다. 식사 자리를 만들 때마다 "이런 건 먹을 줄 아니?", "너 잘 못 먹잖아"라고 걱정해주곤 하셨다. 술 좋아하고 사람을 너무 좋아하는 내가, 숨겨진 나만의 맛집을 추천하고 좋은 평을 듣는 것을 풍류처럼 즐기는 내가, 그들과 친해지면 떠날 때 마음이 너무 아플까 봐 거리를 두느라 약속과 모임을 다 고사한 탓이다. 이 책의 출간을 빌미로 사과드리러 갈 계획이다.

3장

12년 만에

963퍼센트의 수익을 올린 비결

깐마늘닷컴

파트너들끼리 모여 낮에는 주식을 분석하고 밤에는 회사를 어떻게 키워갈 것인지 밤샘 회의를 했다. 가진 것이 아무것도 없었는데 무얼 그렇게 의논했는지 모르겠다. 어쩌면 가진 것이 없었기에 얼마 더 늦어지는 것은 두렵지 않았는지도 모른다. 우리가 창업한다고 했을 때 많은 인생 선배님이 걱정해주셨다. 투자자문사는 돈 벌기 어렵다, 공동 창업을 하면 반드시 갈등이 생긴다, 만장일치 투자 의사결정은 이상일 뿐이다 등. 하지만 그런 말이 들릴 때마다 우리는 더 단단해졌다. 기어코 어려운 길로 가서 보기 좋게 입증하리라는 오기로 똘똘 뭉쳤다. 그리고 우리가 이 비즈니스에 실패하는 한이 있더라도 이 멤버는 끝까지 가자는 투지가 있었다.

만일 투자회사를 성공시키지 못하면 다 같이 동남아로 건너가 마늘을 까기로 했다. 우리가 직접 까는 것은 아니고 현지의 저렴한 인건비와 자동화 기기를 이용하는 것이다. 왜 하필 깐마늘이냐고? 나는 아직도 식자재 유통 산업이 아주 큰 잠재력을 갖추고 있다고 생각한다. 투자에 유망한 메가 트렌드를 선정할 때 아직 현실화되지 않은 미래를 예상하는 방법도 있지만, 더 가시성이 높은 것은 이미 벌어지고 있는 보편타당한 현실을 확산시키고 파편화된 시장을 파괴적으로 혁신하면서 시장을 통합하는 쪽이다.

인류가 맛과 포만감을 동시에 느낄 수 있는 알약을 개발하기 전까지 식품의 소비는 지속될 수밖에 없고, 이 분야는 점점 가정에서 전문 업체로 아웃소싱될 것이다. 그런데 이 트렌드에서 중요한 한 축을 담당하는 식당들은 여전히 식자재 구입을 근처 식자재 마트나 영세한 도매상에 의존하고 있다. 이 분야에서 규모의 경제를 이용해 판매 단가를 낮추거나 투명한 거래 방식을 도입하는 기업이 있다면 전체 시장 규모는 커지지 않더라도 빠르고 막대한 성장을 도모할 수 있으리라고 생각한다. CJ프레시웨이를 분석하며 느낀 바다.

그런데 중국이나 동남아처럼 물가가 싼 국가에서 물량 공세를 펼치면 어떻게 될까? 아마 우리 농민들은 주저앉거나 머리에 띠를 두르고 국회 앞으로 나올 것이다. 이런 문제를 막기 위해 존재하는 것이 관세다. 관세는 국경을 통과하는 화물에 부과되는 세금을 의미하는데, 정부가 외국산 농산물에 품목별로 높은 관세를 매겨 농가를 보호한다. 그런데 가공한 식품은 여기에 포함되지 않는다. 마늘을 그냥 들여오면 높은 관세가 붙지만 깐마늘은 그렇지 않다. 이 법률이 바뀌기 전에 동남아에서 마늘을 깐 다음 전자상거래로 한국에 팔자는 이야기를 했다. 평생 같이하자는 뜻이었는데, 실제로 J 대표는 지금 밀키트회사를 운영하고 있다. 사실 내 사업 이력을 한 마디로 표현하자면, 인생 선배님들께서 안 된다는 것을 우겨서 하다가 결국 하나씩 포기하며 왜 안 된다고 하셨는지를 깨닫는 반복의 과정이다.

규칙 만들기

서로를 신뢰한다고 해도 그냥 무턱대고 믿을 수만은 없었다. 나는 그렇게 감성적인 사람이 아니다. 안 된다고 할 때는 분명히 이유가 있을 터이니 확실히 대비해야 한다고 생각했다. 이에 공동 창업자는 만장일치로 동의하고 인감도장을 날인한 주주협약서라는 문서를 갖게 됐다. 그 문서에는 제3자가 보면 '이 정도까지 해야 하나?' 싶을 만큼 상세한 내용이 담겨 있다. 예를 들어 각자의 지분율, 임원 간 역할 규정 및 견제 장치, 보유 주식의 매입 기준과 절차 등이 기록돼 있다. 누구든 이의를 제기하면 다시 난상토론을 거쳐 다음 버전의 주주협약서를 작성했다.

그중 가장 민감한 부분은 역시 지분율이다. 주식회사는 과반의 지분을 소유한 자가 마음만 먹으면 전횡을 휘두를 수 있을 뿐만 아니라, 창업자들에게 지분이라는 것은 나를 표현하는 전부가 되기도 할 정도로 상징적이다. 그런데 각기 다른 자본력을 가지고 있는 상태에서 지분율을 똑같이 가져가기 위해 가장 적은 사람에 맞춰 출자를 하는 것은 사업의 성장 속도를 더디게 한다고 생각했다. 일단은 돈이 있는 대로 출자를 하고, 이후 형편에 따라 다음번 증자 때 참여하거나 아니면 먼저 투자한 파트너의 지분을 적당한 가격에 사는 것이 중용을 지키는 길이라고 봤다.

지분율을 똑같이 나누는 것도 문제가 있을 것 같았다. 현재와 가까운 몇 년 동안의 미래를 봤을 때 회사에 큰 기여를 할 수 있을 법한 사람이 지분을 많이 가지는 것이 온당한 일이었다. 이것은 많은 객관적인 지표를 기준으로 했고, 기준을 세우기 모호한 항목들은 모두가 자신을 제외한 파트너들을 상대평가하는 방식으로 결정했다. 다섯 명이니 평균은 20퍼센트씩인데 실제로 주주협약서상 지분율은 10퍼센트에서 30퍼센트까지 큰 편차가 있다. 그리고 시간이 지나면 투자 실력, 영업 능력, 회사의 헌신도 등이 당연히 달라질 것이라 믿었기에 주기적으로 재평가했다. 이것은 직전 동적動的 지분 분배 때 지분율을 낮게 책정받은 이를 활활 타오르게 하는 동기부여의 원천이 되기도 했다.

우리끼리 결정한 지분율과 실제 납입한 금액대로 주주명부에 적힌 지분율은 당연히 차이가 있었다. 서로 협의한 협약서상 지분율이 법적인 지분율보다 낮은 파트너는 추후 지분율이 더 많은 다른 파트너로부터 주식을 매입할 권리를 가졌다. 사회생활을 더 먼저 한 내가 여윳돈이 가장 많았기 때문에 초기 출자를 가장 많이 했다. 그런데 나라고 나중에 뺏길 주식을 미리 투자해 혼자 위험을 떠안고 기회비용을 날리고 싶었겠는가. 이 때문에 적정한 콜옵션 가격과 행사 기간을 정하느라 골머리 좀 썩었다. 그러나 이런 과정이 우습게도 나는 지금까지 주식을 한 번도 팔지 않았고, 오히려 퇴사한 동료의 주식을 되사는 데 많은 자본을 투입하고 있다.

재밌는 것은 이 친구들이 가진 돈을 탈탈 털어 회사에 출자한 것은 아니라는 점이다. 물론 능력껏 출자를 했지만 일부 자금은 남겨두고 직접 주식투자를 해서 좀 더 빠르게 불린 다음 지분율을 왕창 늘리려고 했다. 아내에게 말도 없이 축의금까지 회사 통장에 모두 집어넣은 나와는 상반된다. 그때는 입주할 사무실의 임차보증금을 넣어야 하는데 도무지 돈이 궁해서 어쩔 수가 없었다. 축의금은 하필 또 현금이라 70만 원인가 하는 ATM 기기 한도에 맞춰 꾸역꾸역 입금했던 기억이 난다. 당신은 호통치지 마시라. 이미 아내에게 발각된 순간 엄청나게 혼났다. 그런데 지금 와서는 그 돈이 내 밑천이 됐고, 파트너들 가운데 내가 가장 부자가 됐다. 그 친구들이 쌈짓돈으로 한 주식투자 수익률이 낮았던 것이 아니다. 네모난 바퀴를 단 것처럼, 진창에 빠진 자동차처럼 앞으로 나아갈 것 같지 않던 회사가 한번 구르기 시작하자 불어나는 속도가 개인의 투자수익률은 비할 바가 못 됐다. 급여도 부담하고, 임차료도 내고, 세금도 내지만 같은 수익률일 때 고객 자산에서 발생하는 수수료 수익이 큰 지렛대 효과로 작용한 것이다.

수도 없이 기업분석을 하고 창업가의 삶을 꿈꿔왔지만 실제로 내 회사를 만들고 나서는 예상치 못한 일이 가득했다. 그중 많은 것이 공동 창업자 친구들과 관련 있다. 어떤 예상치 못한 일이 생겼을 것 같은가. 연차 일수? 근무 복장? 출퇴근 시각? 모두 틀렸다. 동생들이 물었다.

"왜 출근을 해야 합니까?"

그런데 실제로 이 문제를 진지하게 생각해본 적 있는가? 만일 정말 모두가 기업가 정신과 주인의식을 가지고 열심히 일한다면 출근할 필요가 없다. 왜 증권사는 7시 전후로 출근하는가? 매매를 자주 하지도 않을 장기 투자자가 왜 9시부터 15시까지의 한국거래소 시간표에 맞춰 살아야 하는가? 말문이 막혔지만 여차여차하여 8시 30분으로 밀어붙였다. 어차피 종일 회사에서 붙어 있다시피 하기 때문에 큰 반발은 없었다. 출근하기 싫어서 한 질문도 아니었다.

지금은 잘 안다. 더퍼블릭자산운용은 〈유 퀴즈 온 더 블럭〉에서 꿀직장으로 유명해졌다. 휴가를 결재 없이 자유롭게 사용하고, 두 시간 단위로 쪼개 쓸 수도 있다. 주 38시간만(주 40시간이 아니다!) 채운다면 한 달 단위로 탄력근무 시간을 스스로 정할 수 있다. 작은 회사인 만큼 근무 조건은 유연하게 앞서가려고 노력 중이다. 그래도 자율근무와 재택근무는 어렵다. 업무 효율성이 현저히 떨어진다고 생각하기 때문이다. 태국 치앙마이와 미국 하와이에서 한 번씩 한 달 살기를 해보고 코로나19 해외 입국자 자가격리 규정에 따라 집에서 한 발짝도 못 나가고 일주일 있어 본 경험에서 우러나온 판단이다. 오너 경영자가 이럴진대 일반 직원은 아주 시급하면서도 단순한 일이 있는 경우가 아니면 주변 환경에 영향을 받을 수밖에 없지 않겠는가. 모든 사람이 기업가 정신을 가지고 일하지는 않으니 말이다. 삶의 태도나 가치관이 각자 다른 만큼 꼭 그래야 하는 것도 아니다.

건전한 토론 문화 만들기

창업을 하면서 또 중요하게 여긴 것은 사내 토론 문화다. 주식도, 회사 생활도 먼저 시작한 내가 급발진해서 동료의 기를 죽이는 일을 막기 위해 먼저 몇 가지를 제안했다.

첫째는 상대의 말을 끝까지 듣는다. 나야 성격이 급한 탓에 두괄식으로 말하고 듣는 것을 좋아하지만, 의사소통의 방식은 저마다 다를 수 있다. 일단은 다 듣고 나서 그에 맞춰 대화해야 한다. 둘째는 강조를 위해 쓰는 수사로 상대방을 압박하지 않는다. '절대', '무조건'이라는 단어는 토론에서 나와서는 안 된다. 자기 말이 맞는다는 것을 전제하는 것이므로 주장할 때나 상대를 굴종하게 만드는 데는 적합할지 모르나 타인의 말을 들을 마음이 없다는 이야기와 같다. 그리고 어차피 정보 검색의 달인들이 모여 있는 집단이라 사실이 아니라면 금방 탄로 난다. 승부욕도 강해서 '어떤 주식의 주가가 얼마만큼 오른다'라거나 '어떤 기업의 미래가 어떻게 된다'라는 식의 발언이라면 즉시 내기가 벌어지고 구글캘린더를 열어 해당 기일에 저장한다. '전에도 말했지만'이라는 수식어도 되도록 붙이지 않기로 했다. 물론 했던 말을 다시 해야 한다는 것은 비효율적이다. 상대가 이전에 나의 말에 귀를 기울이지 않았을 수도 있다는 생각에 불편해지기도 한다. 그런데 상대가 이전과 같은 내용을 묻거나 지적하는 것은 내 말을 경청하지 않았거나 잊어서일 수도 있지만, 반대로 정말 중요하거나 이해가 되지 않기 때문에 한 번 더 짚고자 함일 수도 있다. 투자회사에서 만장일치제가 모호한 아이디어들의 집합소로 전락하지 않기 위해서는 더 강하게 부딪칠 마음의 준비를 해야 한다.

마지막으로 경험을 기반으로 반박하는 것도 금지했다. "내가 옛날에 해봤는데"만큼 위험한 말도 없다. 경영과 투자의 세계는 시시각각 변한다. 하급자는 상급자를 대할 때 이미 존경심을 가지고 있으므로 섣불리 말을 꺼내기 어렵다. 그래서 더더욱 사전 조사와 자료 준비를 철저히 했을 것이다. 말할 때도 데이터와 근거를 가지고 해야 하듯, 반론을 펼칠 때도 마찬가지다. 그래야 반대를 위한 반대를 하는 조직이 아니라 항상 신선한 아이디어가 샘솟는 조직이 될 수 있다.

사업을
한다는 것

사업을 하려면 첫 번째가 사람, 두 번째가 돈이다. 반짝이는 사업 아이디어를 구현할 때까지 버틸 힘이 있어야 하기 때문이다. 그리고 앞서도 말했듯 사업 아이템은 언제든 바뀔 수 있다. 그 바뀔 수 있음을 인정하고 새로운 아이템에 재빠르게 적응하고 움직일 수 있는 사람이 성공한다.

한국 금융업은 더 그렇다. 청운의 꿈을 안고 '내 회사를 해보자'라는 금융인들이 가장 먼저 맞닥뜨리는 벽이 자본금 규정이다. 더 정확히 하려면 자본총계 규정이라고 해야 한다. 우리 회사가 등록하던 때를 기준으로 투자자문업에 5억 원, 투자일임업에 15억 원, 전문사모집합투자업에 20억 원이 필요했다. 그렇다고 20억 원이 있으면 세 개 등록 단위를 모두 영위할 수 있는 것도 아니다. 별도로 치기 때문에 40억 원이 있어야 한다.

나에게 많은 이들이 묻는다.

"나 투자자문사 하려고 하는데……."

"돈은 좀 벌리니?"

"기업탐방은 잘 다닐 수 있나?"

하지 마시라. 40억 원이 있는데 왜 이 짓을 하는가? 보통은 돈을 벌 만큼 버신 분들이 명예나 사회적 지위를 얻기 위해 금융투자업자를 꿈꾼다. 이제껏 2차 시장에서 매매만으로 돈을 번 것이 사회에 미안한 마음에 고용이라도 해서 사회적 책무를 다하고 싶다는 마음이거든 금융투자업을 시작하시라. 그게 아니면 하지 말라고 단호히 말씀드린다. 나는 운이 좋아서 살아남은 사람이다. 보통은 변변한 고객 하나 모으지 못하고 폐업한다. 규제가 너무 심하고 세금도 많이 낸다. 더 큰 문제는 사장이 되면 주식투자를 할 시간에 온갖 잡일을 하는 자신을 발견하게 된다는 것이다. 그동안 내가 모아둔 돈까지 다 녹아버릴 수 있다. 최악의 경우, 의기투합했던 직원들이 돈 앞에서 무너지는 모습을 볼지도 모른다.

그렇다면 나는 왜 이 일을 하고 있는가? 답은 '어쩔 수 없기 때문'이다. 일단 시작할 때는 이 산업의 속성을 잘 몰랐다. 지금은 잘 안다. 그렇다면 다시 10년 전으로 돌아가면 어떻게 할까? 다른 업종을 선택할 수도 있을까? 그런데 잠깐, 내가 다른 업종을 고민하지 않았던 것이 아니다. 다 고민해보고, 그래도 투자가 너무 좋아서 선택한 일이다. 창업자나 내부인만큼 하나의 사업 아이디어를 집약적으로 발달시키지는 못하지만, 어떤 직업보다 많은 사업을 검토하고 각 발전 단계에 따라 다양한 간접 경험을 한다. 투자할 때 가장 좋은 것은 자기 돈으로만 하는 것이다. 그러면 고객 눈치 볼 일도, 돈을 더 맡기라고 설득할 일도 없다. 규제 당국의 규칙에 맞춰 일할 필요도 없다. 워런 버핏도 어느 정도 돈을 번 다음에는 파트너십을 청산하고 자신만의 비즈니스를 꾸렸다.

올바른 투자를 알리고 그것이 가능하다는 것을 입증하는 선한 영향력을 끼치고 싶은 마음이 없는 것은 아니다. 하지만 가장 솔직히 말하면 투자는 너무 하고 싶은데, 잘할 수 있는데, 내 돈이 없기 때문에 남의 돈을 받는 투자회사를 운영하는 것이다. 물론 이 과정에서 자신의 실력을 검증받지 않은 뜨내기들이 소비자를 우롱하거나 피해 입히는 일을 막기 위해 일정 수준의 진입장벽을 만들고 규제하는 것은 당연한 일이다. 그런데 과연 그 기준으로 자본총계라는 규정을 두는 것이 적절한지는 생각해볼 필요가 있다.

내 지론이 맞는다면 돈이 많은 사람은 금융투자업을 할 필요가 없다. 실제로 나에게 자문을 구한 많은 성공한 금융인이나 전업투자자들이 유무형의 비용 대비 효용이 크지 않다는 이유로 꿈을 접었다. 이들이 금융 소비자의 편익을 올려줄 수 있는 진짜 전문가라면 규제를 현실화해서 건전한 신규 진입을 장려해야 한다. 반대로 투자 실력은 있으나 자본력이 부족한 사람은 자본 규정에 막혀 아예 진입할 수조차 없다. 예를 들어 국내 최대 기관투자자인 국민연

금공단에서 적당한 월급만 받아가며 10여 년간 일한 펀드매니저가 있다고 하자. 그에게 20~30억 원은 언감생심이다.

주식투자는 간접 투자라고 하더라도 원금손실의 위험이 있는 상품이고 대부분의('모든'이라고 쓰고 싶다) 경우 투자회사가 손실을 보전해주는 것 자체가 법으로 금지돼 있다. 혹 누군가가 높은 수익을 '약속'하거나 손실을 봤을 때 별충해준다고 이야기한다면 거의('다'라고 하고 싶다) 사기라고 보면 된다. 그런데 왜 금융투자업을 등록할 때 자본총계가 많아야 하는가? 물론 금전적 여력이 크면 개업 초기 영업이 부진할 때나 일시적으로 수익률이 나쁜 구간을 버틸 체력이 크다는 뜻이 되기는 한다. 그러나 이 또한 회사보다 인내심이 강한 극히 일부 고객들에 한해 안전장치가 될 뿐이다. 어차피 수익률이 조금만 안 좋아도 고객들은 금방 떠난다. 많은 감독 대상 회사를 관리하는 것이 현실적으로 어렵다는 건 잘 알지만, 가능하다면 등록 진입장벽은 돈이 아니라 투자 실력이어야 한다.

결국 돈이다

더퍼블릭인베스트먼트도 시작부터 자본의 압박을 느꼈다. 최초 영등포동 7가 사무실에 모인 네 명은 총 1억 원 정도를 가지고 있었다. 얼마간의 경비를 제외하고는 모두 회사 증권 계좌에 집어넣었다. 그런데 아무리 계산을 다시 해봐도 이 돈으로 투자일임업을 위한 15억 원은커녕 자문업을 위한 5억 원도 만들기가 어려울 것 같았다. 1억 원의 원금이 5배 이상 불어나려면 과거 평균 수익률인 연 26퍼센트로 8년이 흘러야 한다. 그것도 네 명이 모여서 기본적인 생활을 하는 데 들어가는 영업비용이 전혀 없다고 가정할 때 그렇다. 자금 유치가 급선무였다.

개인 투자자는 증권 계좌에서 주식담보대출을 받기가 용이하지만 법인은 그렇지 않다. 다음으로 생각난 것이 은행이다. 상장주식에 투자하면서 은행에서 돈을 빌리는 회사는 수두룩하게 봐왔다. 가끔은 은행의 영업 직원이 을이 되어 상장사 CFO에게 돈을 좀 더 가져다 쓰라고 읍소하는 경우도 있다고 했다. 1년 이내의 단기차입금이라고 하더라도 원리금만 밀리지 않으면 만기 연장은 당연하듯 이뤄졌다.

불과 몇백, 몇천만 원의 적은 돈이지만 모든 통장을 개설한 하나은행 당산역지점을 찾아갔다(이런 걸 보면 주거래은행이란 의외로 전환비용이 있는 것 같기도 하다. 대학교에서 만들어준 학생증 겸 체크카드가 하나은행이었기 때문에 나를 비롯한 많은 고려대학교 교우들이 지금도 하나은행을 이용한다).

"법인 대출을 받으려고 왔습니다."

"3년 치 재무제표가 필요합니다."

"저희 회사는 올해 설립돼서 3년 치 재무제표가 없는데요?"

"그럼 담보 있으십니까?"

"현금과 유가증권이 있습니다."

"담보는 유형자산만 해당합니다."

"저희 회사는 금융업이라 유형자산이 없는데요?"

"그러면 신용등급이 있으셔야 합니다."

"신용등급은 어떻게 받을 수 있나요?

"주거래은행에 거래 실적이 있으셔야 합니다."

"잘됐네요. 하나은행이 주거래은행이라 거래 많이 해요."

"아뇨, 대출 거래 실적이요."

'……?!'

신설 법인은 대출을 못 받는다. 대출을 받고 싶으면 필요도 없는 유형자산을 사야 한다. 돈이 없어서 대출을 받으려고 하는데 유형자산은 무슨 돈으로 살까? 대출이 안 돼서 신용등급을 받으려고 하는데 대출 거래 실적이 있어야 한다는 것은 또 무슨 말인가? 무슨 말이긴……, 은행은 리스크를 지지 않는다는 뜻이다.

이때 나에게 새로운 꿈이 생겼다. 더퍼블릭자산운용이 내가 없어도 고객과 주주를 만족시킬 수 있을 만큼 자연스럽게 굴러가게 되면 나는 엔젤 투자가가 될 것이다. 내가 더퍼블릭자산운용의 최대 주주이니 주주를 만족시킬 만큼의 회사로 성장해 있다면 나는 돈을 벌기 위해 근로하지 않아도 될 것이다. 그러면 여윳돈을 가지고 젊은이들의 눈빛에 투자하고 싶다. 나는 2013년 분명히 투자를 잘할 자신이 있었다. 하나은행 대출 창구의 직원은 알아보려 하지 않았지만 그간 검증된 실적이 있고, 정성적인 면을 뒷받침할 만한 근거들도 충분히 찾을 수 있었다. 그때의 나보다 상황이 더 나쁜 친구들도 많을 것이다. 그들 역시 너무 해보고 싶은 간절함과 실패해도 성공할 때까지 다시 일어선다는 마음가짐은 누구에게도 뒤지지 않으리라고 확신한다. 당장 정형화된 무엇으로 보여줄 것이 없을 뿐이다. 더 많이 가진 기성세대의 자본이 안전만 추구한다면 이들의 꿈은 누가 응원해주겠는가?

지금도 이런 관행은 하나도 변하지 않았다. 2019~2020년 금융 투자 업계는 큰 홍역을 치렀다. 라임자산운용과 옵티머스자산운용이 사모펀드를 운용하면서 불법적인 거래를 해 많은 투자자의 자산과 업계가 오랜 시간 쌓아 올린 신뢰를 모두 날려버렸다. 그들이 저지른 범죄는 명명백백히 밝혀져야 하고 단호히 처벌받아야 마땅하다. 그러나 동종 업계 사람들은 억울하다. 자라 보고 놀란 가슴, 솥뚜껑 보고 놀란다고, 고객들은 사모펀드라는 단어에 기겁한다.

펀드를 판매한 증권사들은 소 잃고 외양간 고치는 격으로 사모펀드의 판매 자체를 금지하거나 판매할 수 있는 운용사의 조건을 수탁 규모 2,000억 원 이상, 펀드 운용 규모 1,000억 원 이상과 같이 정량적인 지표로 걸었다. 라임자산운용이 규모가 작은 회사라 사고가 터졌나? 전혀 그렇지 않다. 라임자산운용은 사고가 터지기 전부터 업계의 기린아로 불렸고 한국형 헤지펀드 분야에서는 범접 불가 1위 회사였다. 바뀐 지표에 따르면, 큰 꿈을 품고 신규 설립한 운용사는 업의 전개 자체가 불가능하다. 신규로 등록했는데 어떻게 1,000억 원, 2,000억 원을 가지고 시작하겠는가. 설령 1,000억 원을 가지고 시작했다고 해도 법령상 사모펀드는 증권사나 은행 같은 판매사를 구하지 못하면 펀드 설정을 할 수 없다. 임직원의 윤리 의식을 강화하고 회사의 컴플라이언스(규정 준수를 감시하는 일) 제도를 꼼꼼히 살피는 등의 절차를 강화하는 대신에 귀찮으니 그냥 선을 그어버린 셈이다. 다시 말하지만 금융 범죄나 소비자 보호는 특정 제도나 운용 기구의 문제가 아니다.

더퍼블릭자산운용은 수백 명의 고객 모두와 1:1로 계약을 맺는 일임 상품의 비중이 높다. 그런데 중소기업의 특성상 계약관리, 고객 응대 등의 전문성이 떨어지고 이 부분을 강화하려면 아무래도 본연의 업무인 주식운용에 집중해야 할 역량이 분산될 수 있다. 그래서 증권사, 은행, 운용사가 각기 전문적인 업무를 나눠 맡는 사모펀드 라이선스 취득을 장기간 목표로 해왔다. 이를 위해 충분한 자금을 축적하고 준법감시인과 펀드관리 경험이 있는 전문 인력도 추가로 채용하고 서버실을 포함한 물적 설비도 갖췄다. 여기까지 수년이 걸렸다. 그런데 다시 이 모양 이 꼴이다. 막힌 규제를 바라볼 때마다 꼬인 실타래 정도가 아니라 마치 도돌이표를 마주하는 것 같다.

더퍼블릭자산운용 이름으로 벤처투자를 하면 안 되냐는 질문을 하는 분들도 있다. 왜 안 되겠는가. 나도 그렇게 하는 편이 좋은 투자 물건에 접근하기도 좋고 더 큰 금액을 투자할 수 있으니 더 낫다고 생각한다. 실제로 더퍼블릭자산운용 이름으로 비상장기업 투자를 늘려가고 있기도 하다. 그러나 아직 고객 돈이 아닌 회사 자기자본으로만 투자를 집행하고 있고 그 한도도 매우 작다.

상장주식은 벌써 18년 차다. 프로페셔널로서도 15년이나 됐다.

그러나 상장주식과 비상장주식은 방법론에서 큰 차이를 보인다. 기업의 가치와 주가가 수렴한다는 것은 같지만, 상장주식은 일반적으로 기업의 역사도 오래되고 규모도 크다. 치열한 환경 속에서 어느 정도 경쟁 우위를 입증했다고 봐도 과언이 아니다. 따라서 앞으로 어떤 회사가 잘할지 아닐지 맞힐 확률이 높고, 보통은 일시적인 위기로 싸게 거래되기를 기다리면 된다. 그러나 설립된 지 얼마 지나지 않은 초기 기업들은 계란으로 바위 치기 같은 싸움을 계속해야 한다. 지금의 비즈니스 모델이 지속될지조차 알 수 없다. 그래서 투자를 검토할 때 상장기업과는 주안점이 다르다. 또한 제공되는 정보의 양도 적고 비대칭적이라 기업의 미래에 확신을 가지거나 가치를 산정하는 데 어려움을 겪는다. 다시 말해 우리가 상장기업 투자의 전문가라는 것이 이 시장에서는 전혀 먹히지 않는다는 뜻이다. 그래서 소중한 고객의 돈을 함부로 비상장기업에 투자할 수 없는 것이다. 주주들도 건전한 수익을 좇는다는 점에서는 고객과 다르지 않지만, 우리 회사의 경영진과 좀 더 깊은 신뢰 관계를 맺고 있어서 미래 성장동력 발굴이라는 차원에서 일부 벤처투자를 허락해주고 있다.

우리의 살길은 우리의 힘으로

정 대표와 내가 호기롭게 창업할 수 있었던 것은 나름대로 믿는

구석이 있었기 때문이다. 2010년부터 기업탐방을 같이 다니며 매일같이 공유한 것 중 하나가 '전주錢主' 리스트였다. 우리 둘이 합심해서 깃발을 꽂으면, 운용자산을 맡기든 주주로 참여하든 돈이 우수수 쏟아져 들어올 줄 알았다. 그 리스트에는 상장기업이나 상장기업의 오너부터 내가 다니던 회사와 관계회사, 운영하던 회사를 매각한 자금 수백억 원을 운용하는 것이 주업이 돼버린 준재벌 등 아주 다양한 인맥이 존재했다. 그중 한 군데만 제대로 잡아도 회사를 꾸리는 데 전혀 문제가 없을 것으로 생각했다. 실제로 회사를 나와 만나봤을 때 모두 거절할 줄은 상상도 못 했다.

사업을 하면서 또 하나 깨달은 것은 협업이라는 단어의 진짜 의미다. 돈이라는 것은 만인 공통의 화두이고, 번듯한 대학을 나온 젊은 친구들이 모여서 뭔가를 하고는 있는 것 같은데 꼬질꼬질해 보인다? 아마 협업의 좋은 먹잇감이었던 것 같다. 협업이라는 말은 '나는 너에게 줄 것이 없는데 받고 싶은 것은 있어'라는 뜻이다.

가장 먼저 달콤한 제안을 한 사람은 T사의 O 대표다. 명동에서 주얼리 사업을 한다는 사람이었는데 동아리 후배들을 통해 '협업'을 제안했기에 만나기로 했다. 사업할 때 가장 기분 좋은 순간은 사업이 쭉쭉 성장할 때도, 돈을 많이 벌어 펑펑 쓸 때도 아니다. 스스로 성숙해가는 느낌을 받을 때? 이런 것도 아니다. 바로 망상을 할 때다. 근거라고 하기에도 부끄러운 빈약한 단서만으로 미래를 상상해보는 것이다.

"이번에 펀딩 이만큼 받으면 어떡하지? 금방 부자 되겠는데?"

"이 수탁액 증가율이 몇 년만 유지되면 1,000억 원인데?"

"사옥을 지어야 하나?"

이런 망상들을 마치 대단한 투자처라도 발견한 것처럼 파트너들끼리 모여서 엑셀에 그리다 보면 시간 가는 줄 모르게 되고 아드레날린이 샘솟는다. 그런 터에 생판 모르는 기업가가 협업이라는 것을 제안했으니 얼마나 기뻤겠는가.

몇 차례 만나면서 회사의 투자 철학과 비전을 공유했다. O 대표는 사업을 하는데 금융 지식이 필수적이라 곁에 좋은 친구들을 두고 싶다고 했고, 자신을 포함해 주변에 부자가 많기 때문에 회사 영업에도 도움이 될 수 있을 거라고 호언장담했다. 투자 유치 계약서를 다듬은 후 계약 체결을 위해 만나기로 한 날, 연락이 두절됐다. 너무 상심했다. 하지만 지금 돌이켜 보면 말도 안 되는 계약 조건이었다. 우리의 경험과 역량은 무시한 채 돈의 가치로만 계약을 체결하고자 했다. 그만큼 우리가 아쉬운 상황이었지만, 하마터면 1억 원에 지분 50퍼센트를 넘길 뻔했다. 49퍼센트도 아니고 50퍼센트를 말이다.

T사와의 미팅은 첫 경험이었기 때문에 상심이 컸던 것이고, 실제 영향을 많이 준 것은 N사와의 협의체였다. N사는 금융과 관련된 일을 하는 중소기업으로, 해당 분야에서는 꽤 이름이 알려진 회사다. 그런데 그 일이 수익성은 그다지 좋지 않은 듯했다. 사업은 지렛대 효과가 있는 것과 없는 것으로 구분할 수 있다. 지렛대 효과가 있는 사업 중 대표적인 것이 내가 하고 있는 자산운용업이다. 네

명 파트너의 돈 1억 원만 굴리든 고객 돈까지 100억 원을 굴리든, 들어가는 고정 비용은 크게 차이 나지 않는다. 실제로 처음 네 명으로 시작한 우리 회사는 현재 1,000억 원이 넘는 자산을 운용하고 있음에도 임직원 수가 열한 명에 불과하다. 같은 20퍼센트 수익률이라면 자기자본 1억 원을 운용할 때는 2,000만 원의 수익이 매출액이 된다. 그러나 고객 자산이 1,000억 원이라면 성과보수를 포함해 40억 원을 받는다. 운용자산이 1,000배, 영업수익revenue*이 2,000배 늘어나는 동안 인력은 3배도 채 늘지 않았다. 그래서 금융업에 억대 연봉자가 많이 나올 수 있는 것이다. 고객의 돈을 많이 끌어오거나 수익률을 잘 낸다면 몇억 원이 대수가 아니기 때문이다.

N사는 금융업에 발을 걸쳐두고 있지만 컨설팅 스타일의 업무였기 때문에 고객을 늘리기 위해서는 업무 시간이 늘어나야 하고, 나아가 직원을 더 많이 뽑아야 하는 상황이었다. 기업을 분석하는 업무는 같은데 미래의 벌이가 달라 보이니 전통적인 투자회사에도 관심이 생겼다. 하지만 어쨌든 직접적으로 주식투자를 해본 경험은 없어서 조인트 벤처를 만들자는 제안을 했다. 우리 회사에 직접 투자해서 수익을 배분받는 주주로만 남는 것이 아니라 공동으로 경영을 하자는 뜻이다. 이 또한 나쁘지 않다고 생각했다. 남들 앞에 당당할 만큼 투자와 경영을 잘해야 한다. 그렇지 못하면 최대 주주이고 사장인 것이 무슨 의미가 있겠는가.

● 무형의 자산이나 서비스를 판매할 때 쓰는 회계 용어로 매출액sales과 비슷한 의미다.

N사에서는 합작회사 설립 전 먼저 정기적인 협의체를 운영하자고 했다. 구성원 간 금융투자업에 관한 이해와 주식투자 경험에 차이가 있으니 바로 공동 경영을 시작해도 유명무실하다는 이유였다. 쉽게 말해 이대로 시작하면 자신들이 밀릴 것 같으니 일단 좀 가르쳐달라는 의미였다. 일주일에 서너 시간씩, 보상은 고작 점심값이었다. 누차 이야기했지만 투자는 가르쳐서 되는 일이 아니다. 그래도 매주 즐겁게 했다. 학교 동아리 후배들부터 회사 후임들까지 가르쳐본 경험이 많았기에 어려운 일도 아니었고, 어차피 가르쳐서 될 일이 아니라면 그들이 어느 정도 하다가 '더는 못 하겠으니 너희가 알아서 해라'라고 나와도 말 그대로 '땡큐'라고 생각했다.

거의 1년 가까이 매주 만나는 생활을 했다. 공동으로 포트폴리오를 꾸리는 작업까지도 했다. 그러나 이 또한 '협업'이었다. 투자유치나 합작법인 설립과 관련된 이야기를 꺼낼 때마다 말은 빙빙 돌았고, 협의체 미팅은 여러 이유로 참석자가 줄고 주기도 뜸해지더니 나중에는 유야무야되고 말았다. N사에는 확고한 의지와 충분한 자금력이 있다고 믿었기 때문에 그간에는 주식투자에만 집중했다. 더퍼블릭인베스트먼트가 자립할 만한 어떤 준비도 하지 않은 채 시간만 흐른 것이다.

우리 회사를 인수한다고 나선 곳도 두 군데 있었다. 하나는 인터넷 서비스를 하던 K사였고, 하나는 지금의 더퍼블릭자산운용과 같은 업종을 운영하는 P사였다. K사는 우리 맨파워를 높게 샀다. 일단 회사 전체를 인수할 테니 몇 년 동안 자사 서비스 운영의 브레인이 돼달라는 이야기를 했다. 중소기업을 경영하다 보면 대표자는 상당한 사회적 지위와 부를 축적했음에도 항상 구인에는 목말라 하는 모습을 볼 수 있다.

몇 년만 일해주면 우리가 필요로 하는 20억 원 정도를 모두 출자해서 금융투자업자로 독립할 수 있도록 도와준다고도 했다. 너무 달콤한 제안이었다. 그냥 다니던 회사 몇 년 더 다닌다고 생각하면 될 듯했다. 그래서 승낙하기로 했다. 처음으로 회사를 포기했던 순간이다.

후련한 듯했지만 마음 한구석에 복잡한 심경이 자리하고 있었다. 일단 각자 집에 돌아가서 푹 쉬고 K사에는 다음 날 다시 모여서 통보하기로 했다. 원탁에 모여 앉아 전화를 걸기 직전이었다. 어느 순간 누가 먼저라고 할 것도 없이 다시 생각해보자고 했다. '그 회사에 들어가느니 다른 금융투자 업계로 가겠다', '개인 투자를 하고 있을 테니 몇 년 후에 다시 만나자', '우리, 하다가 망하면 마늘 까기로 하지 않았었나' 등등……. 전화를 걸어서 죄송하지만 우리끼리 더 해보겠다고 말했다.

P사의 인수 제안은 꽤 최근의 일이다. 아마 2017~2018년으로 기억한다. P사는 투자자문과 자산운용을 거치며 단단한 투자 철학과 높은 수익률로 많은 고객의 사랑을 받았다. 그런데 점차 시장에서 주목받는 업종이 신성장 산업에 치중되면서 전통적인 가치주 투자자들이 대체로 그랬듯 고전하기 시작했다. 또 해외 투자에 비전이 있어 보이는데 경험이 전무하기 때문에 섣불리 도전하지 못

하고 있었다. 이 두 가지 모두 펀드매니저를 채용하는 것으로는 해결되지 않는다고 했다. 오너와 다른 길을 가야 하는 신상품 담당자는 고초를 겪게 마련이고, 주인의식을 불어넣기가 쉽지 않다는 사실을 P사 대표는 잘 알고 있었다.

그래서 결론은 우리 회사를 통째로 인수하고 싶다는 것이었다. 우리 회사가 P사의 한 파트가 돼 성장주 투자와 해외 투자를 맡아달라고 했다. 바로 수십억 원을 손에 쥘 기회였다. 독립된 조직 내에서 투자도 지금처럼 할 수 있었다. 시간이 좀 흐르면 싱가포르에 지사를 내준다는 말까지 함께였다.

그러나 이 또한 거절했다. 본격적으로 고객의 자산을 받아 해외 투자를 하려면 사모펀드 라이선스가 꼭 필요했다. 그 말은 20억 원이 필요하다는 뜻이다. P사와 함께하면 그 시간을 단축할 수는 있었다. 그러나 우리는 이미 경험했다. 그 과정은 단순히 이익잉여금[•]으로 표현하기 어려운 우리의 성장과 희열을 담고 있고, 그것이 우리를 좀 더 단단히 여물게 하며, 그 자체가 사업임을.

고민은 계속된다

결국 돈은 없지만 자존심을 앞세우던 우리에게 손을 내밀어준

● 기업의 영업활동에서 생긴 순이익 중 배당이나 상여 등의 형태로 사외에 유출하지 않고 유보한 부분.

것은 투자 동아리의 친구들이었다. 쌈짓돈을 모아 전환사채를 인수해줬다. 말이 좋아 전환사채지 어차피 발행 당시에는 상환 능력이 전혀 없었기 때문에 사업 확장에 실패하면 생돈을 날리는 셈이었다. 몇백만 원, 몇천만 원의 적은 돈이지만 사회에 진출한 지 얼마 안 된 이들이었기 때문에 액수가 적을수록 얼마나 소중한 돈인지가 와닿았다.

비상장 주식은 자유롭게 거래할 수 없기 때문에 주식의 가치가 오르더라도 이익을 실현할 방법이 별로 없다. 그래서 우리 회사는 정확한 이익 배분의 원칙을 두었다. 순이익을 3분의 1씩 나눠 임직원의 성과급, 주주를 위한 배당금, 회사 성장을 위한 투자 재원으로 사용한다. 하지만 우리를 믿고 투자해준 분들께는 이 정도로는 부족하다고 생각했다. 살 때 투자한 배수로 주식을 되팔 수 있는 권리를 부여했다. 예를 들어 PBR 1.0배에 투자했다면 정해진 시점에 다시 PBR 1.0배에 공동 창업자들에게 팔 수 있는 것이다. 그러면 전환사채의 이자나 보통주의 배당뿐 아니라 회사의 자본총계가 늘어난 만큼 자본차익도 얻을 수 있다. 주식은 기본적으로 누구와도 사고팔 수 있기에 공동 창업자 입장에서도 이런 창구를 마련해놓는 것이 기존 주주가 다른 모르는 사람들에게 주식을 팔아 지분이 분산되는 것보다 더 안전하다. 어떻게 보면 너무 당연한 권리이지만, 화장실 들어갈 때 마음 다르고 나올 때 마음 다르다고 회사가 승승장구하면 투자를 유치할 때의 절박한 마음이 사라지고 회사의 주인인 주주를 뒷전으로 밀어내는 경우가 많다. 이익을 공유하고 같은 배를 타자는 의미에서 스톡옵션 등으로 근무하는 회사의 주식을 받았다고 하더라도 나중에는 거취를 결정하기 어렵게 하는 족쇄로 전락하는 사례도 많이 봤다.

다행히 최초 투자자들은 7년 동안 보장된 풋옵션put option● 기준으로 4배 이상의 수익을 얻었다. 연 복리로 하면 17퍼센트에 달한다. 우리가 최근에 전략적 투자자를 유치했던 배수나 누군가가 지금 우리 회사를 인수하겠다고 나섰을 때 제시할 가격으로 하면 속칭 10루타를 넘겼다. 회사의 영업 실적에 따라 달라질 수도 있겠지만 최근 3년 기준으로 매년 원금의 30퍼센트에 달하는 현금배당은 덤이다.

이들과 수익을 나눌 수 있다는 것은 큰 기쁨이지만, 그보다 안도감으로 다가온다. 내 가까이 있는 사람들에게조차 신의를 지킬 수 없다면 아마 부끄러워 얼굴을 들고 살지 못했을 것이다. 주주총회마다 당당하게 이들을 볼 수 있고 "그때 돈만 많았으면 더 투자하는 건데", "내가 살면서 투자한 모든 건을 통틀어 이 건으로 제일 많이 벌었어"라는 말을 듣는 것이 인생의 보람이자 엄청나게 다행스러운 일이라고 생각한다. 그러나 수익을 드렸다고 해서 끝난 것이 아니다. 이들이 없었다면 우리를 위한 투자는 시작조차 할 수 없었을 것이다. 평생 갚는 마음으로 살아갈 요량이다.

우리는 이때를 포함해 총 세 번의 투자를 유치했는데 모든 주주

●특정한 기초자산을 장래의 특정 시기에 미리 정한 가격으로 팔 수 있는 권리.

에게 수익을 돌려드렸다. 그러나 수익이 났다고 해서 마냥 기뻐할 수만은 없었다. 그들이 언제 주식을 되사라고 할지 모르고, 수익이 났다는 것은 나와 정 대표가 부담해야 할 절대 금액이 커졌다는 뜻이기 때문이다. 창업자로서 지분율을 늘리고 경영권을 공고히 하는 것은 환영할 만한 일이지만, 회사가 커진 만큼 우리가 가진 돈이 늘어났다는 뜻은 아니다. 가진 돈은 이미 창업할 때 다 털어 넣었고, 공동 창업자들의 월급은 쥐꼬리만큼 산정했기 때문에 생활비에 보태기에 급급했다. 만일 우리가 수중에 가진 돈보다 더 많은 금액의 풋옵션이 행사되면 회삿돈으로 충당해야 하는데, 이 경우 금융감독원에서 요구하는 최소 자본총계 기준을 충족하지 못할 가능성도 있다. 그 때문에 풋옵션 청구 기한이 도래할 때마다 회사의 경영이 잘되고 있음에도 머릿속에서는 자꾸 최악의 상황이 그려져 일이 손에 잡히지 않고 밤에는 잠도 잘 이루지 못했다. 다행히 대부분의 주주가 회사의 성장을 즐겁게 바라봐줬고 계속해서 그 과실을 공유하기를 원했다. 주식을 팔고 싶어 하는 일부 주주도 있었지만 나와 정 대표가 충분히 소화할 수 있는 선이었다. 그리고 첫 투자 유치 후 7년이 지난 지금은 충분한 현금 유동성이 마련돼 큰 걱정거리 하나는 사라졌다.

걱정과 고민에 관한 소회를 나누며 이 장을 마칠까 한다. 앞에서 큰 걱정거리 '하나'라고 말한 이유가 있다. 누구나 항상 머릿속에 고민 하나쯤은 담고 산다. 그 고민거리 때문에 신경이 너무 쓰이고 그것 하나만 해결되면 만사가 편안해질 것 같다. 하지만 과거를 돌이켜 보라. 지금의 걱정거리가 1년 전, 2년 전, 10년 전에 있었는가?
아마 존재하지도 않았던 일일 것이다. 그렇다면 그때는 머릿속이
깔끔하고 세상이 아름답게만 보였는가? 그것도 아닐 것이다. 그때
는 또 그때의 고민에 치여 한숨 쉬며 살았을 것이다.

나도 그랬다.

'이번 풋옵션만 지나가면……'

'금융위원회 등록만 되면……'

'펀드 출시만 되면……'

'이 직원의 고충만 해결해주면……'

그런데 어느 순간 깨달았다. 인간의 뇌는 항상 걱정거리로 가득
차도록 설계됐다는 것을. 고민이 크냐 작으냐는 중요하지 않다. 항
상 두뇌가 허용하는 범위로 최대한 부풀린다. 이 말은 반대로 생각
하면, 모든 걱정거리가 사실은 그렇게 중대하지 않고 충분히 해결
할 수 있다는 뜻도 된다. '신은 감당할 수 있는 이상의 시련을 허락
하지 않는다', '시련과 함께 그것을 벗어날 길도 마련해준다'라는
말도 있지 않은가. 어차피 이 고민이 끝나도 다음 고민이 또 생길
테니 편하게 생각하고 흘려보내자.

최저 시급을 받으며
일하는 사장

우리 회사는 더퍼블릭투자홀딩스라는 지주회사와 더퍼블릭자산운용이라는 사업회사로 이뤄져 있다. 더퍼블릭자산운용은 더퍼블릭투자홀딩스가 지배하고 있고, 나와 정호성 대표는 더퍼블릭투자홀딩스 주식만 소유하고 있다.

더퍼블릭투자홀딩스의 원래 이름은 더퍼블릭인포였다. 투자금을 유치해 투자자문업을 등록하기 전 먹고살기가 막막하던 무렵 우리가 생각해낸 방법은 투자 관련 서비스업을 하는 것이었다. 모은 돈은 웬만하면 끊임없이 증권 계좌에서 운용되고 있어야 했다. 경비가 필요하다고 자꾸 빼서 쓰면 금융투자업자로서 첫 단추를 끼우기도 전에 꿈이 요원해진다. 그렇다고 다른 일을 해서 월급을 만들어내는 것은 오히려 무모하게 느껴졌다. 흔한 말로 택배 상하차 아르바이트나 건설 현장 막일이라도 하면 당장 수입은 생기겠지만 좋은 종목을 찾을 시간이 허비된다. 어쩌면 일하다 지쳐 잠드는 생활을 반복하게 될지도 모른다. 아직 외부에 번듯하게 내보일 실력이나 실적도 없는데 그럴 수는 없었다.

그래서 어떤 일을 하더라도 본업인 주식투자와 관련된 일을 하면서 현금흐름을 만들어내기로 했다. 그렇게 몇 년 동안 한 일이 유사투자자문업이다. 유사투자자문업은 투자자문업, 투자일임업 등과 달리 금융위원회에 등록 절차를 거칠 필요가 없이 '이런 일을 합니다'라고 신고만 한번 하면 누구나 할 수 있는 업태다. 투자정보를 주겠다며 스팸 전화나 메시지를 보내 사람을 꼬드기고 결국에는 돈을 왕창 뜯어 가는 업체들이 마치 합법적인 테두리 안에서 제대로 일하는 것처럼 둘러댈 때 쓰는 것이 유사투자자문업이다. 일반 투자자들은 유사투자자문업과 투자자문업을 잘 구분하지 못하기 때문에 속을 수밖에 없는 구조다. 대부분은 '유사'라는 단어는 들릴 듯 말 듯 작게 말하거나, 보일 듯 말 듯 작게 기재한다. 그러나 우리는 이 분야에서도 제대로 일하면 충분히 대중에게 가치를 전달할 수 있다고 믿었다. 유사투자자문업은 일대다로 투자정보를 파는 것뿐이다.

개인 투자자들이 가장 궁금해하는 전문 투자자들의 비밀이 무엇일까? 그중에서 우리가 원래부터 하는 일이라 별도의 업무 부담이 생기지 않는 것은? 기업탐방이라고 생각했다. 어차피 매일 기업탐방 가고 그 내용을 정리해서 보고서로 만드는 것이 우리의 일이다. 그 보고서를 기반으로 모델 포트폴리오model portfolio*를 구성하여 투자한다. 이 보고서를 유료로 팔면 어떨까? 특별한 수고를 더하지 않고 부가수익을 창출할 수 있을뿐더러 대중에게 양질의 투자정보를 제공하니 회사의 설립 이념에도 부합한다.

영화가 시작하기 전 하얀 공이 노란 상자 주변을 뛰어다니다가 '펑' 하고 터지는 영상을 본 일이 있을 것이다. 한국의 대표적인 영화 배급사인 쇼박스의 CICorporate Identity다. 이를 본떠서 '탐방박스'라고 이름 붙였다. 쇼박스의 CI나 무작위의 상품을 담은 상자를 일정한 가격에 판매하는 럭키박스처럼 놀라운 내용물을 보장한다는 의미였다.

홈페이지를 만들고 PGPayment Gateway**도 붙였다. 소비자가 직접 기업명을 검색한 후 카드로 결제하면 미리 올려놓은 보고서를 다운받을 수 있는 구조였다. 혹 오프라인으로 찾아오는 고객이 있을까 싶어 스마트폰에 꽂아 사용하는 카드 단말기도 구비했다. 왜 푸드트럭 같은 곳에서 사용하는 작은 기계 있지 않은가. 투자자문사 사장 중에서 이런 일을 해본 사람이 몇이나 될까? 얼마 후에는 높은 가격을 지불하면 고객이 의뢰한 기업의 탐방을 대행해주는 VIP

● 실제 포트폴리오와 대치되는 개념으로 실제 투자를 집행하기 전 위험 대비 수익이 가장 높은 최적의 투자안을 가상으로 꾸린 것.
●● 신용카드사와 가맹점 계약을 체결하기 어려운 중소 쇼핑몰을 대신해 결제 및 지불을 대행한 뒤 쇼핑몰에서 수수료를 받는 업체.

탐방박스 서비스와 한 달 동안 작성한 탐방보고서 중 엄선해 설명까지 해주는 세미나 버전 서비스 탐방토크로도 확대했다.

우리가 투자정보 서비스를 목적지까지 가기 위한 연료 정도로 생각했다면 이 분야를 진심 어린 시선으로 바라보는 창업가들도 있었다. 놀라지 마시라! 그중에는 국내 최대 가상자산 거래소 업비트를 운영하는 두나무 송치형 의장도 있었다. 2021년 3조 원이 넘는 영업이익을 기록해 네이버나 카카오보다 몇 배를 버는 회사를 만들어냈지만, 우리 회사와 협업을 논의하던 때도 있었다. 당시 모바일 주식 시세 앱 하면 '증권통'이었다. 두나무는 카카오, 정확히 말하면 카카오 계열의 벤처투자회사인 케이큐브벤처스(현 카카오벤처스)의 투자를 받아 증권통을 넘어서겠다는 꿈을 가지고 있었다. 그 꿈을 이루는 두 축이 증권통보다 예쁘고 이용하기 편한 UI 그리고 다양한 정보 제공이었다.

증권통은 뿌리가 토마토TV라는 증권방송이다 보니 아무래도 빠른 정보 전달에 주안점을 두고 유사투자자문업 스타일의 전통적인 부가수익 창출을 꾀했다. 우리가 증권통과 계약한 서비스도 비슷한 결이었다. 그와 달리 두나무는 투자자가 원할 법한 다양한 기능을 서비스하고 유저들의 반응에 맞춰 적절히 개편한다는 전형적인 기술 벤처회사 방식을 따르고 있었다. 우리에게 요구한 것은 가치투자자에게 필요한 재무비율 등의 정보와 우리의 투자 철학을 담은 칼럼이었다. 더퍼블릭인포로서도 향후 어떤 쪽에서 고객이 유입될지 알지 못하는 상황이었기 때문에 다양한 채널에 회사 이름을 알리는 차원에서 협력하고자 했다.

결론적으로 두나무와의 협력은 싱겁게 끝났다. 플랫폼을 꿈꾸는 기업에 제일 중요한 것은 트래픽이고, 많은 고객을 모으려면 그들이 원하는 바를 줘야 한다. 후술하겠지만 투자를 직접 공부하려는 사람은 많지 않다. 뭐든 마찬가지지만 들이는 노력과 시간, 비용보다 더 큰 효용을 추구하는 것이 인간의 당연한 습성이기 때문에 투자 분석 행위를 즐거움으로 여기는 나 같은 별종은 소수일 수밖에 없다. 햇볕도 잘 들지 않는 작은 사무실에서 카카오스탁(현 증권플러스) 앱을 소개하던 송치형 의장은 가상자산이라는 큰 흐름을 놓치지 않고 거물이 됐다. 더퍼블릭자산운용도 한 해에 수십억 원씩 버는 회사로 성장했지만 그때의 갈림길 이후 1,000배 가까이 격차가 벌어진 것이다.

서비스 매출이 처음 발생했을 때의 기억은 아직도 잊을 수 없다. 온라인으로 결제가 되면 우리에게 알림이 오는데, 누군가가 구매한 것이 사실인지, 아는 사람이 놀림 반 원조 반으로 결제한 것은 아닌지 여러 차례 확인했다. 이용자들의 평가는 나쁘지 않았다. 꾸준히 서비스를 구매해주는 고정 팬층도 생겨났다. 물론 이면에는 품삯도 건지기 어려운 홍보 활동이 있었다. 매일 아침 출근하자마자 가치투자연구소 등의 인터넷 커뮤니티들을 찾아다니며 홍보 글과 쪽지를 남기는 것이 정해진 일과 중 하나였다. 페이스북 페이지를 개설해 기업탐방을 할 때마다 사옥 전경이나 사무실 입구에서 '댓글로 실시간 질문받습니다'라는 멘트와 함께 인증샷을 찍어 올렸다. 그럴 때면 보안요원이나 주식 담당자에게 현장을 목격(?)당할까 봐 조마조마했다. 가끔은 페이스북에 공짜 주식투자 세미나를 연다고 유료 광고를 붙이기도 했다. 대단한 것인 양 광고를 하고는 매월 하는 탐방토크 세미나에 초대하니 특별히 더 품이 들어가는 것도 아니었다. 그중 한두 명이라도 유료 고객으로 전환된다면 금상첨화고.

그러나 입에 풀칠할 정도였을 뿐 변변한 수익은 되지 못했다. 처음 사업을 하는 것이다 보니 꼭 성공해야 한다는 열망도 강했고 그만큼 적자의 두려움도 컸다. 그래서 처음 1년간은 급여를 받지 않았다. 다음 1년간은 월급 50만 원을, 그다음부터는 150만 원을 받았다. 서비스 매출에서 임차료나 관리비 등의 고정비를 제하고 남는 금액을 월급으로 산정한 것이다. 그래서 더퍼블릭투자홀딩스와 더퍼블릭자산운용은 (유가증권 평가손실에 따른 일시적인 경우를 제외하면) 창업 이후 한 번도 적자를 본 일이 없다. 하지만 꼭 이것이 창업하려는 후배들에게 추천하고 싶은 길은 아니다. 적자를 내지 않았다는 것은 안정적으로 기업을 운영했다는 뜻도 되지만, 과감하게 투자해서 성장 드라이브를 걸지 못했다는 뜻도 되기 때문이다.

과감함이 필요한 순간

과거 더퍼블릭인베스트먼트의 공동 창업자이자 현재 국내 1위

밀키트 기업 프레시지의 창업자 J 대표에게 배우는 점도 주로 그런 과감함이다. 우리 둘 다 투자가로 시작해 기업가의 길을 걷고 있는데 그 모습은 판이하다. 나는 투자가이기 때문에 자본의 소중함을 알고, 자본을 효율적으로 운용하는 것이 기업가치를 증진하는 데 핵심이라고 생각하는 편이다. 세계적인 투자 데이터 제공 사이트 구루포커스GuruFocus의 창업자 겸 CEO 찰리 티안은 저서《구루들의 투자법》(이콘, 2020)에서 장기적으로 주가와 가장 밀접한 관계를 가지는 요소 두 가지로 주당순이익 성장률과 자기자본(또는 투하자본)이익률을 꼽는다. 순이익과 주가의 상관관계는 너무 유명하니 제쳐두고, 자기자본(또는 투하자본)이익률은 무엇일까?

주주나 회사 입장에서는 사업을 하는 데 돈을 최대한 적게 들이면서 많은 이윤을 남기는 것이 최선이다. 그렇다면 투자금을 적게 하는 것이 더 중요할까? 아니면 이익률이 높은 사업을 하는 것이 중요할까?

의외로 영업이익률과 주가의 상관관계는 낮다고 한다. 이익률의 높고 낮음은 산업이 가진 특성에 불과하다는 것이다. 예를 들어 대형 할인점 중 전 세계에서 가장 경영을 잘한다고 알려진 코스트코의 영업이익률은 3퍼센트 정도에 불과하다. 그렇다고 해서 코스트코가 나쁜 회사이거나 장기적인 주가 수익률이 나쁜 것은 아니다. 태생적으로 다른 기업이 만든 상품을 사다가 파는 비즈니스를 하기 때문에 이익률이 낮은 것뿐이다. 그 속에서 혁신을 거듭했기에 주가가 과거 10년간 7배, 상장 이후 700배나 오른 것이다. 그렇다면 자기자본(또는 투하자본)이익률에서 중요한 것은 자본을 낮게 유지하는 일만 남는다. 자산 경량화 모델이 핵심이라는 뜻이다. 이것이 내가 금융업을 하는 이유이자 더퍼블릭자산운용이 콘텐츠, 인터넷 플랫폼, 헬스케어 등의 업종을 선호하는 이유다.

그런데 J 대표는 투자가 출신의 기질을 적극적인 투자금 유치와 인수합병 기술로 치환했다. 일반적인 스타트업 창업자는 기술 또는 서비스에 매몰되는 경향이 있는데, J 대표는 과감하게 실무를 부하 직원들에게 위임하고 대표만이 할 수 있는 일을 진두지휘했다. B2B 거래처 개척도 배울 만한 점이다. 나는 대부분의 스타트업 창업자들을 존중하고 존경하지만 일부 '스타트업 병'에 걸린 친구들을 안타깝게 생각한다. 스타트업 병이란 내가 혼자 만들어서 쓰는 말인데, 마음을 다해 비즈니스를 대하고 세상에 남아 있는 불편함을 개선하고자 하는 열의 대신 완전한 성공을 하기 전까지는 빚과 마찬가지인 투자금을 마치 자기 돈인 양 낭비하고 투자 유치가 자신의 가치를 입증하는 것처럼 떠벌리는 데 치중하는 사람들을 이른다. 또 별다른 능력이나 준비도 없이 유행에 따라 사업 아이템을 선정하거나 플랫폼 비즈니스를 막무가내로 숭상해 '일단 마케팅비를 쏟아부어 이용자를 모으고 나면 어떻게든 될 거야'라는 식으로 일하는 창업자도 스타트업 병에 걸렸다고 표현한다.

J 대표는 구독경제와 플랫폼 비즈니스의 경영자이지만 먼저 규모를 키워 생산능력을 정비하는 것이 밀키트 산업의 핵심이라고 파악하고, 이를 지탱해줄 B2B 거래처를 공략했다. 자기 브랜드를

직접 판매해 인지도와 수익성을 높이고 싶지 않은 경영자가 어디 있겠는가. 하지만 그것을 잠시 뒤로하고 마진이 별로 남지 않고 굽신거리는 영업이 필수인 대기업의 문을 먼저 두드린 일은 더욱 숭고해 보인다.

이런 점을 예전에 깨달았다면 얼마나 좋았을까? 2013~2014년 그때는 지지리도 궁상이었다. 하루는 고용노동부에서 전화가 걸려왔다. 우리가 최저 시급보다 낮은 급여를 받고 있어서 근로기준법을 위반하고 있다는 것이었다.

"선생님, 죄송합니다. 그런데 저희 다섯이 모두 공동 창업자라서요. 회사가 월급 줄 돈을 아직 못 벌어요."

그랬더니 상대가 이렇게 말했다.

"힘내십시오! 잘될 겁니다!"

돈을 벌기 위해서

앞서 이야기한 탐방박스만으로는 제대로 된 생활비를 마련할 수 없다는 것을 알고 난 이후 서비스를 차츰 확장했다. 알고 보니 탐방에 관심을 두고 기업분석을 배우려는 이들은 매우 적었다. 인간은 편한 쪽으로 진화해왔다. 그래서 투자 업계의 시장 규모도 고급 정보를 공짜로 준다는 둥의 유사투자자문업이나 사기꾼 시장이 제일 크고 그다음이 투자를 대신 해주고 수수료를 받는 간접 투자

시장, 그다음이 직접 분석을 해서 투자를 하는 시장이다. 마지막의 직접 투자 시장은 힘들고 어려운 일을 스스로 해야 하기 때문에 시장 규모가 작을 수밖에 없다. 그리고 결국 낚시법을 잘 배웠다면 더 이상 낚시 학원에 찾아올 일이 없다.

이 난관을 헤쳐갈 방법을 두 가지로 찾았다. 둘 다 고객의 입맛에 맞추는 방법이다. 첫 번째는 공부를 하기 싫어하는 분들을 대상으로 체리박스 서비스를 개시했다. 체리박스는 여러 선택지 중 가장 이득이 되는 것만 택한다는 체리피킹에서 따왔다. 탐방박스 시리즈가 오아시스로 가는 지도를 주는 것이라면, 체리박스는 여러 가지 투자안 중에서 자신이 스스로 공부해 의사결정을 해야 하는 행위가 불편하다고 느끼는 고객들에게 생수를 컵에 따라주는 격이다. 우리 회사가 투자하는 모델 포트폴리오를 인터넷 카페를 통해 그대로 알려주는 방식이었다. 이 서비스는 자산운용사가 된 지금도 약간 변형한 방식으로 운영하고 있다.

이것이 탐방박스보다는 인기가 있었다. 그러나 이 또한 문제가 없었던 것은 아니다. 우리가 공개한 포트폴리오대로 똑같이 따라 하면 이론적으로 우리와 비슷한 연간 20~30퍼센트의 수익률을 얻어야 마땅하다. 그러나 고객들은 우리가 가장 많이 산 종목이나 우리가 산 이후에 가장 많이 하락한 종목 위주로 자기 의중을 가미해 투자를 한다. 이런 방식은 절대 권하고 싶지 않다. 퀀트 전략을 짤 때 과거 자료를 가지고 백 테스트를 할 때는 성공적으로 운영되던 것이 실전에만 가면 망가지는 여러 이유 중 하나가 인간이 개입해서 발생하는 '휴먼 에러' 때문이다. '지금 이런 업종은 쥐약이지' 하는 의견이 들어가는 순간 꼬이기 시작한다. 투자에는 굳은 투자 철학만큼 유연함이 필수다. 내가 틀렸다고 생각했을 때는 언제든지 손바닥 뒤집듯이 의견을 바꿀 수 있어야 한다. 분명 부끄러운 일이다. 하지만 실수를 인정하지 않고 고집을 부리거나 '조금만 오르면' 같은 요행을 바라다가 더 큰 손실을 본다면, 그건 훨씬 더 부끄러운 일이 된다. 전문 투자자라도 언제든지 샀던 주식을 팔 수 있는 법이고, 투자 성과는 한두 개의 주식이 아니라 50퍼센트를 조금 넘는 확률의 수많은 의사결정이 모여 만들어진다. 지금도 고객 상담을 할 때면 "일반 투자자는 전문 투자자보다 불안한 것이 당연합니다. 회사에 연락하는 것을 망설이지 마세요. 고객님의 불안함을 1부터 10까지 나눈다면 그 불안함이 1이 됐을 때 말씀해주셔야 합니다. 10이 되면 이성적인 판단이 불가능해서 서로 얼굴만 붉힐 뿐입니다"라고 이야기한다.

만약 욕심이 생겨 우리가 제안하는 포트폴리오 중에서 한두 개만을 샀다면 바로 그때, 또는 뭔가 이상하다고 느꼈을 때, 또는 마음이 초조해졌을 때 연락을 주면 좋은데 보통은 꾹꾹 참다가 더는 참지 못할 때나 우리가 그 주식을 팔아버렸을 때 역정을 내며 연락한다. "나 그 주식 많이 갖고 있는데", "팔 주식을 왜 샀냐?", "무슨 일이 있으면 알려줘야 하지 않냐?" 등등.

이때부터 지금까지 우리가 듣는 많은 질책 중 하나는 아무것도 하지 않는다는 것이다. 많은 수수료를 냈는데 예전부터 가지고 있던 종목을 그대로 가지고 있으면 돈값을 못 하는 것 아니냐는 이야기다. 그러나 우리가 해야 할 일은 같은 돈을 받았을 때 더 높은 수익률을 올리는 것이지 많은 정보를 제공하는 척하는 것이 아니다. 회사 운용역들에게도 일을 하라는 이야기는 거의 하지 않는다. 더 많이 움직인다고 해서 수익이 더 올라가는 것도 아니고 오히려 훌륭하지 않은 적당한 기업끼리 비교해야 하는 불필요한 공수만 생기기 때문이다. 뭔가 더 하는 것처럼 보여주기는 쉽다. 그러나 그것이 장기적으로 수익률을 갉아먹을 수 있다는 사실을 아는 사람은 드물다.

더퍼블릭인포의 현금흐름을 더 키우는 또 하나의 방안은 강의였다. 체리박스가 우리의 업무 영역 내에서 고객군을 확장하는 일이었다면, 강의 서비스는 기존 고객들로부터 더 많은 수익을 창출하는 전략이었다. 경영학 용어로 하면 ARPU Average Revenue Per User(이용자당 평균 수익)를 높이는 것이다. 우리 회사를 좋아하는 사람들은 투자 공부를 하고 싶어 하는 소수다. 그들은 항상 전문 투자자는 뭔가 특별한 것을 가지고 있고, 그래서 초과 수익을 낼 수 있다고 믿는다. 탐방 서비스를 통해서 전혀 그렇지 않고 투자라는 것은 누구나 할 수 있다는 것을 설파했지만, 배움의 목마름은 잘 채워지지 않는가 보다.

그렇다고 내가 강의를 할 수는 없었다. 회사에 다니던 때 강의를 해본 경험상 강의라는 것은 준비하는 데 상당한 시간과 노력이 들어가고, 실제로 몇 시간 강의를 하고 나면 진이 다 빠진다. 허리도 아프고 목도 아프다. 회사원이던 시절에야 개인 브랜드도 쌓고 월급 외 수당도 좀 챙기는 외부 활동이라고 생각할 수 있는데, 이때는 주식투자와 회사 본업에서 한 시도 눈을 떼면 안 되는 상황이었다. 돈이 된다고 해서 시간을 빼앗길 수는 없었다.

그래서 생각한 것이 외부 강사 섭외다. 개인 투자자들이 가장 궁금해하는 현직 애널리스트와 펀드매니저를 데려와서 강의를 하게 하고 우리는 수수료를 챙기는 것이다. 애널리스트에게는 분석 보고서를 내는 것만큼 펀드매니저를 대상으로 세미나를 하는 것도 중요한 업무다. 유명세의 바로미터인《매경이코노미》나《한경비즈니스》선정 베스트 애널리스트도 펀드매니저의 투표로 이뤄지는데 세미나 때 얼마나 강렬한 인상을 남기고 좋은 투자 아이디어를 제공했느냐가 관건이다. 그러니 애널리스트들은 항상 강의할 준비가 돼 있는 사람들이다. 그중 신입 펀드매니저들을 대상으로 산업의 기초를 가르쳐주는 일명 '기초 세미나'라는 것이 있는데 이를 우리 고객들을 대상으로 하는 것이 산업 특강이다. 펀드매니저는 보고서를 쓰거나 청중 앞에서 발표하는 일이 드물기 때문에 별도의 강의를 준비하기는 어려웠다. 그래서 강의명을 '스몰캡 특강'이라고 붙이고 과거 투자했던 사례들을 두어 시간 이야기하라고 권했다.

반응은 폭발적이었다. 우리 월급을 150만 원으로 올릴 수 있었다. 최저 시급 정도였지만 이 정도면 최소한의 생활은 가능했다. 주말에 강사를 불러놓고 수강생들에게 화장실과 주차 안내 정도를 해주면 우리가 할 일은 끝이었다. 강의장에서 돈이 벌리는 동안 컴퓨터 앞에 앉아 주식을 찾고 분석했다. 행복한 때였다. 딱 하나, 내 자존감만 포기하면.

회사를 나오고 강의 서비스를 시작하는 데까지 족히 몇 년은 걸렸을 것이다. 그 기간에 "사업을 시작했는데 벌이가 변변치 않으니 좀 도와달라", "공짜는 아니고 돈 100만 원 정도는 강의료로 줄 수 있다"라는 식으로 말을 꺼내는 것이 죽을 만큼 싫었다. 전화를 해서는 말을 빙빙 돌리다가 겨우 용건을 꺼내기도 했고, 메시지 같은 것으로 연락할 때는 전송 버튼을 눈에 아른거릴 만큼 쳐다보다가 '틱' 누르고는 재빨리 창을 닫아버렸다. 섭외한 후 강의 날이 다가와도 문제였다. 영등포동 7가의 허름한 빌딩에 앉아 A4 용지에 적힌 고객 명단을 확인하며 결제를 받는 모습이란······. 예전에는 잘나가는 펀드매니저였는데!

지금 와서는 추억이다. 그리고 이때 서비스를 이용했던 손님들이 지금 우리 회사의 든든한 장기 고객이자 주주가 됐다. 정말 뭣도 없지만 꿋꿋이 헤쳐나가는 모습이 가상하다는 분도, 결국 직접 투자하는 것보다는 간접 투자가 더 낫겠다는 분도, 오랫동안 지켜보니 정말 투자에 진심이고 제대로 경영하리라는 확신이 생기셨다는 분도 있다. 적자를 보지 않기 위해, 적으나마 우리 월급을 만들기 위해 해온 유사 벤처 같은 일들에서 사실은 훨씬 소중한 것을 얻었다.

나는
전과자입니다

〈유 퀴즈 온 더 블럭〉 이후 많은 대중매체에 노출되면서 크게 욕을 먹은 적이 있다. 재테크에 실패해서 날이 서 있는 분들이나 네이버에 기사만 올라오기를 기다렸다가 무슨 내용이든 악플을 다는 전업(?) 악플러를 제외하고, 악플 세례를 받은 건 이때 딱 한 번이다. 채널A의 〈아이콘택트〉라는 프로그램인데 출연자들이 말 못할 고민을 털어놓는 콘셉트였다. 방송국의 섭외에 응한 것은 순전히 동료들과 특별한 추억을 하나 더 쌓기 위해서였다. 그런데 인턴 사원까지 점심값 내기를 종용한다는 내용이 부각되며 '악덕 사장', '꼰대'라는 투의 악플을 많이 받았다. 방송사와 비밀 유지 계약을 맺은 터라 자세한 것은 말할 수 없지만 다소 과장됐다는 것만 밝혀

둔다.

그렇다고 우리가 점심값 내기를 하지 않는 것도 아니다. 하지만 그 유래가 우리의 자금난이라는 것을 아는 사람은 거의 없다. 구내식당이 없는 회사의 경우 N분의 1로 식대를 부담하거나 조직 내의 윗어른이 사주는 게 보통이다. 나도 마찬가지였고, 따지고 보면 내가 주로 계산대에 서는 편이다.

하지만 소득이 없는데 장사 있겠는가? 회사 내에서 윗사람 격인 나와 정 대표도 월급이 없고 가진 돈을 회사에 다 넣은 것은 동생들과 같은 처지였다. 멋있는 척을 할 수가 없었다. 나눠서 낼 수밖에 없었다. 그러다 보니 식사를 부실하게 때우게 되는 현상이 생겼다. 다 같이 수입이 없으니 싸구려 음식만 고르는 것이다. 어느 순간 회의감이 들었다. 잘 먹고 잘 살려고 하는 짓인데 이렇게 살아도 되나? 영양이 부족해 체력이 떨어지면 장기적인 가치에도 악영향을 줄 수 있다. 다음은 조금 무책임하고 근거 없는 이야기이긴 하지만 창업 초기 사업가들이나 금융인들이 자주 하는 표현이다. "마이너스 1억 원이나, 마이너스 1억 10만 원이나……." 주식을 조금 팔아서 일단 쓰기로 했다. 놀 때는 또 즐겁게 놀기로 했다.

그런데 어떻게 하면 점심 배를 든든한 메뉴로 채울 수 있을까? 무작정 비싼 음식점만 찾아갈 수도 없는 노릇이다. 그때 생각해낸 것이 내기다. 각자 먹고 싶은 메뉴를 말한 뒤 재밌는 게임을 한다. 게임에서 1등 한 사람이 고른 메뉴를 꼴찌가 사는 식이다. 게임은 계단 빨리 오르기부터 윷놀이, 해적 룰렛 등 다양했다. 공평함을 더

하기 위해 직전에 꼴찌를 했던 사람이 다음번 게임을 정할 수 있게 했다. 이렇게 하니 예능 방송에서 유명해진 '나만 아니면 돼' 정신으로 정말 먹고 싶은 메뉴를 고르게 됐다. 뭔가 값나가는 음식을 먹고 싶어도 내 지갑 사정과 파트너들의 눈치를 봐야 했던 분위기에서, 한 사람이 비싼 메뉴를 외치면 다른 사람들도 '에라, 모르겠다' 식으로 더 좋은 음식을 외친다. 이것이 우리 회사 점심 내기 문화의 시작이다. 그리고 결국 회사를 같이 오래 다니면 통계적으로도 N분의 1에 수렴한다. 분위기는 띄우고 내는 돈은 같아지니 이 프로젝트의 총편익은 사실 플러스다.

그런데 기억하는가? 나는 이미 결혼을 한 상태였다. 배우자는 투자 비즈니스나 내 뜻을 잘 이해하는 사람이며, 퇴사하기 전 이미 "사업계획상 3년간은 돈을 못 벌 것 같다. 하지만 그 이후에는 회사 다니는 것보다 훨씬 잘 벌어올 테니 믿어달라"라고 이야기도 해놓았다. 어쨌든 돈을 못 번다고 당당히 선언했지만 배우자에게 손까지 벌리기는 죽도록 싫었다. 월급은 없고, 생활비는 필요하고, 타인에게 손은 벌릴 수 없으니 방법은 하나밖에 없었다. 아르바이트. 회사 일에 지장을 주지 않는 선에서 가욋돈을 벌 방법을 찾았다. 차량 공유 서비스 우버Uber가 한국에 진출했다고 해서 1호 드라이버가 되고자 강남구에 있는 사무실에 찾아가서 면접도 봤다. 평소에는 좀 그렇고 기업탐방을 다니는 길에 동승자를 찾으면 단돈 몇만 원이라도 벌 수 있지 않을까 해서였다. 그런데 플랫폼 사업의 특성상 초기 공급자로서 돈을 벌기가 쉽지 않았다. 누가 호출을 해줘야 운행을 하든 말든 할 것 아닌가. 금세 포기했다. 나중에 '풀러스'라는 카풀 서비스 드라이버로 얼마간의 돈을 벌기는 했지만, 이 서비스는 '타다'와 마찬가지로 비영업용 차량으로 차량 공유 서비스를 제공하는 것이 불법으로 판시됨에 따라 날개를 펴지 못했다. 나 또한 이때는 소득이 어느 정도 생겼을 때 단순한 호기심에 했던 일이므로 별로 아쉽지는 않았다.

어느 날 친구의 친구로 알고 지내던 N 형한테 귀가 번쩍 뜨이는 이야기를 듣게 됐다. 자신이 에어비앤비라는 숙박 공유 서비스를 통해 매달 수백만 원의 수입을 올리고 있다는 것이다. 이 형님 또한 여의도에서 펀드매니저로 근무하고 있었고, 여의도에서 평소처럼 나와 점심을 먹으며 그 이야기를 들려줬다. 외국인 관광객들이 많이 올 만한 지역에 월세로 오피스텔을 빌려놓고 적당히 꾸민 후 에어비앤비 사이트에 올려놓으면 쉽게 돈이 벌린다고 했다. 아니, 본업을 하면서 돈을 벌 수 있다는 이야기 아닌가!

한국에 외국인 관광객들이 많이 온다는 것은 주식쟁이로서 당연히 알고 있는 사실이었다. 그런데 이들이 보통 가족 단위로 온다는 사실은 몰랐다. 생각해보면 우리도 해외여행이 자유화된 이후 가족 단위로 가까운 일본이나 중국, 동남아부터 찾지 않았나. 일단 처음에는 마음과 경비의 부담을 덜 겸 자연스럽게 멀지 않은 곳을 찾는다. 그리고 시간이 지나 해외여행이 보편화되고 나면 연인끼리, 친구끼리도 움직이고 미국이니 유럽이니 하는 먼 여행지에도 관심을 두게 된다. 특히 중국과 동남아에서 오는 여행객들은 부모님과 자녀까지 대여섯 명씩 다니는 경우도 흔한데, 끽해야 세 명까지밖에 들어가지 못하는 호텔은 방을 두세 개나 빌려야 하니 아무리 싼 숙소를 찾아도 1박에 수십만 원이 든다. 에어비앤비를 하기에 가장 괜찮은 지역은 서울역이나 홍대 근처였는데 월세 100~200만 원 정도면 방이 몇 개 딸린 오피스텔을 구할 수 있다. 그런 다음 10~20만 원에 방을 올려놓으면 상대적으로 소득이 낮은 외국인 관광객에게는 아주 가성비 좋은 숙소가 되고, 호스트는 못해도 월 100만 원 정도의 순수익을 거둔다는 것이었다.

이런 정보를 얻기 위해 N 형의 취미라는 등산을 매주 따라다녔다. 나는 사실 반복적이고 지루한 운동을 싫어한다. 그중에서도 어릴 때부터 아버지 손에 '끌려' 다니곤 했던 등산을 제일 싫어한다. 요새는 너무 흔한 말이 되어버렸는데, 대체 내려올 것을 왜 올라가는가? 하지만 N 형과 함께할 때는 오르내릴 때마다 상세한 팁들이 쏟아졌기 때문에 지치는 줄 몰랐다. 가구는 어디서 샀는지, 요금은 어떻게 책정했는지, 영어는 잘 못해도 되는지……. 이 사업으로 돈을 벌려고 했다면 오히려 덜 물었을 것이다. 내가 만들어가면 되니까. 실수를 하더라도 타산지석 삼아 더 잘 키우면 되니까. 2022년 지금 투자하고 있는 숙박관리 플랫폼 기업 H사의 창업자도 원래는 에어비앤비 운영자들을 고객으로 청소나 세탁 용역을 해주던 일에서 시작했다고 한다. 아마 나 역시 그런 기회들을 발견했을지도 모른다. 그러나 나에게 에어비앤비라는 것은 투자그룹 더퍼블릭을 포기하지 않기 위한 최소한의 안전장치였으므로 아예 안 하면 안

했지, 시작을 했다면 한 치의 오차 없이 운영돼야만 했다.

　나는 월세 120만 원에 방 두 개 딸린 풀옵션 오피스텔을 구했다. 이케아에서 가구를 들이고 전문 사진사를 고용해 사진도 예쁘게 찍었다. 여행객 입장에서 에어비앤비를 이용할 때 가장 중요한 것은 사진과 리뷰다. 어차피 근방의 오피스텔은 다 비슷하게 생겼으므로 신규 진입자 입장에서는 초반에 고객들의 선택을 받는 것이 제일 중요하다고 생각했다. 일단 손님이 있어야 리뷰가 생길 것 아닌가. 내 근무 시간 중에는 손님을 응대할 수 없었고 영어도 짧았기 때문에 매뉴얼을 아주 세세히 만들어뒀다. 클리어 파일을 사서 각종 스위치나 안내문의 사진을 찍고 영어로 주의사항을 꼼꼼히 적어 비치했다.

　뚜껑을 열고 보니 별로 걱정할 일도 아니었다. 한 달 내내 거의 만실 사례였고, 1박에 15만 원 내외를 받으면 월세와 관리비를 제하고도 200~300만 원씩은 남았다. 가구와 가전제품, 침구까지 모두 신상이어서 그런지 고객들의 평도 좋았다. 물론 초기에는 시행착오가 있어서 부지런히 움직여야 했다. 난방이 안 된다는 이야기에 부랴부랴 달려갔더니 '외출' 모드로 돼 있다거나 드라마 〈별에서 온 그대〉처럼 치킨을 배달시켜 달라는 주문, 몇 번은 인터폰을 잘못 조작해 화재 경보가 울린다는 관리사무소의 민원도 있었다. 그러나 시간이 지나면서 차차 안정화돼 고객 대응은 대부분 에어비앤비 앱으로 하고, 며칠에 한 번씩 퇴실할 때 청소와 세탁만 해주면 됐다. 11시 체크아웃에, 15시 체크인으로 설정해뒀기 때문에 평일에는 점심을 굶고 후다닥 차를 몰았다. 가장(이런 단어는 안 좋아하지만 과장을 위해 썼음을 밝힌다)의 자존심을 세우는 값치고는 매우 싼 편이었다.

이제 슬슬 전과자 스토리를 풀어야 할 것 같다. 뉴스에서 본 적이 있을지도 모르겠지만 숙박 공유 사이트는 한국에서 일정 부분은 합법이고, 일정 부분은 불법이다. 외국인 관광 도시 민박업 규정에 따르면, 자신이 거주하는 집을 외국인과 '공유'하는 것만 허용된다. 하지만 N 형님에게 노하우를 전수받고, 게스트하우스를 준비하는 동안 법률적인 검토는 전혀 하지 않았다. 전 세계적으로 영업을 하는 회사가 한국에서도 버젓이 수천, 수만 개의 숙소를 광고하고 있으니 불법적인 요소가 있으리라고는 상상도 하지 못했다. 그런데 내가 영업을 시작하고 1년 정도 지났을 무렵부터 에어비앤비가 돈이 된다는 소문이 퍼지면서 신규 진입자가 너무 많아졌다. 플랫폼 사업이 네트워크 효과를 구축해 성공하기 위해서는 공급자들이 돈을 벌게 해야 하는데 에어비앤비는 그것을 정확히 공략했다. 내가 N 형에게 물었던 것처럼, 나에게 연락해 자문을 구하는 지인들도 많아졌다. 그들이 새로 게스트하우스를 연다고 해서 나와 경쟁한다는 느낌보다는 시장이 커지고 서로 의지할 수 있는 동지가 생긴다는 느낌이 더 컸다. 가끔은 '내가 너희에게 기회를 준다', '무언가를 알려준다'라는 우월감이 들기도 했다.

서울역 앞 오피스텔들이 모두 게스트하우스로 바뀌기 시작하니 호텔 업계도 뒤숭숭했을 것이다. 자신들의 시장을 무허가 개인들이 잠식해가는 것을 그냥 보고만 있을 수 없었을 테고, 언론에서도 주목하기 시작했다. 이때다. 내가 불법을 저지르고 있다는 사실을 알게 된 것은. 그러나 윤리적으로 대단히 나쁜 일을 하는 것은 아니라고 생각했고 당장 잘 들어오고 있는 수입을 포기할 수가 없었다. 잘못한 일이다. 서울역에서부터 사복을 입은 관광경찰이 여행가방을 끄는 외국인을 따라가 오피스텔에 입실할 경우 단속한다는 풍문도 돌았다. 단속을 피하기 위해 시간이 날 때는 서울역으로 오는 손님들을 직접 자가용에 태워 숙소로 실어 날랐다.

하지만 꼬리가 길면 잡히는 법이다. 체크인하기로 돼 있던 외국인한테 전화가 와서 받았더니 관광경찰대 수사관이란다. 용산구에 있는 관광경찰대에 나와 조사를 받으라기에 순순히 나가 인정했다. '부업 삼아 시작했고 불법인지는 몰랐다. 중도에 불법이라는 것을 인지했지만 수익이 쏠쏠해 차마 그만두지 못했다'라고 말이다. 조사실 안에는 게스트하우스 주인들이 빽빽이 앉아 있었다. 다들 친구가 하는 것을 도와준 것이네, 그 외국인들은 정말 지인이네 하는 변명 속에서 나만 다른 세상 사람 같았다. 수사관도 잘 협조해줘서 고맙다며 송치할 때 원만히 해결될 수 있도록 코멘트를 달겠다고 했다.

'송치? 검찰로 보낸다고? 보통 이 정도면 한 번쯤 봐주고 넘어가는 것 아니었나? 영화나 드라마에서는 그렇던데.'

수사관은 입건된 이상 검찰로 송치되는 것은 어쩔 수 없다고 했다. '1년 이하의 징역이나 1,000만 원 이하의 벌금'이 이 범죄의 형량이다.

'징역을 살면 어쩌지? 벌금은 과태료와 달라서 빨간 줄이 그어 진다는데……'

검사가 판단할 때 죄가 가볍다고 판단하면 불기소나 기소유예 가 나올 수 있다고도 했다. 결과는 약식기소가 되어 50만 원의 벌금 이 부과됐다. 통지서에는 판결에 이의를 제기하면 정식 재판을 받 을 수 있다는 문구도 함께 적혀 있었다. 그럴 생각은 전혀 없었지만 그렇게 나는 전과자가 됐다. 자랑스러운 꼬리표는 아니지만, 징역 형이 아니라는 데 안도했다. 관광경찰의 전화를 받았을 때부터 유 죄라는 등기우편을 받기 전까지 낮에는 가슴 졸이고 밤에는 선잠 으로 지새웠던 그 시간이 지나간 것만으로도 감사했다.

우여곡절은
끝나지 않는다

여러 서비스를 하며 입에 풀칠을 했지만 우리의 목표는 항상 명확했다. 1,000억 원의 운용자산을 모아서 높은 수익률을 내고, 당당하게 많은 성과보수를 받겠다. '올바른 투자의 가치를 대중에게 제공한다'라는 창업 이념을 수행하는 데 투자정보를 팔거나 투자법을 가르쳐주는 것만으로는 충분치 않다는 생각도 점점 깊어졌다.

투자의 '가치'란 무엇인가? 수익을 내는 것이다. 그런데 분명히 우리는 수익을 내는 포트폴리오를 똑같이 제공했는데 고객이 수익은커녕 손실을 보기도 하고, 열과 성을 다해 분석 방법과 그간의 경험담을 털어놔도 중도에 포기하는 고객들이 태반이다. 그렇다면 우리가 할 수 있는 일은 한 가지다. 올바른 투자 방법이 어떤 것인지를 알리되, 우리가 직접 운용함으로써 증명하는 것. 그래서 고객들이 주식투자도 하는 방법에 따라서는 안전하면서도 꾸준한 수익을 낼 수 있다는 것을 믿게 하는 것. 그러나 그 일을 꼭 모두가 직접 할 필요는 없게 만드는 것이 우리가 할 일이다.

적은 월급을 감수해 증권 계좌에서 돈을 출금하지 않은 채 운용하다 보니 어느새 그 돈이 5억 원이 되고, 20억 원이 되고, 지금은 매년 주주들에게 굵직한 현금배당을 지급하면서도 50억 원 전후의 자본총계를 가지게 됐다. 5억 원이 넘었을 때 투자자문업을, 20억 원이 넘었을 때 투자일임업을 차례차례 등록했다. 그리고 지금은 자산운용사 타이틀도 가지고 있다.

그러나 우리가 어떤 조직인가. 항상 우여곡절을 달고 사는 회사 아닌가. 최소 자기자본 기준을 맞추고 금융위원회에 금융투자업을 등록할 때마다 예기치 못한 굴곡을 겪었다. '등록'은 '인허가'와 달라서 명문화된 기준만 충족하면 라이선스를 받을 수 있다. 그러나 실상은 정부 관계자가 퇴짜를 놓고 절차를 진행하지 않으면 개업 자체가 불가능하다. 주민센터에 가서 서류를 떼는 것 정도로 생각해서는 오산이다. 또 금융위원회에서 등록 업무를 위임받은 금융감독원은 우리 금융인들에게 저승사자나 호랑이 같은 존재이기 때문에 알아서 납작 엎드려야 한다. 예나 지금이나 금융감독원은 가까이해서는 안 되는 존재로 알려져 있다. 그들이 연락을 했다는 것은 뭔가 위법 소지가 있는 일을 저질렀다는 뜻일 수도 있기 때문에 '02-3145'로 시작하는 전화번호조차 무서울 지경이다.

그래서 일반적으로 금융투자업을 등록하려는 자는 전문 컨설팅 업체나 로펌을 구한다. 그러나 투자그룹 더퍼블릭은 거창하게 '그룹'이라는 말은 붙였지만 객관적으로 보면 구멍가게에 불과했다. 어떤 일이든 할 수 있다는 정신으로 격파해나가야 했다. 직원들에게 '왜 등기 업무 법무사를 안 쓰냐?', '대표님은 비용 들어가는 일에 인색하다', '전문가에게 외주로 맡기고 우리는 본연의 업무에 집중하는 것이 더 효율적이다'라는 볼멘소리를 듣기도 하는데 이것도 다 유래가 있고 이유가 있다.

처음 전환사채를 발행할 때 당연히 세무사와 회계사, 법무사에게 자문을 구했다. 왜냐? 모르니까! 투자자로서 전환사채가 무엇인지 발행의 효과는 어떤 것인지는 누구보다도 잘 알지만, 실제로 전환사채를 발행해보지 않았으니 알 턱이 없었다. 계약서는 어떻게 쓰며, 투자자로부터 돈은 어디로 송금받아야 하며, 등기는 어떻게 해야 하는지……. 나아가 실물 사채증서는 필요한 것인지, 실물은 그냥 A4 용지에 인쇄하면 되는 것인지……. 전화 돌린 몇 군데 법무사 사무실에서 대동소이한 답변을 줬다.

그런데 이해가 안 되는 점은 업무 대행에 따른 수수료였다. 전환사채 발행 예정 금액을 묻고 그 금액에 정해진 수수료율을 곱해 수수료를 받는다는 것이다. 예를 들어 요율을 1퍼센트라고 한다면 1억 원을 발행하면 100만 원을, 10억 원을 발행하면 1,000만 원을 지불해야 한다는 뜻이다. 이게 말이 되나? 너무 불합리하게 느껴졌다. 그들이 하는 일은 정해진 서류를 받고 등기소에 가서 제출하는 일이므로 사채의 발행 금액이 늘어났을 때 달라지는 점은 숫자 0을 몇 개 더 입력하는 것밖에 없기 때문이다. 한 푼이 아쉬운 형편에 그렇게 지불할 수는 없었다.

직접 전환사채까지 등기를 쳐보니 별것 아니었다. 대법원에서 정해준 양식과 첨부 서면만 준비하면 별다른 어려움 없이 진행됐다. 그 이후부터 우리는 등기 업무를 직접 하고 있다.

한번은 등기국 민원실 사람이 이상하다는 듯 쳐다보며 물었다.

"혹시 새로 오신 법무사님이세요?"

못 보던 사람이 요즘 들어 자주 나타나는데 법무사라고 하기에는 편안한 차림새에 상대적으로 앳된 얼굴이라 말을 건 것 같았다. 아니라고 하자 창구 밖으로 손을 쑥 내밀어 표지판 하나를 가리켰다.

"법무사가 아닌 자가 등기 업무를 하면 법무사법에 위배됩니다."

'내가 내 회사 등기를 못 해? 뭐 이런 밥그릇 지키기 성 법률이 다 있어?'

알고 보니 법조문에는 '그런 사무를 업으로 하지 못한다'라고 나와 있다. 내가 우리 회사 등기를 돈 받고 하는 것은 아니니 아무 문제 없다. 이 또한 아무도 가지 않는 길을 가기 때문에 벌어진 에피소드이리라. 업무를 이해하는 데 가장 좋은 방법은 자기가 직접 해보는 것이다. 등기를 비롯해 전문가에게 위탁할 수 있는 어떤 업무도 그 내용과 절차를 이해하고 위탁하는 것과 그냥 '잡일'이라고 생각해 위탁하는 것은 나중에 큰 차이가 생긴다.

투자자문업 등록을 위해 금융감독원에 방문했을 때는 정말 의외의 것을 지적받았다. 바로 '삼공바인더'다. 내가 한 뼘 두께의 서류들을 스테플러로 찍어 바리바리 싸 들고 갔더니 감독원 직원이 말했다.

"삼공바인더 아시죠?"

"죄송합니다. 모르겠습니다."

"구멍이 세 개 뚫린 서류철 있어요. 거기에 서류를 끼우시고 장마다 길쭉한 포스트잇으로 색인을 만들어서 다시 가져오세요."

몇 개월을 기다려온 첫 미팅은 그렇게 끝이 났다. 관공서의 업무는 그런 것이었다. 최근까지도 금융투자업을 등록하려는 지인들에게 내가 제일 먼저 강조하는 것이 '삼공바인더'다.

준비는 제대로 했다고 생각했는데 등록 작업이 차일피일 미뤄졌다. 금융감독원 홈페이지에 적힌 처리 기한 1~2개월은 유명무실했다. 업무를 맡은 금융감독원 담당자도 답답해했다. 더퍼블릭투자자문이 전에 없던 사례라는 것이다. 간혹 기업이 대주주인 경우는 있지만 이처럼 지주회사(더퍼블릭투자홀딩스)가 대주주인 경우는 처음이라고 했다. 그 지주회사가 투자정보업을 하는 것도 탐탁지 않아 했다. 법적으로 결격 사유가 있는 것은 아니지만, 여타 회사들과 다른 모습을 띠는 것 자체가 이상해 보이고 한편으로는 그것이 건전한 금융투자업 영위에 방해 요소가 될 수 있다고도 생각하는 듯했다.

그분에게 우리의 이상과 그에 미치지 못하는 현실에 관해 두루 설명했다. 이례적으로 높은 직책의 분과도 미팅을 했다. 회사에 실사를 왔을 때는 초긴장 상태였다. 이 또한 법적으로 문제가 되는 것은 아니나, 더퍼블릭투자홀딩스의 본점이 내가 살고 있던 영등포의 아파트라는 사실이 뭔가 켕기는 느낌이었다. "지주회사는 근처에 있나요?"라는 질문에 혹시나 가보자고 하는 것은 아닌가 해서 눈동자가 흔들리며 "저기 가까운 데 있어요"라며 얼버무렸다.

더퍼블릭투자홀딩스(구 더퍼블릭인포)가 하던 투자정보 사업을 완전히 접고 순수지주회사로 남는다는 전제 조건으로 등록이 됐다. 법적인 효력은 없다면서도 요구한 각서까지 써낸 후에야 우리 회사는 금융위원회에 등록한 어엿한 금융투자업자가 됐다. 더퍼블릭인베스트먼트에서 더퍼블릭투자자문으로 사명을 변경할 때는 날아갈 것 같았다.

최소 가입 금액을 올리다

이후 상품을 기획해서 출시했다. 기존 유사투자자문업 시절의 고객들에게도 알렸다. 많은 분과 계약을 체결했다. 보통의 투자자문사가 억대로 정하는 최소 가입 금액을 3,000만 원으로 낮추고, 제주도만 빼고 어디든 직접 가서 계약했다. 전혀 알려지지 않은 우리 회사를 찾아주셨다는 감사함에 버선발로 뛰어나간 것이기도 하지만, 직접 만나서 우리 입으로 투자관을 설명해야 장기 고객이 되고 또 여윳돈이 생겼을 때 더 위탁해주리라 믿었기 때문이다.

그러나 2022년 더퍼블릭자산운용의 최소 가입 금액은 3억 원으로 초기보다 10배나 올랐다. 아니, 올려버렸다. 신한금융투자와 상품을 출시할 일이 있어 관련 부서와 만난 적이 있는데, 미팅이 끝나고 담당 팀장이 따로 좀 시간을 낼 수 있느냐고 물었다.

"김 대표님, 최소 가입 금액은 높이시는 게 좋아요."

"아, 네."

'왜 우리 경영 철학에 딴죽을 놓지?' 어물쩍 넘어가려 했다.

"최소 가입 금액에 따라 고객군이 달라져요."

'재산이 적은 사람은 고객으로서 질이 안 좋고 꽝이라는 뜻인가? 이런 편견이 어디 있어?'

그런데 이야기를 듣다 보니 수긍이 갔다. 재산이 적은 사람이 나쁜 고객이라는 뜻이 아니라 최소 가입 금액이라는 문턱이 낮을수록 기대수익률이 높고 위험 감수 성향은 낮은 고객의 비율이 늘어난다는 뜻이다. 최소 가입 금액이 3억 원이면 대략 자산 규모 100억 원 이상의 부자가 가입하는 경우가 많으나, 3,000만 원이면 고수익을 기대하고 평생 모은 돈 전부를 한 펀드에 맡기는 고객도 생긴다는 이야기다. 그 고객에게는 너무나 소중한 전 재산이어서 주가 하락을 견디지 못한다. 그들로부터 나오는 감정 섞인 항의는 펀드매니저의 평정심에도 해를 끼쳐 결과적으로 전체 고객의 수익률이 낮아질 수 있다고 했다.

결과적으로 경영 측면에서도 최소 가입 금액을 높인 것은 성공적인 전략이었다. 주로 부자들을 상대하는 업인데, 부자들은 상상

이상으로 돈을 많이 갖고 있어서 최소 가입 금액을 올리면 올리는 대로 따라왔다. 어쩌면 10억 부자, 100억 부자, 1,000억 부자가 따로 있는지도 모르겠다. 하지만 최소 가입 금액이라는 것이 그들에게도 심적인 기준점이 되는지 아무리 성과가 좋아도 최초 계약한 금액에서 추가로 금액을 불입하는 경우는 거의 없었다. 같은 노동력을 들여 운용할 때 고객당 운용 금액이 클수록 영업 레버리지 효과가 나므로 성공적이라고 판단하는 것이다.

그렇다고 해서 우리의 창업 이념인 대중을 버리고 갈 수는 없었다. 지금은 3억 원 이상의 고액 자산가를 위한 상품을 주로 판매하고 있지만, 100만 원부터 계약이 가능한 비대면 상품 또한 준비해 두고 있다. 그런 소액 상품들을 통해 우리 회사를 간접적으로 만나고 있는 고객도 수백 명이나 된다. "더퍼블릭자산운용의 금융투자 상품을 원하는데 왜 다른 회사의 상품을 추천하느냐?", "이름만 빌려준 상품 아니냐?"라고 묻는 분들도 계시지만, 중소기업의 한계로 직접 상담이나 계약을 하지 않는다 뿐이지 운용 성과는 우리 회사와 직접 계약하는 사모펀드나 일임 상품과 대동소이하다.

본격적으로 고객과 함께

파트너 한 명의 아버지가 손님을 소개해준다고 해서 부산까지 내려간 적이 있다. 대학교수인데 부유한 편이라 금융투자 상품 경험이 많다고 했다. 특이한 점은 사전에 보내준 회사소개서의 수익률을 믿지 못하겠으니 HTS에서 출력한 자료를 모두 달라는 것이었다. 거짓말쟁이로 보는 것 같아 울컥했지만, 거짓말한 것이 없으니 당당하게 자료를 뽑아 갔다. 이 일을 계기로 마케팅 포인트를 하나 더 발견했다. 거래 내역을 정리하다 보니 6~7년 투자하는 동안 20퍼센트 이상 처분손실이 발생한 종목이 한 손으로 꼽을 정도임을 새삼 알게 된 것이다. 어차피 투자 아이디어는 미래의 일을 예측하는 것이기 때문에 틀릴 가능성이 항상 존재한다. 중요한 것은 철저히 분석하고 쌀 때만 투자해서 투자 아이디어가 실패했더라도 큰 손실을 보지 않는 것이다.

투자자문업과 투자일임업은 1:1로 고객에게 서비스를 해야 한다는 것은 같지만 결정적인 차이가 있다. 투자일임업은 고객의 재산을 '일임'받아 금융투자업자가 직접 운용하는 일이다. 내부 절차나 법적인 구성 요소는 다소 차이가 있지만 일반 투자자 입장에서는 펀드와 비슷하다고 볼 수 있다. 투자자문업은 자문이라는 말 그대로 상담을 해주는 일이다. 하지만 변호사처럼 대화를 나누고 그시간에 따라 수당을 받는 대신, 과거 서비스업 때의 체리박스처럼현재 기준에서 최적의 수익을 기대할 수 있는 포트폴리오를 제안한다. 문제는 여전히 투자자문사가 제안한 포트폴리오대로 매매하지 않는 고객들이 많다는 데 있다. 그래서 회사와 고객 간 수익률이달라지고, 이는 회사의 평판과 수수료 수입에 문제를 일으킨다.

이런 문제를 해결하는 방안이 자문형 랩 어카운트다. 증권사나 은행은 일반인이 잘 아는 주식 중개나 수신·여신 업무 외에도 다양한 업무 단위의 라이선스를 보유하고 있는데, 투자일임업도 그 중 하나다. 투자자문업자가 증권사나 은행에 포트폴리오를 제안하고, 증권사나 은행은 자문받은 내용을 바탕으로 투자일임계약을 맺은 자사 고객들의 자산을 운용한다. 고객 입장에서는 법적인 계약 주체가 판매 및 운용을 담당하는 투자일임업자이지만 실제로 많은 의사결정은 배후에 있는 투자자문업자가 내린다. 따라서 판매하는 단계에서부터 해당 자문형 랩의 투자자문업자가 누구이고, 그들의 운용 스타일이 어떤지를 고객에게 설명할 의무가 있다.

운 좋게도 증권사 세 군데에서 우리를 알아보고 찾아왔다. 신생사는 애걸복걸을 해도 무게감 있는 인적 네트워크가 없으면 본사 상품 관련 부서와 미팅 한 번 잡기도 어려운 일이라는 점을 고려할 때 매우 이례적인 일이다. 대단한 이력도 없고 자본금이 부족해 투자자문업만을 등록한 회사라는 점을 생각하면 더더욱 그랬다. 나와 정 대표의 배경, 과거 투자 성과를 바탕으로 키워주겠다며 자문형 랩 상품 출시를 제안했다. S사는 자신들의 이력을 설명하며 가이드라인대로 잘 따라오면 수백, 수천억 원의 수탁 규모를 만드는 것은 별로 어렵지 않다고 했다.

좋은 일도 함께 오는 것인가 보다. 학보사 출신인 아내의 후배가 연락을 해 왔다.《머니투데이》증권부에서 업계의 신선한 얼굴들을 찾고 있는데 우리 회사를 취재하고 싶다는 것이었다. 투자정보를 팔던 시절부터 간간이 인터넷 신문에 인터뷰 기사가 실리기는 했지만, 투자 동아리 출신이라는 데 주목하는 정도이거나 출간한 책에 관한 서평이 대부분이었다. 이번 기사는 일간지 지면을 큼지막하게 장식했다. 우리 회사의 수익률과 구체적인 투자 사례까지 담겼다. 그야말로 투자회사 더퍼블릭투자자문을 알리는 서막이었다.

바로 그날부터 전화가 빗발치기 시작했다. 다섯 명이 온종일 전화만 받아도 부족할 지경이었다. 전화를 받고 있지 않은 사람은 계약서를 인쇄하거나 외부에 나가서 손님을 만나는 상황이라고 해도 과언이 아니었다. 그렇게 몇 달 동안 미친 듯이 고객을 만나니 0원에서 시작한 고객 자산이 몇 개월 만에 100억 원을 돌파했다. 이 속도라면 목표한 1,000억 원도 눈 깜짝할 새에 만들 수 있을 것 같았다.

가장 뼈아픈
실패

투자자문사나 헤지펀드 운용사의 영업수익은 일반적으로 수익률과 무관하게 매년 수취하는 기본 수수료와 수익률에 따라 기존에 정해둔 목표를 초과할 경우에만 수수하는 성과보수로 나뉜다. 우리 회사는 기본 수수료 1.5퍼센트에 1년 단위로 15퍼센트 이상의 수익을 기록할 경우 초과분의 30퍼센트를 성과보수로 받기로 했다. 성과보수 기준지표 15퍼센트는 동종 업계가 제시하는 0~7퍼센트보다 꽤 높은 편으로, 엔간히 높은 수익을 내지 않으면 성과보수를 받지 않겠다는 뜻이었다. 대신 성과 수수료율도 업계 평균보다 높은 편으로, 충분히 높은 수익을 낼 경우에는 당당히 많은 보수를 가져가겠다는 의미다. 운용을 잘한다는 자신감의 표현이기도 했고, 어차피 신생사로서 아직 믿음을 가지지 못하고 불안해할 고객에게 어필할 수 있는 것은 수익률밖에 없다는 생각에 어쩔 수 없이 선택한 마케팅 수단이기도 했다.

더퍼블릭자산운용의 목표 수익률은 26퍼센트로, 금융투자업 등록 전까지 평균 수익률이 딱 그만큼이었다. 그리고 3년에 2배가 되는 복리의 숫자이기도 하다. 지금까지도 이 수익률은 크게 훼손되지 않고 지켜지고 있다. 26퍼센트의 수익률을 기록하면 앞서 말한 수수료 구조에서 1년간 총 4.8퍼센트의 보수를 받는다. 이미 100억 원을 달성했으므로 4억 8,000만 원의 영업수익을 기대할 수 있고, 회삿돈을 운용해서 나오는 수익까지 고려하면 5억 원이 넘는다. 공동 창업자 다섯 명이 일하고 있으니 우리가 이미 억대 연봉자가 된 느낌이었다.

이 시기 포트폴리오에 가장 많이 가지고 있던 주식은 케이티스였다. 본업은 콜센터 운영으로, 인터넷과 스마트폰이 발달하면서 성장성은 거의 없는 상황이었다. 그렇다고 당장 없어질 만한 산업은 아니어서 꾸준히 200억 원 정도의 영업이익은 벌어들이고 있었다. 주식시장에 상장하면서 모은 공모 자금까지 합하면 1,000억 원의 현금도 가지고 있었는데 투자 당시 시가총액이 1,000억 원을 밑돌았으니 극도의 '저평가' 상태라고 볼 수 있었다.

이해를 돕기 위해 예를 하나 들어보겠다. 음식점을 운영하던 지인이 급한 사정으로 외국으로 떠나는 바람에 평소 친하게 지내던 당신에게 가게 인수를 제안했다. 장사는 꾸준히 되는 편으로 1년에

2,000만 원 정도는 남는다. 가게 인수 가격은 1억 원이라 투자수익률은 20퍼센트다. 그런데 가게를 인수하고 나서 보니 금고 안에 '급하게 떠나는지라 자칫 자식같이 키워온 가게를 닫을 수도 있었는데 명맥을 이어주어 고맙다'라는 편지와 함께 운영 자금 1억 원이 들어 있더라. 어떤가, 꿈 같은 일 아닌가?

그런데 주식시장에는 이런 기업들이 꽤 있다. 이상하게 저평가돼 있는 주식들 말이다. 금고에는 1억 원이 들어 있으나 내가 기업을 온전하게 소유하지 못한 탓에 마음대로 꺼내 쓸 수 없다. 오히려 대주주는 자신의 지분율이 100퍼센트인 것처럼 그 돈을 다 가져다 쓸 수도 있다. 20퍼센트의 투자수익률도 배당 등의 형태로 나에게 귀속될 수 있을지 확실치 않다. 그래서 만년 저평가를 벗어나지 못하는 기업들도 있는 것이다. 나도 아마 전술한 내용만으로는 당연히 케이티스를 매수하지 않았을 것이다. 메가 트렌드의 훈풍을 받으면서 매출액과 영업이익이 꾸준히 증가하는 기업을 선호하기 때문이다.

케이티스 내부에서도 성장의 한계를 느끼고 신규 사업을 준비하고 있었다. 택스 리펀드tax refund● 사업에 진출한 것이다. 부가가치세와 개별소비세는 내국인에게 매겨지는 세금이기 때문에 외국인은 납세의 의무가 없고, 대신 정해진 양이나 금액 이상의 재화를

● 세금을 환급받는다는 뜻으로, 주로 외국에서 구매한 물건을 현지에서 사용하지 않고 자국으로 가지고 돌아올 때 물건값에 포함된 부가가치세와 개별소비세를 돌려받는 것을 의미한다.

가지고 국경을 넘으면 관세를 부과한다. 롯데, 신라 등의 브랜드로 우리가 익히 알고 있는 면세점은 구매할 때부터 세금을 뺀 가격을 표시하는 사전 면세점이므로 환급 절차가 불필요하다. 그에 반해 사후 면세 상품은 일단 가격표대로 지불한 후 공항이나 항구 등 국경을 넘기 전에 택스 리펀드 창구를 찾아 상품과 영수증을 제시하면 소정의 수수료를 제하고 세금을 환급해준다.

이 소정의 수수료를 받고 국가를 대신해 택스 리펀드 사업을 하는 곳이 스위스의 글로벌블루Global Blue, 한국의 글로벌텍스프리 같은 회사다. 케이티스는 유인 창구 대신 키오스크를 설치해서 환급을 위해 기다리는 시간을 대폭 단축한다는 계획을 세웠다. 또한 계열회사 비씨카드가 중국 국영 카드사인 은련카드와 제휴 관계라는 점을 활용해 은련카드로 구매한 중국인은 아예 별도의 환급 절차 없이 귀국하더라도 구매 금액에서 차감해주는 기능을 도입한다고 했다. 방한 외국인의 절반이 중국 국적이고 중국인들도 언제까지나 불편하게 현금만 사용할 수는 없다고 생각했기 때문에 메가 트렌드에 매우 부합하는 사업이었다. 시장 참여자가 좋아할 만한 신규 사업을 전개하는 것은 저평가를 해소할 만한 강력한 촉매가 된다. 투자한 지 몇 개월 지나지 않아 1,000억, 1,200억 원을 넘어 수십 퍼센트의 수익률을 기록했다.

집중투자를 하는 이유

우리 회사는 열 개 이내의 종목으로 포트폴리오를 구성하는 집중투자 원칙을 고수하고 있다. 분산투자의 이유를 변동성의 축소라고 착각하는 투자자들이 많은데 변동성은 애초에 위험이 아니라 투자자의 친구다. 산책하는 개와 주인의 이야기를 들어본 적 있는가? 개는 주인을 앞서거니 뒤서거니 하며 천방지축으로 뛰어다닌다. 전봇대에 밴 다른 동물의 체취를 맡느라 걸음을 멈추기도 한다. 그러나 강아지가 움직일 수 있는 반경은 주인이 잡고 있는 리드줄의 길이를 벗어나지 못하며, 출발지와 목적지는 주인과 같다. 여기에서 주인의 경로는 기업의 가치다. 그리고 개는 주가다. 주가는 시시때때로 들쭉날쭉하게 움직이지만 결국 기업가치에 수렴한다. 이것이 가치투자의 기본 논리다. 예컨대 주인이 개를 안고 움직일 때처럼 동선이 일치한다면, 저평가나 고평가가 발생하지 않는다. 우리는 싸게 살 기회도 비싸게 팔 기회도 얻지 못하는 것이다. 따라서 가치가 훌륭한 기업을 고를 수 있다면 주가는 변동할수록 좋다.

그렇다면 투자에서 위험이란 무엇일까? 영구적인 자본 훼손이다. 끔찍한 비유지만 산책을 나선 주인이 교통사고를 당하면 다시는 반려견과 산책하러 나가지 못하게 될 수도 있다. 기업의 가치가 영영 하락한 것이다. 이런 위험을 겪지 않으려면 기업을 꼼꼼하게 살펴봐야 한다. 투자를 하기 전에는 물론이고, 자금을 집행한 이후에도 계속해서 투자 아이디어대로 회사가 잘 돌아가고 있는지 아넌지를 지켜봐야 한다. 좀 과장하면 그 집에 숟가락이 몇 개 있는지 까지 알아야 한다. 기업에 어떤 위험이 내포돼 있는지 그것이 어떻게 관리되고 있는지 파악해야 하고, 혹 리스크가 발현된다면 나는 어떻게 대응할지 계획을 세워야 한다. 그러려면 물리적으로 투자자 1인당 관리하는 종목 수가 적어야 마땅하다. 투자가 업인 우리 회사의 펀드매니저들이 1인당 다섯 개 내외의 기업을 추적하는 것을 고려할 때, 생업이 따로 있는 일반 투자자라면 당연히 그보다는 훨씬 적어야 할 것이다.

그럼에도 우리는 직접 상장회사를 경영하는 것이 아니기 때문에 대리인 비용●이 발생한다. 또 주주나 채권자와 경영자 간 최적의 의사결정이 일치하더라도 예기치 못한 불상사가 발생할 수 있다. 국내 유일의 내국인 카지노인 강원랜드에 세금이 늘어난 것처럼 규제의 내용이 바뀔 수도 있고, 배터리회사나 골판지회사가 그랬듯이 공장에 대규모 화재가 발생할 수도 있다. 이렇게 개별 기업에 영향을 미치는 악재를 비체계적 위험이라고 한다. 서브프라임 모기지 사태나 남유럽 재정위기, 코로나19 대유행과 같이 주식시장 전체에 일괄적으로 반영되는 체계적 위험에 대비되는 말이다. 체계적 위험은 예상할 수 없기 때문에 피하기도 어렵다. 가끔 폭락을 예측해 '파멸의 박사'라는 뜻의 '닥터 둠Dr. Doom' 타이틀을 얻은 경제비관론자들이 주목받는 경우가 있는데, 경제가 비운을 맞은

● 주주나 채권자가 대리인 경영자와 상충하는 이해관계 탓에 감수하는 부의 감소를 의미한다.

만큼 그들은 천운을 맞은 것과 같다고 생각한다. 맞힐 수가 없는 것을 운 좋게 맞혔기 때문이다. 그런 우연은 다시 찾아오지 않고, 보통 그들은 한번 얻은 유명세로 평생 비관을 점치면서 살아간다.

비체계적 위험은 분산투자를 통해서 제거 또는 축소할 수 있다. 여러 기업을 보유함으로써 한 기업에 내재하는 위험이 포트폴리오 전체에 미치는 영향을 줄일 수 있고, 가끔은 개별 기업 간 역의 상관관계로 상쇄될 수도 있다.

한국도 미국이나 유럽처럼 저비용항공사 시장이 커진다고 판단해 티웨이항공에 투자하고자 했는데, 유가와 환율이 걱정거리였다. 항공사의 영업비용 중 가장 큰 비중을 차지하는 것이 미국 달러화로 지불하는 항공유와 항공기 리스 비용이다. 투자 아이디어대로 저비용항공사를 이용하는 사람이 늘어나더라도 유가가 오르거나 환율(달러화 가치)이 오르면 이익이 예상보다 적어질 수 있다. 그래서 적정한 비율을 계산해 원유 ETF와 달러화 ETF에 같이 투자했다. 이렇게 하면 유가나 달러화가 올라 티웨이항공의 주가 상승이 부진하더라도 그만큼을 ETF 차익으로 벌충할 수 있다. 티웨이항공의 승객이 늘어난다는 아이디어에만 오롯이 집중할 수 있는 것이다.

또 다른 사례도 있다. 시청자의 눈이 TV나 신문 같은 전통적인 매체에서 유튜브나 인스타그램 같은 뉴미디어로 옮겨가면서 광고주들이 광고를 게재하는 플랫폼도 바뀌고 있다. 뉴미디어는 정확히 어떤 특성을 가진 이용자 몇 명이 해당 광고를 인지했는지만이 아니라 구매, 앱 설치, 홈페이지 방문 등 어떤 행동을 했는지까지 추적할 수 있어서 광고주 입장에서 광고비를 훨씬 효율적으로 집행할 수 있다. 이것을 '퍼포먼스 마케팅performance marketing'이라고 하는데 이 분야 국내 1위 회사는 에코마케팅이다.

이 회사의 전략 중 하나는 광고를 수주하는 과정에서 성공 가능성이 큰 아이템을 가진 중소기업을 발견하면 해당 기업에 직접 투자해서 독점적인 광고 계약을 따냄과 동시에, 그 광고를 잘 만들어줘서 기업 자체를 키우고 그에 따른 자본차익도 얻는 것이다. 미니마사지기로 유명한 클럭과 네일아트 제품을 만드는 오호라가 에코마케팅의 작품이자 계열회사다. 그런데 이 회사가 최근에 인수한 요가복과 레깅스 전문 업체 안다르가 갑질 논란에 휩싸이면서 시장 점유율을 잃을 위기에 처했다. 특히 안다르는 과거 몇 차례의 인수 건과 달리 규모가 굉장히 큰 거래라 에코마케팅을 더는 광고회사로만 볼 수 없을 정도가 됐다. 절반은 레깅스 업체가 된 것이다. 그래서 우리가 선택한 방법은 헤지 목적으로 브랜드엑스코퍼레이션에 투자하는 것이었다.

브랜드엑스코퍼레이션은 안다르를 넘어 시장 점유율 1위가 된 요가복 브랜드 젝시믹스를 운영하는 회사다. 에코마케팅의 기업가치 중 안다르가 차지하는 비율만큼 브랜드엑스코퍼레이션을 추가 편입함으로써 안다르가 기업가치를 갉아먹는 만큼은 브랜드엑스코퍼레이션의 주가 상승으로 상쇄되기를 기대한 것이다. 이런 전략을 통해 우리는 퍼포먼스 마케팅 시장 성장과 에코마케팅의 광고 능력에 자금이 온전히 투자되는 효과를 누릴 수 있다.

재무학적으로 이런 비체계적 위험은 열 개 이상의 종목에 투자할 경우 그 감소폭이 급격히 체감한다. 분산투자 목적으로는 상관관계가 낮은 열 개의 종목이면 충분하지, 열한 개를 투자하든 백 개를 투자하든 추가적인 위험 감소가 제한적이라는 뜻이다. 우리 회사가 열 개 이하의 종목에 투자하는 이유도 이 때문이다. 종목은 열 개인데 한 종목의 비율이 90퍼센트라면 분산투자의 효과를 누릴 수 없기에, 아무리 투자 아이디어가 훌륭하다고 해도 최대 30퍼센트 이상은 편입하지 않는다. 그리고 보통은 종목당 10~20퍼센트를 편입하며 한 종목에 30퍼센트를 편입하는 일은 1~2년에 한 번 나올까 말까 한 드문 사례다. 혹 예견할 수 없었던 리스크로 부도가 나거나 상장폐지를 당했다고 하더라도 나머지 70퍼센트의 종목들이 목표로 하는 26퍼센트 이상의 수익률을 달성해준다면 1~2년 내에 원금은 건질 수 있게 한 것이다.

인간의 욕심은 끝이 없다

2015년에는 케이티스의 편입 비율이 30퍼센트였을 만큼 확신의 강도가 높았다. 그러다 보니 케이티스의 주가 상승은 전체 포트폴리오의 수익에도 커다란 영향을 줬다. 케이티스의 주가가 한창 오를 무렵 중국으로 기업탐방 겸 워크숍을 간 일이 있는데 우리 회사의 재무 상황을 고려할 때 상당한 지출이었다. 그것을 감수하고라도 팀원들끼리 단합도 하고 넓은 세상을 보자는 취지로 통 크게 결단한 것이다. 그런데 막상 출국하고 보니 매일매일 케이티스의 주가가 오르면서 우리가 중국에 와서 쓴 돈 이상으로 돈이 들어오는 것이 아닌가. 매일 아침에 주가를 확인하고 환호성을 지른 후 일정을 시작했다.

그런데 케이티스의 말로는 별로 좋지 않았다. 아니, 정확하게는 아주 쓰라린 기억으로 남았다. 주가가 빠르게 올라 1차 목표 시가총액인 2,000억 원을 넘어섰을 때 팔았다면 얼마나 좋았을까. 지금 돌이켜 생각해보면 주가에 취했던 것 같다. 결론부터 말하자면, 케이티스의 택스 리펀드 사업은 완전히 실패했으며 해당 사업부를 국내 1위 경쟁자였던 글로벌텍스프리에 매각했다. 해당 산업의 핵심 경쟁력을 제대로 파악하지 못했고, 케이티스가 경쟁 우위를 얻지 못했기 때문이다.

먼저 외국인 관광객들은 키오스크를 선호하지 않았다. 어차피 비행기에 탑승할 때까지 남는 것이 시간이고, 작동 방법이 익숙하지 않은 키오스크를 찾기보다는 조금 기다리더라도 사람 얼굴 보고 환급받기를 원했다. 여행이나 출장 목적으로 공항에 갈 때마다 키오스크가 설치됐는지 살펴봤는데, 설치는 꾸준히 됐으나 손님이 그 앞에 서 있는 모습은 거의 보지 못했다.

또한 택스 리펀드 시장에서 갑은 공항과 사후 면세점이었다. 공항은 환급 창구나 키오스크를 설치하는 대가로 고액의 임차료를 요구했고, 사후 면세점은 굳이 특정 브랜드의 택스 리펀드 사업자를 선호하거나 여러 브랜드를 입점시킬 필요가 없었다. 주로 전세 버스를 이용해 단체 관광객들이 오는 업소인 만큼 '우리도 택스 리펀드 할 수 있어요' 정도만 어필하면 그만이었다. 오히려 여러 사업자가 들어오면 아르바이트생에게 브랜드별로 다른 환급 절차를 교육해야 하는 등 현장의 혼란만 가중될 뿐이었다. 그래서 케이티스와 같은 신규 사업자가 가맹점을 유치하려면 막대한 마케팅 비용이 소요됐다. 케이티스는 다행인지 불행인지 대기업 KT의 자회사였기 때문에 마케팅 비용을 함부로 지출할 수 없었고, 큰 적자는 나지 않았지만 가맹점을 늘리는 데 실패했다.

그렇다면 케이티스가 사업 초기 자랑하던 은련카드와의 제휴는 어떨까? 우리가 주식을 매도할 때까지 진행되지 않았다. 케이티스가 준비한 비장의 무기는 실제 무기를 고객에게 전달할 은련카드 측에는 중요 전력이 아니었던 것이다. 그보다 더 중요한 점은 중국인의 신용카드 사용 비율이 오르지 않았다는 것이다. 한국은 신용카드와 체크카드의 결제 비율이 70퍼센트를 넘지만, 중국은 20퍼센트에도 미치지 못했다. 외국에 갈 때는 해당 국가의 화폐를 환전하는 수요가 있음을 고려할 때 중국인들이 한국에 와서 카드로 결제하는 일은 좀처럼 찾아보기 힘들다는 뜻이다.

개발도상국이 새로운 산업 조류를 만나면 종종 기존의 관행을 아예 건너뛰기도 한다. 예를 들어 아프리카의 PC 보급률은 여전히 낮지만, 스마트폰 보급률은 높다. 아프리카인들은 인터넷이라는 신문물을 모바일 기기로 더 먼저 접한다는 뜻이다. 그렇다면 해당 지역에서는 PC용 홈페이지 제작 업체는 태어나지도 않은 채 스마트폰 앱 개발 업체가 수혜를 볼 것이다. 중국도 그랬다. 현금을 주된 결제 수단으로 사용하던 것에서 카드를 아예 뛰어넘어 모바일 결제 수단이 대세가 됐다. 한국은 코로나19 대유행 이후 전자출입명부를 도입하기 전까지 QR코드 인증이라는 것이 생소했다. 그러나 중국에서는 이미 수년 전부터 오프라인에서 결제할 때조차 스마트폰의 QR코드를 보여주고 점원이 스캔 단말기를 가져다 대는 모습이 흔했다. '당연히 결제는 알리페이나 위챗페이지'라고 생각하는 중국인들이 한국에서는 해당 결제 시스템을 사용할 수 없으니 그냥 현금 결제를 선호하는 것이다. 그 때문에 굳이 은련카드를 만들 필요를 느끼지 못했을 것이다. 실제로 독일 시장조사 업체 스태티스타Statista의 〈디지털 시장 전망 2020〉 보고서에 따르면, 중국 결제시장에서 카드가 차지하는 비율은 2020년 18.5퍼센트에서 2024년 4.4퍼센트로 오히려 줄어들 것으로 전망됐다.

사실 수집하는 데 어려운 부분도 없었고 회사의 IR 담당자도 스스럼없이 응대하는 편이라 의지만 있었다면 투자하는 동안 충분히 검증할 수 있었다. 저평가 국면과 시장 참여자가 흥분할 만한 신규 사업 소식만으로 회사가 가지고 있는 경쟁 우위보다 주가가 더 많이 올랐으니 '다행이다'라는 마음으로 기분 좋게 팔고 나올 수도 있었다. 그러나 주가가 자꾸 오르기만 하니 '조금만 더! 곧 3,000억 원이라는 최종 목표 시가총액에 도달할 수 있어'라는 욕심이 제대로 된 의사결정을 하지 못하도록 이성을 지배했던 것 같다. 당시 나는 모든 여유 자금을 회사의 자본금에 투자했기 때문에 개인 명의로는 주식투자를 하지 않고 있었는데, 이때 내 종목으로 큰돈을 벌었다며 파트너들이 십시일반 돈을 모아 자가용을 한 대 선물해줬다. 이후 주가가 다시 하락하는 바람에 수익을 모두 뱉어내야 했고, 남은 것은 그들이 나에게 사준 폭스바겐 골프 하나다. 미안한 마음에 지금까지 기업탐방이든 세미나든 워크숍이든 4인 이하로 움직일 때면 늘 골프를 이용한다.

승승장구하던 케이티스의 주가가 하락하기 시작한 것은 의외의 복병 때문이었다. 지금은 코로나19 때문에 모두 큰 고통을 겪고 있지만 그 이전에도 감염병 이슈는 여러 차례 주식시장을 거쳐 갔다. 그중 우리에게 가장 뼈아팠던 질병이 메르스다. 중동 지역 낙타에서 유래했다는 이 호흡기 질환은 서울 강남권을 중심으로 빠르게 퍼져나갔다. 메르스라는 질병이 처음 발견된 날 뉴스 속보가 있었지만, 주식시장에는 아무런 영향을 주지 못했다.

그때 전화가 걸려 왔다.

"현준아, 케이티스 팔아야 하지 않을까?" 당시 N증권 프랍 데스크에서 일하던 R 선배였다.

"메르스 때문에요? 그것 별일 아니지 않을까요?"

큰 실책이었다. 이 통화를 계기로 진지하게 고민을 시작해야 했다. 또 전화가 걸려 왔다. 이번엔 배우자였다.

"지금 뉴스 봤어? 메르스라는 전염병이 퍼지고 있는데 케이티스에 안 좋은 거 아니야?"

"야, 야, 됐어. 아무 걱정 안 해도 돼."

또 무시했다. 심지어 이번에는 개인 투자자가 이 정도로 호들갑 떠는 것을 보니 정말 아무 일도 아닐 것 같다며 동료들과 비웃었다.

지금 생각해보면 이때 케이티스를 매도하지 않을 이유가 없었다. 시나리오별로 나눠서 생각해보면 첫째, 전염병이 크게 유행하면 주가가 내려갈 것이다. 여기에서 다시 두 갈래 길로 나뉘는데 케이티스 택스 리펀드 사업의 경쟁 우위가 지켜진다면 일단 팔았다가 하락한 가격에 다시 매입하면 기회비용도 덜 들고 기대수익률도 높아진다. 만약 전염병이 유행하는 동안 케이티스의 경쟁 우위가 훼손되거나 애초에 미약한 것으로 판단된다면 다시 매수할 이유가 없다. 이 경우에는 손실 위험이 줄어든다. 둘째, 전염병이 국지적 또는 일시적으로만 발생하고 금방 종식된다고 하더라도 외국인 관광객을 대상으로 하는 사업이라 주가가 오를 가능성은 작다. 메르스 초기에는 케이티스를 비롯해 외국인을 대상으로 비즈니스를 하는 기업들의 주가가 내려가지 않았기 때문에 충분히 취할 수 있는 조치였다. 그런데 우리는 그 기회를 알량한 자존심 때문에 날려버렸다.

주신이 노하신 게 분명했다. 케이티스의 악재는 메르스로 끝나지 않았다. 얼마 지나지 않아 중국 정부에서 위안화 절하를 단행했다. 중국은 사회주의 국가로 자국 통화와 외화를 바꿀 때 쓰는 환율도 정부에서 큰 기준을 정해주는데, 이를 관리변동환율제도라고 한다. 그런데 자국민들이 한국으로 해외여행을 가고 외산 브랜드의 구매를 늘리는 등 외화 유출이 커지자 내수 소비를 장려하려는 것이었다. 위안화로 같은 월급을 받아도 여행 비용이나 수입 물품은 외화로 결제해야 하기 때문에 위안화 가치가 하락하면 부담이 늘어날 수밖에 없다.

그리고 그 유명한 사드 배치 문제가 터졌다. 북한의 위협을 저지하기 위해 설치한 미사일에 중국이 펄쩍 뛰었다. 사정거리가 북한을 넘어 중국 본토까지 넘볼 수 있으므로 자국의 안보에 큰 문제가 생긴다는 것이다. 나는 국방이나 안보 쪽 전문가가 아니라 사실관계를 파악할 수는 없지만, 확실한 것은 이 때문에 한국과의 교류를 제한하는 한한령限韓令이 내려졌다는 점이다. 아직도 중국 정부는 이를 공식적으로 인정한 적이 없지만, 한국으로의 여행을 금지하고 한국 연예인들의 자국 내 활동과 한국 문화상품의 소비를 막는 조치들이 암암리에 일어났다. 이 제재는 중국의 자국 기업 부양 의지에 더해져 이 책을 집필하는 지금까지 영향을 주고 있다. 케이티스의 주가는 회복될 수 없었다.

금융업은 서비스업

우리 회사의 자문 상품과 각 증권사의 자문형 랩 상품은《머니투데이》의 지면 기사 게재 이후 빠르게 팔려나갔으나, 안타깝게도 메르스가 발병한 이후 계약한 고객의 비율이 높았다. 금융상품은 잘될 때 많이 팔리고 성과가 나쁠 때 해지가 많아진다. 사실 반대로 해야만 돈을 벌 수 있는데, 개인의 욕심도 그렇고 언론이나 판매사도 이미 잘되고 있는 상품을 다뤄야 기사가 되고 다수의 고객에게 설득하기가 쉽기 때문에 정점에 판매하고 나 몰라라 하는 경우가 많다.

피터 린치가 마젤란펀드를 떠난 이후 피델리티자산운용에서는 마케팅 전략을 개발하기 위해 그가 운용했던 펀드를 들여다봤다. 13년간 원금이 28배가 불어난 펀드인데 알고 보니 누적 가입자의 절반은 손실을 봤다는 것이 밝혀졌다. 가만히만 두면 몇 배씩 수익이 났을 펀드를 신문에 났을 때, 수익률이 좋아 올해의 펀드 상을 받았을 때 '나도 저렇게 잘되겠지' 하고 큰 기대감을 안고 투자했다가 1년이 채 지나기도 전에 실망해 포기한 것이다. 코로나19 때 동학개미 운동에 힘입어 주식을 시작했다가 모두가 산다는 삼성전자, 카카오에 손실을 보고 있는 투자자들에게 '포기하지 말라'라고 강변하는 것도 같은 이유다.

손실을 보는 것도 슬픈데 고객들에게 비난을 받는 것은 더 견디기 힘들다. 소중한 자산을 관리하는 일을 맡은 만큼 무거운 책임이 따르는 것은 이해하지만, 금융투자업을 등록하고 얼마 지나지 않아 벌어진 일이라 고객들에게 욕을 먹는 게 처음이었다. 처음은 누구에게나 힘들지 않던가. 가장 많은 계약액을 보유하고 있던 S증권 PB들은 전화를 계속해댔다. 심지어는 장모님께서 돌아가셔서 상

주로서 장례식장에 있는 와중에도 전화가 왔다.

"PB님, 수익률로 심려 끼쳐 죄송합니다. 그런데 제가 상중이어서 발인 끝나고 연락드리면 안 될까요?"

"아니, 그래도 통화는 되잖아요. 지금 케이티스 어떡할 거예요? 위안화 절하는 큰 문제 아니에요?"

어쩔 수 없이 자리를 빠져나와 몇 마디 드렸지만 화를 누그러뜨릴 순 없었다. 사흘간 그분을 포함해 몇 분 더 전화를 주셨다.

기왕 이야기를 시작했으니 몇 가지 쓴맛 에피소드를 더 이야기해볼까 한다. 의외로 수수료를 떼이는 일은 비일비재하다. 안 내는 이유도 가지가지다. 단순히 잊었다거나 송금한 줄 알았다는 변명부터 수익률이 마음에 안 든다는 이유를 대기도 하고, 그냥 내가 그러고 싶으니까 나중에 주겠다거나 깎아달라는 이야기까지 서슴지 않는다.

금권주의에 익숙한 일부 몰지각한 부자들에게 계약서는 종잇조각에 불과하다. 중소기업 경영자는 "내 돈 계속 안 맡을 거야?"에 마음이 약해지고 "금융감독원에 민원 넣을 거야"라는 말에 잘못한 일이 없어도 덜컥 겁부터 난다. 법대로 하라는 조언도 유명무실하다. 돈도 인적 여유도 마땅치 않을뿐더러 그 파문이 어떤 소문으로 퍼질지, 그것이 우리의 표적 시장인 다른 부자들에게 어떤 영향을 미칠지도 걱정이었다. '이 회사는 고객을 고소한대'라는 소문이라도 나면 큰일이었다.

사업 시작 첫해에 손실이 난 C 고객에게 만기일에 맞춰 수익률은 이렇고 수수료는 어떻다는 내용이 적힌 재계약 확인서를 보냈는데, 그것이 도화선이 됐다. 기업탐방을 위해 청주역 앞에서 차를 기다리는데 전화가 왔다. 마이너스 수익률인데 왜 수수료가 발생하느냐는 질타였다. 친절히 그리고 소상히 설명해드렸다. 성과보수는 당연히 받지 않지만 기본 수수료는 계약서에 적혀 있듯이 회사 운영경비 목적으로 부과되기 때문에 수익률이 안 좋아도 받을 수밖에 없다고. 우리가 생존해야 고객의 수익률을 회복할 기회가 있지 않겠느냐고. 그래도 전혀 소용이 없었다.

소리는 점점 커졌다. 그럼 차라리 해지를 하시는 것이 어떠냐는 말에는 "마이너스인데 어떻게 해지를 해?"라는 반응이었다. 도돌이표가 붙은 듯한 대화를 계속하다가 자칫 기차를 놓칠 시각까지 됐다. 그래서 이렇게 말했다.

"혹시 제가 제 개인 돈으로 수수료를 내면 어떨까요? 그럼 저희 회사와 고객님 간 계약 관계도 문제가 없고 40여만 원 정도의 적은 돈이니 저와 고객님 간 증여 문제도 발생하지 않을 것 같은데요."

상대방이 답하기까지는 0.1초도 안 걸린 것 같다.

"그래요, 그럼."

케이티스의 실패 이후 깨달은 것이 하나 있다. 고객들의 인내심은 우리만큼 강하지 않고 위험 감수 성향도 우리보다 크지 않다. 하지만 우리는 자기자본이 별로 없기 때문에 고객 자산이 꼭 필요하다. 워런 버핏도 처음부터 지금의 버크셔해서웨이와 같은 투자를 한 것은 아니다. 버핏파트너십 시절에는 많은 고객에게 수수료를 받으면서 영업을 했고, 개인의 부가 일정 수준 이상에 다다라서 그럴 필요가 없을 때부터 본인만의 투자 제국을 건설해나갔다.

우리는 고객 자산을 지키기 위해 고객총회에 더욱 힘을 싣기로 했다. 우리는 창업 때부터 분기에 한 번씩 희망하는 모든 고객을 모아 운용보고회를 개최한다. 마치 버크셔해서웨이의 주주총회와 같은 개념인데, 몇몇 대형 운용사가 몇 년에 한 번씩 하는 것을 제외하면 한국에서는 유례가 없는 것으로 알고 있다. 운용역이 총출동한 가운데 지난 3개월 동안의 운용 성과와 포트폴리오 현황, 향후 3개월 동안의 전망 및 운용 방침, 투자한 모든 종목의 투자 아이디어 등을 공유한다. 수익률이 좋을 때는 행사가 축제 분위기지만 수익률이 좋지 않을 때는 욕도 많이 먹는다. 그러나 고객과의 약속이자 투자 실력의 자신감으로 지금까지 한 차례도 빼먹은 적이 없다. 연휴가 끼는 때만 아니면 분기가 끝난 후 두 번째 토요일 오후 일정은 항상 비워져 있다. 최근 코로나19 때문에 온라인으로 진행해야 한다는 점이 아쉬울 따름이다.

간혹 주요 고객들을 대상으로 우리의 고객총회와 비슷한 정기 세미나를 여는 회사들은 있다고 들었다. 그러나 누구도 알 수 없는 주식시장을 전망하거나 전문가만 아는 어려운 산업 용어를 나열하는 것은 '보고'일 뿐이지 '소통'이 되지 않을 터이므로 고객들의 궁금증이나 불안감을 해소하는 데는 한계가 있다. '앞으로 반도체 가격이 몇 달러가 상승할 것이니 삼성전자의 주가가 이만큼 오를 것이다'라는 이야기를 했을 때 잘 이해할 수 있는 일반 투자자가 얼마나 되겠는가. 고개를 끄덕일 순 있겠지만 이해보다는 투자회사를 향한 믿음이나 의리에 불과하고, 시간이 지나 현실이 전망과 다르게 펼쳐질 경우 이는 불신이나 분노로 바뀐다. 이와 달리 더퍼블릭자산운용은 주로 B2C 소비재에 투자하기 때문에 고객들이 충분히 이해할 수 있을 뿐만 아니라 토론이 될 만한 주제가 등장한다.

한 예로, 프로바이오틱스 건강기능식품을 생산하는 종근당홀딩스에 투자한 적이 있는데 여성 고객 한 분이 이런 의견을 제시했다.

"락토핏(종근당홀딩스가 생산하는 제품명)은 효능이 약한 싸구려 브랜드예요. 그래서 저는 고가의 듀오락(경쟁사 쎌바이오텍의 제품명)을 먹어요."

"저도 듀오락의 제품 기술력에 관해서는 이해하고 있습니다. 하지만 대다수의 소비자는 건강기능식품을 선택할 때 그렇게 깐깐하게 따지지 않더라고요. 오히려 종근당그룹은 광고 능력이 좋아 프로바이오틱스 시장 성장의 과실을 가장 크게 얻을 것으로 생각합니다. '핏, 핏, 핏, 핏~' 하는 광고는 고객님도 아시죠? 저희가 락토핏으로 돈 벌어드릴 테니 그 돈으로 비싼 듀오락 사 드시면 되겠습니다!"

분위기는 화기애애했다. 다음 분기 고객총회에도 그 고객은 어김없이 참석했고, "김 대표 말이 맞았어"라고 이야기해주셨다. 이렇게 소통의 장이 되면 한 분기 더 기다려볼 마음의 여유가 생기고, 이후 우리가 근사한 수익률을 내면 결국 더퍼블릭이라는 브랜드의 팬이 돼 절대 떠나지 않는다.

매매 회전율이
400퍼센트라고요?

투자자문업만으로는 한계가 있다는 것을 절실히 느꼈다. 우리가 발간한 책이나 우리 회사를 다룬 신문 기사들을 읽고 찾아온 고객에게 S증권사의 랩 어카운트를 추천했다. 우리는 투자자문업만 하기 때문에 직접 계약하기보다는 대형 증권사의 서비스를 동시에 받을 수 있는 상품이라며 입에 발린 소리를 했다. 상담을 잘 마치고 알겠다며 돌아간 고객에게서 며칠 후 다시 연락이 왔다. S증권 점포에서 더퍼블릭투자자문이 자문하는 랩 어카운트라는 상품이 존재하지 않는다고 했다는 것이 아닌가. 깜짝 놀라 이곳저곳에 수소문했다. 알고 보니 제2의 브레인자산운용이니, 제2의 케이원투자자문이니 하며 수백, 수천억 원의 계약액을 약속했던 본사의 바로 그 팀에서 판매 금지 처분을 내렸던 것이다. 수익률 부진과 응대 불량이 이유라고 했다. 우리는 이미 수익률을 다 회복했는데……. 고객총회를 통해 설득하고 케이티스 또한 마지막에는 손실 없이 팔았는데……. 장모님 장례식장에서 전화를 제대로 못 받은 것이 응대 불량이라면 할 말이 없다. 그래도 상품을 내리려면 우리에게 알려는 줘야 하지 않는가? 안 팔아도 좋고, 결정 후의 통보라도 좋다. 그래도 알려만 줬다면 소중한 고객 한 명이 헛걸음할 일은 없었을 것 아닌가.

투자자문업을 하는 동안 꾸준히 낸 수익과 추가 자금 유치로 2017년에 꿈꾸던 투자일임업을 등록하게 됐다. 투자일임업도 투자자문업 때와 마찬가지로 금융감독원 직원들의 실사가 있었는데 참 허탈했다. 재무상태표를 보더니 신설 회사라면 모를까 영업을 하던 회사인데 왜 이렇게 현금을 잔뜩 가지고 있느냐는 질문을 했다. 사실 아슬아슬하게 자기자본 20억 원을 넘기자마자 등록 신청을 한 터라, 평소처럼 자기자본 투자를 하고 있다가 운 나쁘게 주가라도 급락해 실사 날에 20억 원을 밑돌면 그동안의 노력이 물거품이 되기 때문에 주식을 미리 다 판 것이다. 금융감독원 직원들이 소리 내어 웃었다. 투자자문업과 투자일임업을 한꺼번에 신규 등록할 때는 5억 원 더하기 15억 원 해서 20억 원이 필요한 것이 맞지만, 이미 투자자문업을 영위하고 있었기 때문에 투자자문업 등록 유지 요건인 70퍼센트, 그러니까 5억 원의 70퍼센트인 3억 5,000만 원에 투자일임업 신규 등록 요건 15억 원을 더한 18억 5,000만 원만 있으면 된다고 했다. 이미 현금을 22억 원 가까이 가지고 있었기에 굳이 주식을 팔아둘 필요도 없었다.

또 유상증자 등기를 할 때 발생하는 3퍼센트 정도의 등록면허세는 액면가를 과세표준*으로 하기 때문에 액면가를 낮게 하고 실제 발행단가를 높이는 할증 발행을 하면 절세가 된다는 팁도 뒤늦게(?) 알려줬다. 이후 다른 금융투자업자들의 재무제표를 살펴보니 십중팔구는 그렇게 했더라.

그러면서 지금 회사에 금고가 있느냐고도 물었다. 없다고 하니 그럼 66원 동전은 어디 있냐는 것이다. 재무상태표에 현금이 기록되어 있는데 끝전이 66원이었다. 회계사가 재무제표를 만들 때 끝전이 딱 떨어지지 않는 금액을 현금에 포함한 것이다. 현금은 어차피 잔고증명서 등을 제출할 수 없기 때문에 중소기업에서 자주 쓰는 꼼수 같은 것이다. 사실대로 말하고 소액이니 잡손실**로 처리하겠다는 다짐으로 실사가 종료됐다.

그러나 꿈에 그리던 투자일임업자가 됐다는 기쁨은 잠시였다. 투자일임업 면허만 생기면 모든 것이 해결될 줄 알았는데 아예 새로운 장면이 시작되는 것에 불과했다. 예나 지금이나 우리 회사를 직접 찾아서 오는 워크인walk in 고객들이 대다수다. 워크인 고객은 우리 회사 브랜드와 서비스에 충성도가 높아 계약을 장기간 유지

---

* 과세물건의 가격·수량·중량·용적 등 세금을 부과하는 데 기준이 되는 것.
** 판명되지 않은 이유로 현금이 장부잔액보다 남거나 부족할 때 회계상으로 잡이익 또는 잡손실로 처리한다.

할 뿐만 아니라 높은 수수료도 기꺼이 부담한다. 다만 영업 측면으로 본다면 이런 다이렉트 고객은 운용만 잘해주면 되는 것이고 중소기업이 대규모 광고를 할 수 있는 것도 아니므로 특별히 유치할 방법이 없다. 그래서 주식 분석이나 운용을 하지 않는 시간에 기업 가치를 제고하는 방법은 은행이나 증권사 같은 판매 채널을 만나서 우리 회사의 상품을 소개하는 것이다. 그때 우리를 좋게 본 PB가 있다면 자신들이 관리하는 고객 중 투자 스타일이 맞는 분들에게 가입을 권유하고 우리가 받는 보수의 일부를 나눠 가진다. 그들에게 가는 수익배분율은 20~30퍼센트 정도로 일반적인 플랫폼 사업자와 유사한 수준이다. 우리는 PB 한 명을 만나지만 실제로는 그 뒤에 딸린 고객 수십 명에게 우리의 투자 철학을 전달할 수 있으니 감사하게 내줄 만한 비용이다.

그런데 그들에게는 적은 돈이었다. 3억 원을 맡겨서 26퍼센트 수익률을 내면 333만 원을 받는데 적다고? 계약과 운용은 우리가 하고 PB는 투자 권유만 하는데?

여러 세미나를 하면서 PB들을 만나보니 이유가 명확해졌다. 미팅이 끝나고 나면 어떤 종목에 투자하는지, 과거 성공이나 실패 사례는 어떤 것이 있는지, 계약 절차는 어떻게 되는지를 물어야 하는데 꼭 나오는 질문이 "매매 회전율이 어떻게 됩니까?"였다. 1년에 주식을 몇 번 사고파느냐는 질문인데, 바꿔 말하면 한 종목의 평균 보유 기간이 얼마나 되느냐는 뜻이다.

'매매 수수료가 많이 나가서 고객 수익률이 저하되는 것을 걱정

하는 건가?'

'우리의 장기 투자 철학을 의심하는 건가?'

천만의 말씀이었다. 그들이 관리하는 자산은 고객의 자산이기도 하지만 PB 자신의 수익원이기도 하다. 그런데 그들의 수익원은 주로 매매 수수료에서 발생했다. 그들이 고객 계좌의 주식을 직접 매매하든 일임회사에 맡겨서 투자일임사가 매매하든, 그 수수료는 모두 증권회사와 PB의 몫이다. 고액 자산가들은 보편적으로 PB들의 자산관리를 받기 위해 높은 요율의 오프라인 및 전화 매매 계좌를 사용한다. 소수점 아래 0이 몇 개 붙어 있는 저렴한 수수료의 온라인 전용 계좌도 있지만, 당연히(?) 서비스의 질이 내려가며 홈페이지와 앱에서 메뉴 버튼을 찾아 헤매야 한다. 이 오프라인 수수료는 매매 금액의 0.5퍼센트 정도인데 한 주식을 팔고 다른 주식으로 갈아탔다고 하면 보유 금액의 1퍼센트가 수수료로 빠져나가는 셈이다. 우리가 기껏해야 3퍼센트 내외의 수수료를 받고 이 중에서 PB에게 나누는 것은 0.75퍼센트에 불과하다는 것을 고려했을 때 매매 수수료의 몫이 더 커 보일 수밖에 없는 것이다. 게다가 운용사가 받는 보수는 1년 단위이고, PB가 좋아하는 매매 수수료는 기간과 무관하게 매매가 이뤄질 때마다 받는다. 그러니 그들이 1년에 매매를 얼마만큼 하느냐를 궁금해할 만도 하다. 어차피 고객들은 짧게는 수년, 길게는 십수 년 거래해온 PB를 전적으로 신뢰한다. 이때 PB들은 수익률이 더퍼블릭투자자문보다 조금 낮더라도 자신에게 돌아오는 매매 수수료가 높은 상품을 추천한다.

아이러니하지만, 수익률이 준수하고 나름대로 스토리가 있는 회사임에도 증권사의 판매 권유 손님이 늘지 않는 이유는 장기 투자를 하기 때문이었다.

우리 회사의 실제 회전율은 100퍼센트 전후다. 주식을 한 번 사면 평균적으로 1년 정도 보유한다는 뜻이다. 물론 창업 이래 한 번도 팔지 않은 주식도 있고 몇 년 동안 투자하는 주식들도 있다. 이것은 그 기업의 임직원들이 계속해서 훌륭한 영업 실적을 내주기 때문인데, 매우 희소한 경우에 속한다. 일만 잘한다고 되는 것도 아니다. 회사의 영업 실적과 주가가 앞서거니 뒤서거니 동행하면서 움직이는 등 투자자와 '케미'가 잘 맞을 때만 가능하다. 테슬라가 아무리 좋은 차를 만들고 자율주행 기술을 선도하는 기업이라고 해도 단숨에 주가가 10배 올라버리면 투자자 입장에서는 훨씬 더 먼 미래를 예측해야 하는 부담이 생긴다. 팔고 나서 더 오르는 것이 배 아플 수는 있지만 불확실한 영역에서 무리하게 보유하다가 손실을 보는 것보다는 나은 선택이다.

그런데 주식시장은 상식적으로 예측할 수 있는 가까운 미래의 가치는 현재의 주가에 미리 반영하는 특징이 있다. 우리는 최초 투자를 하기 전에 3년 후의 미래가 추정 재무제표로 그려지지 않으면 투자를 집행하지 않는다. 그러나 호재가 시장에 알려지기 시작하면 그런 장기 주식도 1년 이내에 시세를 내는 것이 보통이고, 미래 예측력에서 평범한 우리는 이익을 확정하는 선택을 한다. 장기 투자를 계획한 주식일지라도 1~2년간 주가에 변화가 없거나 거꾸로 간다면 경험적으로 우리의 예측이 틀렸을 때가 많다. 보통 1년 정도 투자해서 시세 차익을 보는 주식이 많고, 정말 좋아서 성공적으로 장기 투자하는 종목과 종국에는 실패로 판명이 나지만 일단 고집 반 인내 반으로 비자발적 장기 투자를 하는 종목이 일부 있다. 여기에 원래부터 6개월 이내 매도를 계획하는 일부 단기 주식까지 합하니 보유 기간이 1년 정도라고 나왔다.

그러나 '주식을 잘하는 것 같네', '젊고 신선한 친구들이야' 하는 눈빛으로 나를 바라보는 PB들에게 100퍼센트라는 회전율을 말할 수가 없었다. 실망시키고 싶지 않았다. 그들도, 나 자신도.

"저희 회전율은 400퍼센트 정도 됩니다." 거짓말을 했다.

"월 400퍼센트 맞죠? 괜찮네요."

뜨악! 월 400퍼센트? 그러면 매매 수수료로만 1년에 24퍼센트가 나간다. 1억 원을 맡기면 2,400만 원. 1년에 24퍼센트의 수익률을 내는 운용사는 흔치 않다. 결국 고객은 대부분 손실을 떠안는다. 이런 생각 자체가 낡은 것일 수도 있다. 한 번 매매할 때 1퍼센트 이상만 차익을 남기면 되는 것 아닌가? 불가능할 것도 없다. 내 아내도 가치투자 동아리 출신이고 대기업에서 M&A를 담당하지만 자신의 주식 계좌는 한 달에 1퍼센트씩만 벌면 되니까 수익이 난 종목은 홀랑 팔아버리고 평가손실 상태인 종목은 절대 팔지 않는다고 한다. 결과는? 평가손실이 점점 커져 손톱만 한 처분손익들을 합쳐도 계좌는 계속 쪼그라든다. 우리 부부는 독립채산제(?)를 쓰므로 내가 이렇게 말한다.

"너 알아서 하고 싶은 대로 다 해. 근데 어디 가서 김현준 배우자라고만 하지 마."

옳은 영업의 표본

그렇다고 모든 PB가 자신의 배만 불리는 것은 아니다. 우리 회사에서 다이렉트 고객들을 제외하면 가장 많은 판매액을 담당하는 H증권의 L 차장 이야기다. 나중에 L 차장이 그것 좀 버리라고 타박했던 까맣게 때가 탄 새빨간 패딩과 깔맞춤 배낭을 메고 설명회를 하면서 처음 알게 됐다. L 차장은 투자 외에는 관심이 없어 보이는 외모(요새는 연예인 병 걸렸다고 안 좋아하신다)에 당당한 말투와 눈빛 때문에 내가 마음에 든다고 했다. PB는 고객 유치와 관리를 하고 투자자문사나 자산운용사는 운용을 잘하면 된다면서, 자신은 주식 투자는 잘 못하지만 사람 하나는 잘 본다고 했다.

한국에 투자자문사와 자산운용사만 수백 개인데 그들 입장에서 한 회사를 밀어줄 이유도 없고 공식적인 실적이 없는 신생 회사라면 더더욱 그렇다. 이 '공식적인' 실적이라는 것도 참 우스운 것이 금융투자업자가 되고 나서는 개인 투자자 때의 성과를 인정하지 않고, 투자일임업자가 되고 나서는 투자자문업자 때의 수익률을 인정하지 않는다. 또 자산운용사가 되고 나니 투자자문과 투자일임을 하던 시절은 한 단계 낮은 아마추어라고 깎아내린다. 보통 본사 상품 부서와 계약을 체결할 때는 우리가 그들에게 연락을 취하고 읍소해 미팅을 잡는다. 그리고 몇 개월의 지난한 검증 과정을 거치는데, 통과만 돼도 큰 다행으로 여긴다.

그런데 L 차장은 아예 방법이 달랐다. 엠제이 드마코가《부의 추월차선》(토드, 2022)에서 말하지 않았는가. 모두가 서 있는 꽉 막힌 차선에 있으면 용빼는 재주가 있어도 목적지에 일찍 도착하지 못한다. 차가 없는 다른 차선으로 옮기는 것이 우선이다. L 차장은 내 손을 붙잡고 본사 건물 엘리베이터를 탔다. 부서별로 출입이 통제돼 있는지 닫힌 유리문을 쾅쾅 두드렸다. 안에 있던 직원이 '어휴, 이 사람 또 왔네' 하는 표정으로 문을 열었다. 인사를 하는 둥 마는 둥 하고 사무실을 지나쳐 어느 문을 박차고 들어갔다. 부사장실이었다.

"부사장님, 얘네 더퍼블릭투자자문이라는 덴데요. 주식 진짜 잘할 것 같아요. 가입하실 거예요, 안 하실 거예요?"

"L 차장이 하자면 해야지. 어련히 알아서 잘 추렸겠어."

알고 보니 리테일 총괄 부사장(현재는 그 회사의 대표이사로 재직 중이다)의 돈도 관리하고 있었던 것이다. 부사장이 가입하려고 하는데 상품 부서와 계약 체결이 안 돼 있다? 대기업 문화에서 생각할 수 없는 일이다. 모든 일이 일사천리로 진행됐다. H증권이 투자 권유 위·수탁 계약을 맺은 역사 중 우리가 최단기였다는 후일담을 들었다.

L 차장의 기상천외 영업 방식은 여기서 그치지 않는다. VIP 고

객들에게 명절 선물로 무엇을 보낼 것 같은가? 고급 와인? 한우 세트? 골프채? 천만에, 그녀는 직접 담근 김치를 보낸다. 그것도 포장을 대강 해서 누가 봐도 선물이 아닌 것처럼……. 큰 부자들은 어차피 명절에 선물을 많이 받는다. 누가 무엇을 보냈는지 일일이 확인하기도 어려울 정도로 쌓인다. 들어온 그대로 다른 이에게 주기도 한다. 그런데 김칫국물 묻은 보자기는 직접 열어보게 된다. 그리고 "이게 뭐야?"라고 전화한 순간 "직접 담갔다. 이번에 김치가 맛있게 됐다"라고 답하면 그 정성에 감사함이 뇌리에 박힌다. 고객들을 대접할 때도 다르다. 고급 레스토랑의 룸을 예약하는 것이 아니라 그냥 근처의 실비집 같은 곳으로 향한다. 이 또한 철학이 있다. 한국의 0.1퍼센트 자산가들은 자수성가형이 많아서 모두 과거의 향수를 안고 산다. 그래서 평소에 자주 가는 곳으로 데려가는 것이 아니라 조금 허름하더라도 편안하게 소주잔을 부딪칠 수 있는 곳을 택하는 것이다. 나와 만날 때도 조금 근사하다 싶은 곳으로 예약을 하면 바로 "무슨 이런 데를 오냐?", "초심 잃었냐?", "예약을 뭐하러 하냐?"라는 힐난이 날아온다.

2018년 미·중 무역분쟁으로 운용 성과가 부진했을 때 큰 고객의 재계약이 도래했다. 그 고객과 저녁 식사를 하는데 L 차장도 함께하기로 했다. 성격이 드센 고객이 질타를 하지 못하게 한 묘수는 무엇이었을까? 아마 당신도 기발함에 혀를 내두를 것이다. 갑자기 아들을 데려온 것이다. 초등학생 아들 앞에서 엄마를 혼낼 사람이 어디 있겠는가. 식사 자리는 훈훈하게 마무리됐고 재계약도 잘 이뤄졌다. 꼬마는 그 사장님한테 용돈도 받았다.

여러 이야기를 했지만 내가 가장 크게 놀란 것은 그녀의 배포다. 많은 PB가 당장 입금될 매매 수수료에 진심이라면 L 차장은 정말 고객의 자산을 키우는 데만 신경 쓴다. 고객 자산이 커지면 중개인도 당연히 돈을 벌게 된다는 지론이고, 이것이 정말 큰돈을 버는 방법이라고 했다. 그만큼 운용사를 고르는 데 심혈을 기울인다. 우리가 투자한 기업을 속속들이 알기 위해서 소수의 종목에 집중투자하는 것처럼, 그녀도 고객들에게 몇 개 운용사만 집중적으로 소개한다. 그 물망에 오르기까지 얼마나 많은 회사가 스쳐 갔을지 상상도 안 갈 정도다. 나는 얼마나 행운아인가!

말은 누가 그렇게 못 하겠는가. 그런데 벌써 5년째 이분을 보면서 여러 차례 놀라운 광경을 목격했다. 우리 회사가 출시한 상품 중에 H증권과 거래를 할 수 없는 것도 있다. 그런데 L 차장은 상관하지 않는다. (물론 자사에서 판매할 수 있도록 노력은 하지만) 고객 자산 포트폴리오상 그 상품이 필요하다면 그냥 다른 증권사 계좌로 계약하라며 우리를 소개해준다. "차장님, 정말 괜찮으시겠어요?" 해도 쿨하게 넘긴다. 이것이 대형 증권사에서 1등 수익을 올리며 매년 소득세만 수억 원씩 납부하는 비결인 것 같다.

'영업은 이렇게'라는 캐치프레이즈에 걸맞은 팀이 하나 더 있다. L 차장을 비롯한 삼성증권의 PBS팀이다. 사모펀드는 투자일임 상품과 다르게 판매사, 운용사, 신탁사, 수탁사가 모두 나뉘어 있다. 투자일임 상품은 더퍼블릭자산운용이 상품 기획부터 판매, 운용,

사후관리까지 직접 하는데 사모펀드는 각 분야의 전문가들이 분업을 한다. 판매사는 판매와 고객 관리만, 운용사는 운용만 하고 고객들의 자산은 수탁사가 안전하게 보관한다. 그중 신탁사를 PBS라고도 하는데 'Prime Brokerage Service'의 약자다. PBS는 운용사로부터 수수료를 받고 증권 또는 자금을 빌려주거나 컨설팅 등을 제공하는 일을 한다. 펀드를 운용하는 입장에서는 필수적인 거래처이지만 그 외 업무단위에서는 사실상 거래 관계가 존재하지 않는다. 이 부분이 중요하다. 삼성증권과는 거래 관계가 존재하지 않는데 찾아왔다. 2015년의 일이다.

"저희 이제 막 투자자문업 등록했는데요?"

"그래도 업계 평판 들어보니 고집 있게 운용을 잘하셔서 나중에 분명히 자산운용사로까지 성장하실 것 같습니다."

그렇게 한 번쯤 찾아올 수는 있다. 그러나 보통은 대문을 나서며 '에이, 괜히 왔네. 돈도 별로 없잖아? 자산운용사는 무슨……, 10년은 걸리겠다'라고 눈을 흘기는 것이 정상이다. 그런데 이들은 정말 1년에 몇 차례는 찾아왔다. 음료나 다과 같은 것, 연말연시가 되면 회사에서 나오는 다이어리나 우산 같은 기념품을 들고. 처음에는 참 부담스러웠다. 신세 지는 것을 극도로 싫어하는 성격에 '내가 해줄 것이 아무것도 없는데 이들은 왜 이럴까?'라는 생각만 계속 들었다. 여의도 온 김에 한번 들른다는 연락이 올 때면 극구 손사래를 쳤다. 그런데 그렇게 5년을 찾아왔다. 우리가 2020년 전문사모집합투자업을 등록하고 사명을 더퍼블릭자산운용으로 바꿀 때까지, 국내 1위 PBS 팀이 말이다. 매번 "잘되실 겁니다", "잘하고 계시잖아요", "부담드리는 것 아니에요"라며……. 이 정도 해야 1등이 되는 건가?

첫 펀드를 낼 때 당연히 삼성증권과 신탁 계약을 맺었다. 다른 회사를 안 알아봤다고 하면 거짓말이다. 다 알아보고도 우리 회사가 추구하는 글로벌 투자에 삼성증권이 가장 적합했기에 내린 결론이다. 각 증권사의 PBS팀마다 내세우는 전문 서비스가 다르기에 다른 자산운용사들은 일반적으로 여러 PBS와 거래한다. 그런데 우리는 펀드가 점점 늘어나고 있는데도 몇 년째 삼성증권과만 거래 중이다.

장기 성장주에는
국경이 없다

금융투자업자의 수익률에 현혹되지 않으려면 세 가지가 중요하다. 가장 먼저 "올해 저희가 수십 퍼센트 수익률을 올렸습니다", "작년에 저희가 1등이었습니다"라고 하는 회사는 그 전년도의 성과를 물어라. 대부분은 우물쭈물하며 부진한 성적을 고백할 것이다. 아마도 2년 치 수익률을 더하면 0퍼센트에 수렴할 것이다. 두 번째 "저희는 장기 수익률이 좋습니다", "10년간 연 복리 수익률이 몇 퍼센트입니다"라고 하면 최근 3년의 수익률만 알려달라고 하라. 아니면 전체 기간의 그래프를 보여달라고 해도 좋다. 분명 지지부진한 모습일 것이다. 창업 초기 극적으로 높은 수익률을 기록한 영광으로 평생을 살아가는 회사가 많다. 이를 누적 수익률이나 연환산 수익률로 제시하면서 고객을 속이는 것이다. 마지막으로 그 수익률이 같은 전략, 같은 상품, 같은 머니 매니저가 기록한 것인지 확인하면 끝이다.

그렇다면 왜 초기 수익률이 좋았던 투자회사가 시간이 지날수록 부진해지는 것일까? 급격히 커진 운용자산 탓에 허우적대기 때문이다. 처음에는 고객이 적으니 상승 여력만 높다면 시가총액이나 거래대금과 관계없이 마음껏 투자할 수 있다. 게다가 큰손들이 매매하기 힘든 종목은 소외돼 저평가돼 있기 쉽다. 저평가되기 쉽다고 해서 영영 주가가 오르지 않는 것은 아니다. 어떤 주식이든 기업가치를 따라가기 때문이다. 그러다가 좋은 수익률을 기록해 입소문이 나기 시작하면 고객 자산이 급격히 불어난다. 이때 경영자는 주식운용 외에 큰 고객도 만나야 하고, 모양새를 갖춘 기업으로서 관리 부문에도 신경 써야 하는 등 일이 많아진다. 일손은 부족해지는데 이제 더는 스몰캡에만 집중투자할 수가 없다. 큰돈으로 스몰캡에 투자하면 살 때 주가를 올려가며 사야 하고, 팔 때는 또 내려가며 팔아야 한다.

1,200억 원을 운용하는 더퍼블릭자산운용이 수천억 원짜리 회사를 매매할 때도 한 번에 10~20퍼센트 정도의 수익률 하락은 감수해야 한다. 금융투자 업계의 암묵적 성공의 잣대인 운용자산 3,000억 원을 넘긴 회사들은 손발이 묶인 심정일 것이다. 또 '5퍼센트 룰'이라고 해서 특정 기업이 발행한 주식의 5퍼센트 이상을 취득할 경우 그 사실과 취득한 목적을 만천하에 공개해야 하고, 그 이

후로는 1주라도 매매할 경우 즉시 추가 공시를 해야 한다. 그러노라면 발가벗고 운용하는 느낌이 들 것이다.

그렇다고 중·대형주에 투자하려니 익숙한 전략도 아니고, 스몰캡 투자를 유지하기 위해 종목 수를 무한정 늘리자니 분석·운용인력이 부족하다. 운용역은 개별 하우스의 투자 철학에 따라 아주 구체적이고 예민하게 도제식으로 가르쳐야 하므로 공장에 기계설비를 들여놓는 것처럼 손쉽게 늘릴 수도 없다.

더퍼블릭자산운용은 매년 수탁액이 커졌지만 수익률은 꾸준히 20퍼센트 전후를 기록하고 있다. 금융 벤처로 시작해 지금은 수조 원대의 운용 규모를 자랑하는 브이아이피투자자문 출신으로서 여러 질곡의 순간을 목격했기 때문에 처음부터 원칙을 세운 덕분이다.

첫째, 운용자산에 맞춰 투자하는 종목의 규모를 키워간다. 둘째, 5퍼센트 룰에 따라 공시할 일은 아예 만들지 않는다. 이때 운용자산의 기준을 현재 시점으로 하면 결국 초기에는 중·소형주에 집중 투자해야 하고, 투자 스타일이 굳어져 버리면 성장할 수 없게 된다. 또 갑자기 수탁액이 불어나면 우왕좌왕할 수밖에 없다. 그래서 그 기준은 중기 목표에 따라 설정한다. 창업 초기부터 1,000억 원을 목표로 했기 때문에 수십억 원을 운용할 때도 1,000억 원을 가졌다고 생각하고 투자할 수 있는 기업의 시가총액과 거래대금을 제한해왔다. 지금은 목표를 3,000억 원으로 설정했고 2022년 3월 말 기준 편입 종목의 시가총액 중간값은 9,000억 원, 60일 평균 거래대금 중간값은 50억 원이다. 이런 내용을 운용본부에 지속해서 교육하는 동시에 매 분기 고객총회에서 고객들에게도 고지한다. 우리 실력이 더 큰 곳으로 향하지 못하는데 운용 규모가 먼저 그 이상을 넘보면 신규 가입을 중단할 요량이다.

3,000억 원을 열 종목으로 나누면 종목당 300억 원 정도를 투자하고, 평균 9,000억 원짜리 기업에 투자한다면 지분율이 3퍼센트 정도 되므로 5퍼센트 룰에 해당할 일이 없다. 하지만 왜 5퍼센트 공시를 꺼리는 것일까? 당당하게 신고하고 투자해도 될 일 아닌가? 우리는 전문적인 훈련을 받은 투자가이지만 여전히 나약한 인간에 불과하다. 어떤 종목에 투자 중이라는 사실을 공개하는 순간 평판이라는 기본적 욕구에 사로잡혀 투자 의사결정을 자유롭게 하지 못할지도 모른다(안 해봤으니 아직 정확히는 모른다). 투자 아이디어가 실패했다고 판단되는데도 많은 사람에게 알려져 있으니 요행을 바라면서 또는 대량 보유자인 우리가 팔기 시작하면 다른 이들이 앞다투어 매도를 하는 바람에 결국 더 큰 손실을 볼까 봐 좀 더 보유하는 바보 같은 짓을 할 수도 있다. 이런 사고를 방지하기 위해 두 번째 원칙을 세운 것이다.

그러나 이보다 더 좋은 길을 우리는 이미 만들었다. 시가총액이나 거래대금, 국내의 5퍼센트 룰에서 완전히 벗어나는 새로운 방법, 해외 투자다. 더퍼블릭자산운용은 해외 투자를 시작한 지 벌써 8년 차다. "우리 실력보다 많은 자금이 모이면 판매를 중단하겠습니다"라는 말에 또 업계 선배들은 이런 현실적인 평가를 했다. "아마 욕심이 생겨서 그렇게 하지 못할 것이다", "그렇게 말하다가 나중에 말 바꾼 경영자를 너무 많이 봤다"라고. 하지만 이 부분만큼은 선배들의 평가에 지지 않고 나설 자신이 있다. 우리가 투자하는 해외 주식은 시가총액이 한화로 조 단위가 훌쩍 넘기 때문이다.

해외 상품 소개서의 제목은 '앞선 당신을 위한 진짜 글로벌 투자'로 지었다. 내가 처음 해외 주식을 접할 때만 해도 해외 주식에 투자한다는 것 자체가 낯선 분야였다. 그래서 구글(현 알파벳)이나 아마존에 장기 투자하는 것이 로봇이나 인공지능이 세상을 지배하게 됐을 때 노예가 되지 않을 권리증이 된다고 떠들 수 있었다. 지금은 어떤가. 주식투자를 한다는 사람치고 해외 주식 안 사본 사람이 없을 정도다. 서학개미라는 말이 생겨나고, '미장(미국 주식시장)이 국장(한국 주식시장)보다 훨씬 낫다', 'SPY SPDR S&P500 Trust ETF 나 QQQ Invesco QQQ Trust Series 1 외에는 쳐다보지도 말라'라는 격언 아닌 격언도 생겼다.

이제 해외 주식에 투자한다고 해서 '앞선' 투자자가 아니라는 뜻이다. 그렇다면 앞선 투자자가 해야 할 '진짜 글로벌 투자'란 무엇일까? 역사가 더 오래되고 훨씬 익숙한 국내 투자에 빗대 설명해보겠다. 과연 한국 사람들의 모든 주식 계좌에 삼성전자, SK하이닉스, 네이버, 카카오만 들어 있을까? 전혀 그렇지 않다. 어떤 이는 중·소형주에, 어떤 이는 제약·바이오 업종에 투자하고 있을 것이다. 누구는 성장주를, 같은 시기에 또 누구는 가치주를 선호한다. 각자 자신이 좀 더 잘 알거나 자신과 색깔이 잘 맞아 편안하다고 생각하는 특징의 갖가지 주식에 투자한다.

그런데 왜 해외 주식 중에서는 알파벳, 테슬라, 아마존, 알리바바,

텐센트에만 투자할까? 정답은? 잘 모르니까! 분명히 위험 대비 수익률이 더 좋은, 나에게 잘 맞는 해외 주식도 있겠지만 지금은 말도 잘 안 통하고 분석도 잘 안 되니 유명 대형주에만 투자하는 것이다.

애플, 알파벳, 테슬라만 보지 마라!

우연히 한국에서 해외 주식에 투자하는 문화가 개화하려던 차에 FAANG●이라고 하는 빅테크 트렌드와 코로나19의 집콕 트렌드가 중첩되며 이것이 성공 공식으로 자리 잡았다. 그러나 2021년 중국의 빅테크 규제가 어떤 결과를 가져왔는가. 코로나19가 종식에 다가가면서 넷플릭스의 구독자 증가세는 또 어떻게 됐는가. 깊은 분석 없이는 선진국이라고, 대형주라고, 정보기술 업종이라고 무조건 이기는 투자 같은 건 없다. 그럼에도 아직 여의도는 인기 있는 대형 정보기술주 또는 브라질, 베트남, G2 등 일반 투자자에게 팔기 쉬운 테마로만 해외 주식을 대하고 있다. 한두 개의 국가에 집중하는 투자 방식은 다소 전문성을 키울 수는 있겠지만, 지정학적 리스크를 회피하는 것이 아니라 오히려 모르는 국가에 노출도를 높이는 것이다. 브라질 채권이 실패한 투자의 전형으로 회자되는 것이나 미·중 무역분쟁 이후 중국 주식시장이 붕괴한 것을 봐도

● 페이스북Facebook, 애플Apple, 아마존Amazon, 넷플릭스Netflix, 구글Google의 머리글자를 딴 것.

그렇다.

조금 적극적으로 사업을 확장하려는 금융투자업 경영자들도 여전히 나에게 "기업탐방은 어떻게 가?", "블룸버그는 얼마야?"라고 묻는 수준에 머물러 있다. 누구에게나 가보지 않은 미지의 영역은 두려운 법인가 보다.

우리가 해외 주식에 투자하기 시작한 것은 사드 배치 때문이었다. 케이티스로 얻어터지기만 할 수는 없지 않은가. 한국에 오지 않을 뿐이지 중국 사람들의 소득이 증가하고 해외여행을 가고 싶은 욕망은 그대로다. 처음이라 두려움도 있었지만 투자 아이디어가 선명했기에 투자 대상을 골라내는 것이 어렵지는 않았다. 한국에 올 수 없다면 그다음 가까운 국가는 어디일까? 베이징이나 상하이와 같은 동부 해안가의 주민들은 일본, 내륙 지방이나 선전·광저우에 사는 사람들은 태국을 찾을 것이다. 그래서 우리는 일본의 면세점, 태국의 공항 서비스 회사에 투자했다.

또 하나, 코로나19가 유행해 국경이 모두 막혔을 때 다들 휴가를 어디로 떠났었는지 기억하는가? 제주도! 해외여행이 어려워지면 국내 여행이 활발해진다. 춘추항공Spring Airlines이라는 중국 최대 저비용항공사에 투자했다. 세 군데 투자 모두 성공적이었다. 투자자들이 화장품, 면세점, 카지노 주식을 팔기 바쁠 때 우리는 사드 배치라는 지정학적 리스크를 적극적인 수익 창출의 기회로 바꿨다.

이런 이야기를 하면 "너희 중국어 할 줄 알아?", "태국 살아봤어?"가 튀어나온다. 그럼 나는 이렇게 되묻는다.

"선생님들, 한국 사람이시죠? 그러니까 삼성전자의 D램 가격 예측하실 수 있죠?"

상대의 표정이 어두워진다.

"중국인들이 한국 여행길이 막혔을 때 태국 공항이 붐빌지 아닐지를 맞히는 게 더 쉽지 않을까요?"

다시 눈동자가 반짝거린다. 기업의 영구적인 자본 훼손 위험은 국경이나 언어에 있는 것이 아니라 비즈니스 모델이 견고하냐 아니냐에 있다.

일본이 잃어버린 20년을 겪는 동안 한국의 종합주가지수에 해당하는 닛케이지수는 무려 4분의 1 토막이 났다. 그럼에도 파리의 부티크 호텔과 샹젤리제 거리의 명품 숍에서는 말쑥하게 차려입은 일본인 노부부를 쉽게 찾아볼 수 있다. 어떻게 자국의 주가지수가 붕괴했는데 구매력을 유지할 수 있을까? 사실 이 퀴즈는 콜럼버스의 달걀과 같다. 당연하게도 닛케이지수에 투자하지 않았기 때문이다. 세계 시가총액 상위 순위를 일본 기업이 휩쓸고 도쿄 일부만 팔아도 아메리카 대륙 전체를 살 수 있다던 호황기 일본의 자산가들은 엔고를 바탕으로 전 세계 자산을 사들였다. 미국의 주식, 한국의 빌딩, 호주의 채권 등등. 이때 나온 말이 한국의 복부인과 같은 개념인 '와타나베 부인'이다. 자국 통화를 가져다 상대적으로 투자 수익률이 높은 국가의 자산에 투자한다는 엔 캐리 트레이드Yen Carry Trade다. 하와이에서는 일본어만 해도 생활이 어렵지 않다는 이야기를 들어본 적 있는가? 일본인들이 평안한 노후를 꿈꾸며 제2차 세계대전 당시 핍박받았던 역사를 가진 하와이로 많이 건너간 것도 이때다.

B2C 소비재 투자를 즐기는 우리에게 해외 투자는 선택이 아니라 필수다. 20대 때 처음으로 미국 여행을 갔다. 옆에 앉아 있던 유학생 출신 인턴사원에게 꼭 가야 할 곳을 몇 군데 추천해달라고 부탁했다. 그때 나온 것이 멕시칸 패스트푸드점 치폴레Chipotle Mexican Grill였다. 미국 유학생들이 한국에 가장 들여오고 싶어 하는 프랜차이즈라고 했다. 뉴욕에서 치폴레를 맛있게 먹었다. 그런 다음 지금은 아마존에 밀려 쇠락하고 있는 대형 서점 반스앤노블Barnes & Noble에 갔는데 마침 유명 경제지《포브스》에 치폴레 CEO의 인터뷰가 실려 있었다. 바닥에 주저앉아 인터뷰를 읽었다. 전 세계로 뻗어나가겠다는 포부를 밝히고 있었다. 그 후로 10년이 지났고《부자들은 이런 주식을 삽니다》에서 다뤘듯, 치폴레는 상장 이후에만 매장 개수가 5배 이상 늘고 주가는 50배 이상 올랐다.

만약 한국이었다면 절대 불가능했을 일이다. 좁은 영토의 삼면이 바다이고, 나머지 한 곳에서는 총부리를 겨누고 있다. 우리말은 세계 무대에서 잘 쓰이지 않는다. 자랑스러운 한강의 기적을 이뤄낸 국가이지만, 경제 기반이 수출과 중간재 중심으로 구성되어 있어 외부 환경의 영향을 많이 받는다. 과학적으로 검증된 바는 없지만, 뜨겁게 달아오르는 대신 쉬이 식기도 하는 국민성을 지니고 있다. 이 때문에 오래도록 성장하는 소비재 브랜드를 찾아보기가 어렵다. 속된 말로 미국에서는 햄버거 레시피 하나만 잘 만들어도 서부 LA에서 동부 뉴욕까지 가는 데 3년, 전국으로 퍼지는 데 3년, 세계의 메가시티들로 진출하는 데 3년씩 10년 동안 성장할 수 있다. 투자가는 마음 편하게 그 길에 동행할 수 있다. 워런 버핏도 자신의 성공 비결을 1930년대 미국에서 태어났기 때문이라고 단언한다. 팍스 아메리카나 시기에 코카콜라가 대륙과 이념, 경제 성장 수준을 막론하고 세계 방방곡곡으로 성장한 결말이 워런 버핏의 부라고 정의할 수 있는 것이다.

월가, 별것 아니네

몇 차례의 실험이 끝난 후 본격적으로 해외 주식에 투자하려고 하니 회사 내에 전담자가 필요했다. 특정 국가를 선정하고 하향식으로 투자하는 것이 아니라 '내가 그 나라의 국민이라면 이 제품과 서비스는 꼭 쓸 것 같다'가 해외 주식 발굴의 실마리이고, 상장사이기만 하면 어느 국가, 어느 거래소에 있든 투자한다는 것이 우리 글로벌 투자의 모토다. 이를 정제한 표현이 '장기 성장주에는 국경이 없다'다. 주식을 찾는 것은 누구나 할 수 있지만, 현실적으로 포트폴리오를 관리하고 직접 주문을 내며 해외 상품의 고객과 거래상대방을 응대할 '팀장'급이 필요했다.

그때 시야에 들어온 것이 L 팀장이다. L 팀장은 당시 우리 회사의 인턴십을 수료하고 학생 신분으로 돌아간 상태였는데, 주식(더퍼블릭자산운용이라고 쓰고 싶지만 욕먹을까 봐 자제한다)이라는 것에 마력을 느껴서 공부는 뒷전으로 하고 우리 회사를 계속 들락거렸다. 인턴십 이전까지 학점이 4.5였던 우등생을 우리가 망쳐버린(?) 셈이다. 졸업하고 입사하고 싶다는 것을 완곡히 거절하며 대안을 제시했다.

"너도 잘 알겠지만, 우리가 지금 당장 채용을 하기에는 어려운 상황인 것 잘 알지?"

"네."

"그런데 우리의 비전이 글로벌 투자인 것도 잘 알지?"

"네."

"그래서 네가 원한다면, 정말 '네가 원한다면'이야. 미국이나 중국에서 1년 이상 살다 와. 그러면서 세상을 보는 눈도 틔우고. 주식도 좀 찾고. 우리랑 계속 원격으로 종목 회의를 하는 거야. 그동안 우리가 반드시 회사를 키워서 널 채용할 수 있도록 준비해둘게. 대신 정말 미안하지만 해외 체류비를 따로 줄 수는 없을 것 같아. 괜찮겠어?"

부모님과 상의해보더니 제안을 수락했다. 1년 후에 돌아오면 회사 상황이 어떻든 간에 반드시 채용한다는 고용 계약서도 미리 작성했다. 먼저 중국으로 떠났다. 그러다가 음식이 너무 입에 안 맞고 룸메이트가 에어컨을 너무 세게 튼다는 이유로 중간에 한 번 귀국했다. 귀국 당일 회사 앞 카페에서 만났다.

"너무 힘들어요, 형."

"그래서? 아직 1년 안 된 것 알지?"

"지금 입사하면 안 될까요?"

"그건 안 돼. 그것도 극복하지 못한다면 벤처기업 수준인 우리 회사의 초기 멤버로 일하기는 힘들 거야."

L 팀장은 그 길로 집에 인사만 드리고 며칠 뒤 행선지를 미국으로 바꾸어 다시 출국했다. 그리고 약속한 1년을 채우고 돌아와 우리 회사 해외 상품 출시와 성공적 운용에 대체할 수 없는 기여를 했다. L 팀장이 해외에 있는 동안 우리 회사의 해외 투자 실력은 점점 발전했다. 그중 대표적인 사례가 매치그룹Match Group이다.

미국에 가보니 틴더Tinder라는 모바일 소개팅 앱이 아주 인기라고 했다. 한국에서는 가벼운 즉석 만남 용도 정도로 치부되지만, 미국에서는 이미 결혼한 커플의 3분의 1 이상이 앱으로 처음 만났다는 통계도 있다. 영어 실력이 부족한 L 팀장도 같은 앱을 이용해 친구를 사귄다고 하니 얼마나 보편적인 문화인지 짐작할 수 있다. 그러나 그때는 틴더가 아직 본격적으로 유료화를 하기 전이었고, 우리는 유료화가 시작된 그 시점에 투자했다.

그런데 우리와 월가의 생각이 전혀 달랐다. 아이비리그와 MBA 출신의 난다 긴다 하는 월가 애널리스트들은 돈을 내고 데이트 앱을 사용하는 것은 수치스러운 일이며, 매치그룹의 틴더는 유료화에 실패할 것이라고 혹평했다. 틴더의 이용 방식은 간단한 프로필이 적힌 이성의 사진을 보고 별로라면 왼쪽으로, 마음에 들면 오른쪽으로 쓸어 넘기는 것이다. 이때 내가 선택한 이성이 우연히 나를 선택한다면 매칭이 돼 둘만의 채팅방이 생성된다. 틴더는 나를 찜한 이성의 리스트를 따로 보여주는 '골드' 기능을 만들어 유료화했다. 이용자가 수없이 많다고 가정할 때 내가 아무리 많은 이성을 선택해도 상대가 나를 선택하기까지 시간과 손가락 노동이 필요하다. 골드 멤버십을 구독하면 나를 선택한 이성 중에서만 고르면 되므로 수고로움이 한결 줄어든다. 2030 남자들로 이뤄진 우리 운용본부에서는 남성들은 만남의 확률이 좀 더 높아지고 커플이 성사되는 데 들어가는 노력과 비용이 줄어든다면 충분히 결제할 유인이 있다고 봤다. 더 나아가서는 한번 결제한 이상 웬만해서는 구독을 해지하지 않으리라고 추측했다.

2017년 틴더 골드가 출시된 이후 월가의 예상과는 달리 유료화율이 빠르게 높아지며 2019년 기준 세계 최대 수익을 올린 앱으로 선정되기도 했다. 시가총액은 3배가 뛰어올라 한화 30조 원에 육박했다(아쉽게도 우리는 코로나19 발병 전에 매도했다). 이렇게 되자 월가에서는 페이스북은 광고 플랫폼으로 전락했고 틴더야말로 진정한 소셜 네트워킹이라고 표현하며 인기주 목록에 올렸다.

우리가 경험한 것은 외국이라고 해서 다르지 않다는 점이다. 인간의 행동 패턴은 대체로 유사하며 이는 주식시장에도 똑같이 적용된다. 그들이 자본시장을 오래 겪었다고 해서 실수를 하지 않는다면 다이내믹한 주식시장 자체가 존재할 수 없다. 충분히 훈련해 미스터 마켓의 조울증을 역이용한다면 여의도나 월가나 우리가 이기지 못할 상대는 없다.

그동안 한국에서도 해외 상품 출시를 위해 일이 바쁘게 돌아갔다. 별도 스터디를 조직해 해외 주식을 계속 공부하는 한편, 증권사와의 실무 협의도 이어나갔다. 다빈치Da Vinci라는 수술 로봇을 만드는 인튜이티브서지컬Intuitive Surgical 원격 의료의 시조새 격인 텔라닥Teladoc, 투명 치아교정기의 선두주자 얼라인테크놀로지Align Technology 등 시장을 선도하는 기술력을 갖춘 회사들을 속속 발굴해냈다. 모두 한국에서는 찾아보기 어려운 기업들이다. 또 당시에는 PER, PBR 등 표면적인 가치평가 지표가 높아 비싸 보였지만, 잠재 시장 규모를 계산할 수 있고 강력한 전환 비용이나 네트워크 효과를 가지고 있어 반복 구매가 이뤄질 뿐 아니라 소모품 판매 등까지 고려하면 미래 기업가치 대비 극심한 저평가라는 확신을 가질 수 있었다. 지금은 모두 10배, 20배씩 주가가 상승해 매치그룹처럼 누구나 아는 주식이 된 기업들이다.

누구나 해외 주식을 직구할 수 있는 시대다. 전문가로서 모두가 아는 주식에 투자한다면 차별적인 수익률을 기록하지 못할 뿐만 아니라 고객들이 우리에게 보수를 지불할 이유가 없다. 우리는 국내와 해외를 가리지 않고 숨겨진 보석을 발굴하는 사람들이고, 모두가 그 보석에 열광할 때 미련 없이 팔아버리고 다음 장소로 발길을 옮긴다.

유독 적자 기업에서 그런 기회를 많이 찾을 수 있다. 반려동물 실손보험 기업 트루패니언Trupanion이 대표적인 사례다. 우연히 찾게된 이 기업의 자료를 읽는 동안 계속 소름이 돋았다. 마치 제프 베조스가 쓴 아마존의 연차보고서 모음을 읽는 듯했다. '워런 버핏이 직접 경영을 한다면 이렇게 하지 않을까?'라는 생각이 들 정도로 기업의 장기적인 가치와 그것을 달성하기 위한 경제적 해자에 관해 반복적으로 언급하고 있다.

FAQ는 또 어떤가. 상장회사 홈페이지의 투자자 관계 메뉴에 있는 FAQ는 보통 쓸데없는 질문들로 가득 차 있다. 본사 주소나 설립 일자, CEO의 이름 등등. FAQ는 '자주 하는 질문'이라는 뜻인데, 과연 이것을 묻는 사람이 있기는 할까 싶은 질문들이다. 그런데 트루패니언의 FAQ 격인 Top Investor Questions를 읽고 나자 내가 이미 한두 차례 기업탐방을 다녀온 듯한 착각마저 들었다. 몇 가지만 소개해보겠다.

"창업자가 이 사업을 시작하게 된 이유는 무엇입니까?"

"왜 유럽 시장의 침투율이 미국보다 높습니까?"

"지역별 파트너 제도를 두는 전략적 근거는 무엇입니까?"

"트루패니언이 자사의 수익성과 내재가치, 현금흐름을 평가하는 방법은 무엇입니까?"

기업 스스로 건전한 성장을 위해서 필요한 것들을 탐색하고 그 과정을 공유하는 느낌이다. 단기간에 주가를 띄우려는 세력들의 장난과는 차원이 다르다.

이 회사가 적자를 보는 이유는 실손보험에 가입할 신규 반려동물을 유치하는 데 드는 영업비용 때문이다. 지역적 파트너라고 해석되는 일종의 보험설계사에게 한 번에 지불하는 보너스가 크면 그런 문제가 발생한다. 하지만 영업비용의 지불과 실제 매출 발생 기간에 차이가 있는 산업이 고속 성장을 하는 동안에는 당연히 거쳐 가야 할 관문과도 같은 것이다. 반려동물을 가족처럼 생각하는 정서는 보편적이고, 치료 비용을 부담하기 위해 보험에 가입하는 수요도 성장할 것이 분명하다. 트루패니언에 따르면 사람을 대상으로 하는 보험보다 반려동물 보험은 역사가 짧고 동물의 종이 다양하기 때문에 선발주자가 가진 데이터를 후발주자가 따라잡는 데 상당한 시간이 걸릴 것이라고 한다. 어느 종의 동물이 보통 몇 년을 살고, 어떤 병이나 사고에 직면하며, 그때 소요되는 비용이 얼마인지를 잘 알수록 경쟁력 있는 보험료를 제시할 수 있다. 한국에도 메리츠화재가 펫보험을 출시했는데 트루패니언의 평균 상품보다 보험료는 비싸고 보장 범위는 좁다. 미국과 한국의 소득 수준을 고려하면 트루패니언의 원가 우위라는 경제적 해자가 얼마나 깊은지 알 수 있다.

워런 버핏의 스승 필립 피셔는 저서《위대한 기업에 투자하라》(굿모닝북스, 2005)에서 넓은 시장과 뛰어난 제품, 훌륭한 경영자를 가진 기업에 투자해야 한다고 말했는데 마치 트루패니언을 가리키는 것 같았다. 이런 기업은 현재 적자라는 사실이 중요하지 않다. 나중에 막대한 돈을 벌어들일 것이므로. 더구나 회사에서 적자인 이유를 신규 반려동물을 유치하기 위해서라고 분명히 제시하고, 한 마리의 반려동물이 평균 몇 년 동안 보험에 가입되며 그동안 수익에 얼마만큼 기여하는지를 따져봤을 때 그 영업비용은 사실 별

것 아니라고 계산해준다면 투자를 하지 않을 이유가 없다. 기술적으로 봐도 주식시장은 적자를 기록하고 있다는 이유만으로 헐값에 내버려 둔다. 그러다가 흑자로 전환하면 그제야 장밋빛 미래를 그리기 시작한다. 모호하게 순이익을 내는 기업보다 주당순이익으로 계산하면 달러가 아니라 센트 단위로 나올 작은 이익이라도 적자에서 흑자로 전환하는 기업의 주가 탄력이 더 크다. 이 얼마나 쉬운 투자법인가.

미국 온라인 가구 업체 웨이페어Wayfair의 투자 아이디어도 같은 맥락이다. 직접 눈으로 보고 손으로 만져본 후 구매하는 것이 일반적인 가구시장도 온라인 전환이라는 메가 트렌드의 예외가 될 수 없다. 웨이페어는 다양한 가구를 대량으로 직매입해 싸게 조달한 뒤 직접 구축한 배송 시스템을 통해 빠르게 배달해주는 것으로 유명세를 탔다. 그러나 이 회사 또한 막대한 마케팅 비용을 지출해 적자를 면치 못하고 있었다. 우리는 이 마케팅 비용을 대중매체를 통한 광고비와 신규 가입 고객에게 제공하는 할인쿠폰 그리고 나머지로 나눠서 분석했다. 많은 부분이 신규 가입 고객에게 제공하는 프로모션에 할당돼 있었다. 물론 회사는 자전거를 타듯 계속해서 성장의 페달을 밟아야 한다. 하지만 구매 주기와 가입유지율을 볼 때 기존 고객들이 웨이페어의 서비스에 만족하고 있었고, 이들이 발생시키는 이익만으로도 웨이페어의 시가총액은 합당한 수준이었다.

어떤 경영자가 적자가 지속되리라고 생각하는 곳에 투자를 하겠는가. 신규 가입자가 늘고, 그들이 언젠가는 수익에 기여할 것이라고 생각하며 마케팅 비용을 지출하는 것이다. 역으로 말하면 그렇게 되지 않는다고 판단하면 언제든 가입자 증가보다는 수익성 개선에 초점을 맞추고 영업비용을 통제할 수 있다는 뜻이다. 그러면 웨이페어는 주가 상승에 걸맞은 이익을 창출한다. 가구시장의 온라인 침투율이 늘어나는 동안에는 투자를 지속해 도달 가능 시장을 넓혀 잠재 기업가치를 키우고, 그렇지 않다고 판단되면 브랜드 가치와 규모의 경제를 이용한 원가 우위를 바탕으로 막대한 수익을 벌어들인다. 바둑에서 이기면 큰 이익을 얻고 져도 부담이 적은 패를 마치 봄철에 꽃놀이하는 기분으로 싸운다고 해 꽃놀이패라고 하는데, 과거의 웨이페어가 투자가에게는 그런 형국이었다.

L 팀장의 귀국 시기에 맞춰 증권사를 일일이 방문했다. 미국이나 중국뿐 아니라 네덜란드, 태국, 스웨덴, 베트남, 그리스 등에 투자하는 글로벌 상품을 만들고 싶다는 뜻을 전했다. 대부분 증권사가 난색을 표했다. 너무 다양한 국가에 투자한다는 이유였다. 해외 영업 부서에서 우리 회사만을 위한 집합 주문 시스템을 개발해주기를 바라는 것도 어불성설이라고 했다. 자금이라도 많으면 검토해볼 수 있겠지만, 우리에게는 해외 상품 고객이 한 명도 없었다.

나는 당장 눈에 보이는 성과를 위해 주먹구구식으로 일하는 것은 반기지 않는다. 오랫동안 큰일을 할 수 있을 정도의 토양을 갖춘 후 체계적으로 접근하는 동료를 훨씬 칭찬한다. 해외 상품도 당장의 손님이나 수수료를 좇는 것이 아니라 향후 수백 명의 계좌를 관리할 때를 상정하고 만들어야 한다. 일각에서는 영업력이 강한 판매사라면 우리가 원하는 다양한 국가의 거래를 지원하지 않더라도 일단 시작하고 차차 대상 국가를 늘려가면 어떻겠냐는 제안도 있었다. 하지만 처음 예상과 달리 시간이 지나도 원하는 국가의 지원이 이뤄지지 않으면? 이미 계약을 체결한 고객들을 쫓아낼 수도 없는 노릇이고 우리는 특정 국가를 포함한 포트폴리오와 그렇지 못한 포트폴리오 두 개를 모두 관리해야 할 것이다. 그럴 가능성을 안고 갈 바에는 아예 깨끗이 포기하는 편이 낫다.

제아무리 큰 고객이 있다고 해도 여러 고객의 계좌를 묶어 한꺼번에 매매 주문을 체결하는 집합 주문 시스템을 지원하지 않는 증권사의 PB는 단호히 거절하는 것도 그 때문이다. 물론 금액부터 이야기하는 사람치고 그 돈을 맡기는 사람 없고, 혹 있더라도 결국 진상으로 남아 나에게 준(준 것이 있다면) 수수료보다 나를 더 괴롭힐 사람이라는 것이 경험으로 얻은 지론이기도 하다. 지인 영업을 하지 않는 이유도 마찬가지다. 어차피 지인 영업만으로 회사를 꾸려갈 수 없고, 그렇다면 당장 목구멍이 포도청이라 해서 그 일을 할 필요가 없다.

참고로 나와 우리 회사는 대부분의 자산을 고객의 포트폴리오와 똑같이 구성한다. 가장 자신 있는 포트폴리오를 고객에게 제시한다면 운용자의 자산도 그래야 하는 것 아니겠는가.

연반인이
되다

진짜 섭외 아니라니까요

이제 〈유 퀴즈 온 더 블럭〉 이야기를 해보자. 최근 TV에서 재방송을 한 이후 유튜브에서도 역주행 바람이 불어 총 600만 뷰를 넘어섰다. 지하철에서 내 앞에 있던 여성이 그 영상을 보느라 주인공이 바로 옆에 있는 줄도 모르고 끅끅대며 웃는가 하면, 전주의 한 공장을 방문했더니 기업 담당자가 왜 현실에서는 방송과 목소리 톤과 텐션이 다르냐고 묻기도 했다. "편견일지 모르지만 일할 때 그렇게 하면 진정성이 없다고 생각할 것 같아서요"라고 답했다.

그 방송이 전파를 탄 게 2019년 7월이니까 벌써 3년이나 된 일인데 의구심이 담긴 댓글들이 여전히 올라온다. 근거 없는 인신공격성 발언들을 빼면 주로 '왜 마스크를 안 쓰냐', '홍보 목적으로 나왔다', '원래 방송하던 사람이라 연기를 잘한다'라는 식이다. 본 방송과 유튜브 클립 업로드 시기가 다르다 보니 발생한 오해가 대부분이다. 그때는 당연히 코로나19가 없을 때였고, 〈유 퀴즈 온 더 블럭〉은 '길 위에서 만나는 우리네 이웃의 삶'을 모토로 하는 프로그램으로, 대부분의 출연자가 방송계와는 관련 없는 일반인이다. 방송이 인기를 끌 즈음 코로나19가 유행하면서 길거리 인터뷰가 불가능하자 어쩔 수 없이 출연자를 섭외하는 방식으로 선회한 것으로 안다. 실제로 내가 어쩔 수 없는 '관종(관심받고 싶어 하는 사람)'인지라 이전에도 라디오에 사연을 보내 전화 연결을 하고 증권 채널에 몇 번 출연한 적은 있지만, 당신이 나를 대중매체에서 본 적이 있다면 그것은 모두 〈유 퀴즈 온 더 블럭〉 이후가 분명하다.

방송국의 작가는 대본을 쓰는 사람이라고 생각하기 쉽지만 그 외에도 정말 많은 일을 하는데, 담당 출연자를 섭외하고 케어하는 역할에서도 큰 비중을 차지하는 것 같다. 그리고 섭외를 위해서는 요새 어떤 인물이 시청자에게 '먹히는지' 알기 위해 다른 프로그램을 섭렵하는 것도 일이다. 개그맨 김준호와 김지민이 열애한다고 하면 많은 방송에서 그 둘을 섭외하며 주야장천 열애 스토리만 떠드는 것도 작가가 그 이유로 그들을 섭외해서다. 나도 처음에는 매번 이미 다른 방송에서 한 이야기를 똑같이 묻는 제작진에게 실망하고 흥미를 잃은 적도 있지만 '우리 프로그램의 시청자층은 달라서 아직 모르는 이야기니까'라는 이유에 차차 공감했다.

나는 내가 좋아하는 방법으로 좋아하는 사람들과 함께 즐겁게 주식투자를 하기 위해 회사를 만들었다. 동시에 다수의 고용을 통해 사회에 기여하는 것보다는 현재 가까운 거리에 있는 우리끼리 먼저 행복해지자는 생각을 가지고 있다. 그래서 제 할 일을 맡아서 척척 처리하는 프로페셔널들을 회사의 상황에 딱 맞는 정도의 숫자만 채용한다. 그러다 보니 매년 성과급 잔치는 벌이지만 업무 시간에는 고요하게 집중하는 편이다. 그러면 '즐겁게'는 언제 찾을 수 있을까? 주로 긴 점심시간을 활용해 맛있는 것도 먹고 이런저런 이야기를 나눈다.

그날은 방송에도 나왔던 대기업(M자산운용) 상무님들과 점심 약속이 있었다. 그중 L 상무님은 운용 업계의 신인들에게 지대한 관심이 있는 분으로 나와는 창업 초기부터 알던 사이다. 한참 어린 동생이지만 격의 없이 대해주시고 애주가라는 공통점이 있어 친구처럼 지낸다. 이분의 특징이라면 음식점과 메뉴를 직접 고르신다는 점인데, 지역의 노포를 잘 아시기 때문에 불편한 마음은 전혀 없고 오히려 맛집 투어를 따라다니는 기분이다. 당산동에 있는 나를 여의도로 부른 것도 L 상무님이다. 그것도 증권가가 아닌 국회의사당 쪽(서쪽)이었다. 더 드문 우연인 것은 같이 일하는 정호성 대표도 마침 오랜만에 여의도에서 점심 약속이 있었는데 증권가가 있는 여의도역(동쪽)이었다. 둘이서 지하철을 타면 2,500원, 택시를 타면 3,800원이다. 이 정도면 택시 타기를 죽도록 싫어하는 나도 탈 만하지 않은가? 식사를 마친 후 평소 같으면 국회의사당역에서 9호선을 타고 회사로 복귀했을 텐데 택시를 동승하기 위해 서쪽에서 동쪽으로 걸어가던 중이었다. 그 사이가 바로 여의도공원이다.

〈유 퀴즈 온 더 블럭〉 25회는 'Balance!'라는 주제로 워라밸 이야기를 나누기 위해 촬영지를 직장인이 많은 여의도로 정했던 것 같다. 여의도공원을 지나가는 길에 사람들이 모여 있기에 구경을 가 봤더니 유재석과 조세호가 촬영을 하고 있었다. 마침 MC들이 주변을 두리번거리기 시작했다. 다른 출연자를 물색하는 것이다. 영상을 잘 보면 알겠지만 유재석의 목소리에 잠시 망설이던 여성이 있다. 그때부터 나는 두 손을 하늘 높이 들고 흔들며 나를 지목해주길 바라고 있었다. 결국 그 여성이 얼굴을 가린 채 손사래를 치며 회사 쪽으로 발걸음을 옮겼고, 나에게 기회가 찾아왔다.

사실 녹화를 할 때는 정말 얼떨떨했고 동료들은 tvN 제작진이 후속 스케치 영상을 위해 우리 회사에 찾아올 때까지도 내 말을 믿지 않았다. 당일 저녁 술자리에서 이러저러한 일이 있었다고 하자 친구들은 놀라움을 금치 못하면서도 대부분 편집되니 기대하지 말라고 했다. "분명 현장 분위기는 빵빵 터졌다. 모르긴 몰라도 오늘 녹화한 것 중에 내가 제일 웃겼을 것이다. 메인 출연자로 나올 수도 있다"라고 항변했지만 믿지 않는 눈치였다. 방송 당일까지도 그런 분위기가 이어졌다. 예고편에 내 얼굴이 등장했어도 마찬가지였다.

드디어 방송 당일이 됐다. 오후 11시에 시작해 거의 자정이 다가 오는데도 내 얼굴은 나오지 않았다. 부모님께서도 안 나오는 것 아니냐며 잠자리에 들겠다고 하셨다. 그 순간! "안녕하세요" 하는 유재석의 목소리와 함께 내 얼굴이 등장했다. 조금씩 분위기가 예열되기 시작하더니 시청자들이 실시간으로 댓글을 남기는 네이버 TV Talk 게시판에 '쟤 누구냐', '정말 웃기다', '의외로 명문대생이다' 등 난리가 났다. 거의 빈 계정이나 마찬가지였던 인스타그램 팔로워 수가 급격히 증가했다. 타다다닥 하는 소리가 들리는 듯했다. '나 뜬 건가?'

한국 사람들은 대체로 앞에 나서는 것을 싫어하고, 군중 속에 숨는 것을 좋아한다. 식사 메뉴를 고를 때도 '아무거나'가 제일 많고 어떤 이벤트가 있더라도 같이 갈 사람을 먼저 찾는다. 심지어는 화장실도 같이 간다. 타고난 성격인 것을 어쩌랴. 하지만 그렇기에 도전하는 사람에게 기회가 무궁무진한 곳이 한국 사회이기도 하다. 나는 어릴 때부터 반장 선거에 줄곧 나갔고, 내가 하고 싶은 일이 있다면 주변 눈치 살피지 않고 손을 번쩍 드는 아이였다. 어떤 자리든 가장 먼저 손을 든다는 것 자체로 내가 선발될 가능성이 커졌다.

페이스북(현 메타플랫폼스)에서 억대 연봉의 디자이너로 일하는 내 동생의 스토리도 일부는 내가 썼다고 생각한다. 동생과 나는 가끔 삐치기는 해도 한 번도 싸운 적이 없는 절친 남매로, 그녀가 영국 런던으로 건너가기 전까지는 술자리도 자주 했다. 단골 고깃집에서 돼지 껍데기를 구우며 앞으로의 진로가 고민이라기에 대뜸 해외 체류를 권했다. 언제나 자주적으로 살아온 내가 현실의 벽에

막혀 못 해본 한 가지다. 동생은 얼마간 준비를 하더니 대학교 졸업
도 하지 않고 훌쩍 떠났다. 어학연수도 아니고 교환학생도 아니고
워킹홀리데이도 아니었다. 그냥 떠나서 카페나 펍을 다니며 친구
를 사귀고 알음알음 아르바이트도 했다고 한다. 그러다 보니 영어
를 잘하게 됐고 지금은 세계 굴지의 기업에서 일하고 있다. 두드리
는 자에게 문이 열리는 법이다. 얼마나 아름다운가.

〈유 퀴즈 온 더 블럭〉 이후 방송가에서 나를 찾는 일이 점점 많
아졌다. 1년 정도 지나니 운명적으로(?) 동학개미 운동이 일어났
다. 공중파, 케이블 채널, 유튜브를 막론하고 경제, 주식, 재테크 프
로그램이 우후죽순 생겨났다. 주식투자 전문가 중에서 한국거래
소 정규 시장 거래 시간에 자리를 비울 수 있고 회사의 허락을 받지
않아도 되며 방송 출연에 거리낌이 없는 사람을 찾았는데, 딱 나였
다. 나는 펀드매니저이지만 장기 투자를 하기 때문에 주가가 급변
해 매매를 해야 하는 아주 희소한, 그리고 있더라도 매우 짧은 시간
을 제외하면 자리를 지킬 필요가 없다. 그리고 대표이기 때문에 방
송에서 우리가 보유하고 있는 종목을 홍보하지 않는 등의 법적 규
제만 잘 지킨다면 윗사람의 허락을 받거나 눈치를 볼 필요도 없다.
마지막으로 예능감은 이미 검증되지 않았던가. 그런데 주식에는
진심인 편이라 본격적인 재테크 프로그램에서는 진지해지고 만다.
방송 관계자가 그런 나를 보고 "〈유 퀴즈 온 더 블럭〉처럼 해주세
요"라고 주문하면 농담 반으로 "그럼 유재석 씨를 데려오세요"라고
답한다.

여러 연예인과 일해보니 유재석과 tvN 김민석, 박근형 PD님의 역량이 실감났다. 내가 가진 것은 언제나 같을 텐데 이를 적재적소에 끌어내는 것이 MC의 역할이고, 그것을 시청자의 눈에 맞게 편집하는 것이 제작진의 역할이다. 〈유 퀴즈 온 더 블럭〉은 즉석에서 섭외하기 때문에 대본이나 질문지는 있을 수가 없고, 그날은 물 흐르듯 토크가 진행됐기 때문에 작가가 스케치북으로 진행 방향을 지시할 필요도 없었다. 그들도 하나 되어 "끅끅끅" 웃을 뿐이었다.

주식투자 좀 아는 선배의 탄생

나에게 그런 사람이 한 명 더 있다. 유튜브 〈신사임당〉을 제작하고 진행하는 주언규 PD다. 주 PD를 만난 것은 SBS의 또 다른 경제방송 〈돈워리스쿨 2〉 분장실에서였다. 메이크업을 받는 도중 한눈에 봐도 싸구려 같은 검정 가죽 재킷을 입은 사람이 들어왔다. 제작진이 유튜버라고 소개해줬다. 그때는 그가 고정 MC인 줄도 몰랐다. 나는 방송 첫 회의 메인 게스트였고, 나를 먼저 출연시켜야 한다며 JTBC 〈정산회담〉 팀과 방송 일자를 가지고 서로 아웅다웅하던 중이어서 어깨에 힘이 잔뜩 들어가 있었다. '웬 유튜버가 방송도 나오고…… 세상 참 좋아졌네.'

녹화가 끝난 후 서로 인사를 했다.

"필요하신 것 있으면 연락 주시고요."

그리고 얼마 지나지 않아 필요한 일이 생겼다.《부자들은 이런 주식을 삽니다》출간 작업이 한창이었는데 출판사에서 뒤표지에 유명 인사의 추천사를 싣자고 했다. 영향력 있는 동종 업계 어른 두 분과 MZ세대에게 인지도가 높은 인플루언서 두 명을 추렸다. 슈카 형님은 오랫동안 같은 방송을 했기 때문에 쉽게 연락할 수 있었지만, 주언규 PD는 이야기가 좀 달랐다. 그와의 인연은 SBS 스튜디오에서 두 번 녹화한 것이 전부였다. TV 방송은 실제 방영 시간보다 최소 3~4배 이상을 녹화에 쓴다. 한 시간짜리 방송을 한다면 녹화하는 데 서너 시간, 분장이나 대기 시간까지 합하면 대여섯 시간은 족히 든다. 그렇다고 해서 출연자들끼리 아주 친한 것도 아니다. 연예인 중에 의외로 MBTI가 I형인 사람도 많다고 하지 않는가. 호시탐탐 발언 기회를 엿보고 배꼽 빠지도록 웃기던 연예인들도 카메라가 꺼지면 입을 꾹 다물고 각자의 스마트폰만 들여다보는 경우가 태반이다. 나는 주언규 PD 전화번호도 몰랐다. SBS 제작진에게 전화번호를 물어 조심스레 추천사를 부탁했다. "제가 뭐라고……"하며 흔쾌히 수락해줬다.

"임당님(이때는 대체 뭐라고 불러야 할지를 몰랐다), 추천사 잘 받았어요. 너무 감사합니다."

"별말씀을요. '그래서'라고 하기에는 좀 뭣하지만 저도 부탁 하나 해도 될까요? 저희 채널에서 주식 관련 라이브 방송을 기획하고 있는데 혹시 대표님이 해주시면 어떨지……."

그렇게 〈신사임당 – 주식투자 좀 아는 선배〉가 시작됐다.

내가 그를 높게 평가하는 이유는 그의 비즈니스 감각과 방송쟁이로서의 순발력 때문이다. 다른 재테크 프로그램의 제작진에게 거시경제나 주식시장 전망, 종목 추천을 하지 않는다고 하면 보통 두 가지 반응이 나온다. "그럼 무슨 이야기를 하시려고요?"라고 물어보거나 일단 알겠다고 한 뒤 하지 않기로 약속했던 질문들을 스튜디오에서 그냥 해버리는 경우다. 〈신사임당〉을 시작하기 전에도 단단히 일렀지만 주 PD는 개의치 않았다. 렌털 스튜디오와 인터넷 쇼핑몰을 직접 운영한 경험과 한국경제TV 시절부터 방송을 제작한 경험이 결합해 게스트를 불편하게 하지 않으면서도 시청자의 눈높이에 딱 맞는 질문을 던진다. 또 본인은 극구 아니라고 하지만 내 이야기를 요약, 정리하거나 자신의 사례로 치환해 이해하는 모습을 보면 두뇌 회전이 상당히 빠르다.

방영 시기만 더 좋았어도!

방송 프로그램 이야기를 하자면 JTBC의 〈정산회담〉을 빼놓을 수가 없다. 전현무를 MC로 송은이, 붐, 양세형, 양세찬이 고정 출연한 경제 방송이다. 전문가 패널로는 자산관리사 유수진, 유튜버 슈카, 김종훈 변호사 등이 자주 얼굴을 비쳤다. 한국에서 터부시되는 돈을 주제로 방송에서 떠든다는 것은 이전까지는 생각하기 어려웠다. 제작진은 정말 심혈을 기울여 각 사안을 전문적으로 다루고자 노력했다. 한 회분 대본을 만들기 위해서 출연자마다 배속된 전담 작가가 몇 시간씩 인터뷰를 했다. 요새 경제 방송들이 천편일률적으로 부자가 된 이야기, 종목 추천이나 주식시장 전망에 매몰된 것과 대조적이다. 게다가 연예인들도 그것을 찰떡같이 소화했다. 나는 항상 양세형과 송은이 사이에 앉았는데 녹화 시간 내내 정말 웃느라 시간이 어떻게 가는지 몰랐다. 훌륭한 프로그램이었다. 전국의 수많은 시청자에게 이런 정보들을 전달할 수 있다니 업계 종사자로서 감개무량했다.

정말 아쉬운 것은 첫 방송을 2020년 2월 11일에 시작했는데 잘 알다시피 한국 코로나19 첫 감염 사례가 1월 20일이고 주가가 2월 21일부터 급락하기 시작했다는 것이다. 전반적인 경제가 경색되면서 기업들이 TV 광고 집행을 줄였다. 더구나 금융위기라고 할 만큼 자산 가격이 폭락하는 와중에 지금이 기회라며 주식을 사라고 떠들어대는 방송에는 PPL도 잘 붙지 않았다. 나도 녹화 도중 제작진이 출연자에게 의견을 전달하는 프롬프터에 '종합주가지수 1400 포인트 깨졌어요. 1400포인트로 대본 수정해서 갈게요'라고 적힌 걸 보며 '내가 지금 여기서 이러고 있어도 되나?' 하고 혼란스러울 정도였다. 정말 훌륭한 취지의 방송이었음에도 결국 조기에 종영되고 말았다. 더욱 안타까운 것은 종영된 지 석 달도 지나지 않아 종합주가지수가 폭락 이전 수준을 회복했고, 지속 상승하여 3000 포인트라는 전인미답의 경지에 올랐다는 것이다. 만일 조금만 더 버텼더라면 지금 쏟아지는 경제방송의 맏형 격으로 카카오TV의 〈개미는 오늘도 뚠뚠〉 대신 백상예술대상 후보에 올랐을지도 모른다.

간혹 주변에서 "'연반인' 되고 바쁘지 않냐?", "알아보는 사람 많지?"라고 묻는다. 아니라고는 못 하겠다. 하지만 아주 드물다. 몇 달에 한 번 정도 알아보는 사람이 있을까 말까 한다. 음식점에서 서비스를 더 주고, 사진을 찍자고 하거나 사인을 해달라는 요청을 받으면 아직은 너무 어색하면서도 나도 모르게 입꼬리가 올라간다. 그러니 이 책을 읽은 분들이여, 나를 보거든 꼭 알은체해달라.

부자는 위기 때
탄생한다는 게 맞더라

15년 가까이 지켜보니 주식시장에서도 위기는 기회와 같은 말이었다. 금융위기라는 것이 올 때마다 돈을 잃는 사람만큼이나 돈을 버는 사람들도 많았다. 서브프라임 모기지 사태와 남유럽 재정위기를 현장에서 목격하고 메르스 유행으로 시작된 케이티스의 추락을 겪은 나에게 코로나19는 준비된 기회였다.

코로나19가 발병하기 직전의 주식시장부터 복기해보자. 미·중 무역분쟁이 타결될 조짐이 보이면서 다소 희망적인 분위기였다. 그러나 왠지 모르게 새로운 주식이 잘 보이지 않아 어쩔 수 없이 포트폴리오에는 현금 비중이 늘고 있었다. 운이 좋았다. 코로나19가 유행하면서 주가가 내려가기 시작했다. 시장에는 별것 아니라는 의견이 지배적이었는데, 이것이 우리를 더 불안하게 했다. 경험상 사람들이 이렇게 생각하면 시장은 반드시 더 하락하더라는 생각 때문이다. 현금을 그대로 쥔 상태에서 액션 플랜을 짜기 시작했다. 모든 절차가 아주 신속하고 냉정하게 이뤄졌다.

대부분 시장 참여자가 코로나19의 과학적 근거와 확산세를 모니터링하며 투매를 이어갈 때 우리는 과거 감염병 사례를 다시 한 번 살펴봤다. 공부를 해도 알 수 없는 것에 시간을 쓰기보다는 이번에도 역사에 베팅하기로 한 것이다. 스페인 독감부터 사스, 메르스까지 모든 질병의 대유행은 결국 마무리됐고 자본시장은 그 질병의 종식이 아니라 질병의 확산이 정점일 때 반등하기 시작했다는 사실을 확인했다.

주식을 사야 할 절호의 찬스임은 검증됐다. 그렇다면 어떤 주식을 사야 할까? '시장은 모든 문제를 확대 해석한다. 그리고 모든 치우침은 제자리로 돌아온다'라고 보고 투자자들의 공포가 가장 큰 곳에 투자하기로 했다. 먼저 기존에 투자하고 있던 종목들을 점검했다. 주가가 별로 내려가지 않은 기업들을 팔고 급락한 여행, 카지노 주식은 비중을 늘리기로 했다. 그리고 신규로 살 주식의 후보군을 추렸다. 각국의 여행 관련 업체들이 모두 물망에 올랐고, 피트니스 센터 관련 기업들도 검토했다. 그중 낙점된 것이 세계 최대 크루즈회사 카니발Carnival이었다.

남자의 주식 시즌 2

여러 코로나19 피해 기업 중 카니발을 고른 기준은 이렇다. 첫째, 재무 구조가 우량해 반드시 살아남을 수 있어야 한다. 가지고 있는 현금과 추가로 대출할 수 있는 여력, 미래의 승객으로부터 받아둔 예약금 환불 규모, 신규 선박 건조 대금을 포함한 월간 예상 지출을 시나리오별로 계산했다. 추가 유상증자가 없더라도 최소 1년 이상 버틸 수 있었다.

둘째, 감염병이 종식된 이후 억눌렸던 소비가 폭발하는, 이른바 보복 소비가 가능한 업종이어야 한다. 외식 업체와 피트니스 센터를 보자. 봉쇄 기간에 외식과 근력 운동을 덜 했다고 해서 경제가 재개된 이후 하루에 여섯 끼를 먹거나 덤벨 무게를 2배씩 늘릴 수는 없다. 이들도 분명히 코로나19가 종식되면 과거처럼 수익을 올릴 수 있겠지만, 훨씬 더 많은 돈을 벌 수는 없다.

반면 망망대해를 둥둥 떠다니며 일광욕을 하고 싶어 하는 인간의 욕망은 어떤 것도 대신할 수 없다. 1~2년간 크루즈 여행이 중단됐다면 그 이후에는 아마 원래 계획했던 것보다 더 먼 곳으로 더 오래 떠나려고 할 것이다. '원래 매년 여행에 쓰는 돈이 있으니까', '올해랑 작년에는 못 갔잖아' 하는 생각으로. 또는 그 돈을 모으지 않고 새 자동차나 집 인테리어를 하는 데 써버렸더라도 심적 회계상 쓸 수 있는 돈이 된다. 생업으로 일정이 잘 맞지 않는다면 기존보다 더 높은 등급의 선실을 예약하는 플렉스flex*를 할 수도 있다. 회사로서는 호화 크루즈선의 공급량이 제한적이다 보니 티켓 가격을 올려 같은 비용 대비 더 높은 수익성을 꾀할 수도 있다.

셋째, 시장 점유율이 감소하지 않아야 한다. 크루즈 여행 수요는 회복했는데 카니발이 아니라 노르웨지안Norwegian Cruise Line이나 로열 캐리비안Royal Caribbean Group의 배를 탄다면 큰일이다. 이것이 우리가 항공사를 택하지 않은 이유다. 크루즈 선사들은 매우 오랫동안 영업을 해왔고 시간이 지날수록 상위 사업자들로 재편돼온 역사를 가지고 있다. 이들은 코로나19 위기가 장기화되더라도 동종 기업 중 가장 마지막까지 살아남을 수 있는 강건한 체력을 갖추고 있다. 또한 하위 업체들의 탈락은 좋은 배를 헐값에 인수한다거나 매력적인 기항지나 항로를 쉽게 개척하는 등 오히려 다음 호황기 때 상위 사업자들의 기업가치를 한껏 끌어올릴 수 있게 해준다.

화룡점정은 일본에서 벌어진 사고였다. 4월 29일 쇼와의 날부터 5월 5일 어린이날까지 이어지는 골든위크를 맞아 출발했던 다이아몬드 프린세스호에서 감염자가 발생해 요코하마로 회항했으나, 일본 정부가 확산 방지를 위해 하선을 금지한 것이다. 배 안에서 격리된 탑승자 3,000여 명 중 700명에 가까운 감염 사례가 확인되면서 전 세계적으로 큰 논란이 일었다. '코로나19' 하면 '크루즈'가 연상됐다. 그러나 역발상 투자가인 우리에게는 오히려 매력 포인트였다.

호기로운 자세로 카니발을 포트폴리오에 30퍼센트나 담았지만,

● '팔을 구부려 힘을 과시하다'에서 파생해 자신의 능력이나 부를 과시하는 소비를 뜻하는 유행어가 됐다.

나라고 마음이 편한 것은 아니었다. 우리는 유동성이 충분하다고 생각했지만 경영진은 그렇지 않은 것 같았다. 어떻게 보면 상장주식 거래자로서 수틀리면 매도해 원금의 일부를 되찾을 수 있는 우리와 좋으나 싫으나 회사와 한배를 타야 하는 창업자와 경영자의 입장은 애초부터 달랐는지 모른다. 투자한 직후 대규모 유상증자 및 채권 발행 발표가 났다. 최악의 상황을 가정해 선제적으로 현금을 더 확보하겠다는 것이다. 〈정산회담〉 녹화차 일산 JTBC 스튜디오에서 메이크업을 받고 있을 때 L 팀장에게 전화가 왔다.

"형, 카니발 공시 보셨어요?"

"어. 당연히 봤지."

"어떻게 할까요?"

사실은 잠이 오지 않아 새벽에 일어나 공시를 발견하고 눈이 휘둥그레졌다. 녹화장에 들어가기 전에 근처 스타벅스에 앉아 작은 스마트폰으로 영어 자료를 읽고 또 읽었다. 이미 고객들도 다 아는 우리의 전략, 오늘 밤 주식시장이 열리면 수십 퍼센트 손실이 된다. 포기하려면 여기서 포기해야 하지만, 그럴 수 없었다. 그리고 내가 망설이거나 두려워하는 모습을 보이면 그 감정이 금방 팀원들에게 전달돼 비이성적인 의사결정을 내릴지도 모른다. 마음을 굳게 먹고 최대한 떨리지 않는 목소리로 말했다.

"어떻게 하긴 뭘 어떻게 해. 우리가 예상하던 시나리오 안에 있잖아. 계획한 대로 더 사."

투자 규모를 2배로 늘렸다. 주가 하락까지 고려하면 주식 수는 훨씬 더 늘었다. 일간 차트에는 나오지도 않는 장중 7달러에 매수한 '야수의 심장'이 우리다.

이후로 몇 개월 동안 주가는 큰 흐름으로는 오름세였지만, 계속해서 크게 출렁거렸다. 코로나19에도 일정 자격을 갖추면 운항을 재개할 수 있다는 뉴스나 치료제가 개발됐다는 뉴스가 나오면 올랐다가도, 코로나19 확산세가 거세지거나 회사의 바람과 달리 운항 재개가 늦어진다는 등의 소식이 있으면 급락했다. 한 회사 경영진의 인터뷰는 나머지 두 회사의 주가에도 영향을 줬다. 다시 공황 장애가 오는 듯했다. 삼양식품 이후(전작《부자들은 이런 주식을 삽니다》제4장을 참고하기 바란다) 먹고살 만해졌다고 생각했는데 무슨 부귀영화를 누리자고 이런 일을 또 벌였는지 자책도 많이 했다. 이번에는 한밤중에 거래되는 미국 주식이었기 때문에 주가나 뉴스를 안 봐도 되니 한편으로는 다행이면서도, 잠을 설치면서 스마트폰을 열어보기 일쑤라 한편으로는 불행이었다.

코로나19 발병 전 50달러가 넘던 주가가 몇 달 만에 10달러 아래로 내려가자 개인 투자자 사이에서도 '남자의 주식'이라는 별명이 붙었다. 몇 년 만에 OCI에서 물려받은 것이다. 나는 그 두 주식을 다 투자한 남자다. 금세 잦아들 줄 알았던 코로나19가 계속해서 확산 일로를 걸으면서 카니발을 비롯한 대형 크루즈 선사의 배들은 모두 항구에 정박해 있었다. 바다에 떠 있는 배들은 다이아몬드 프린세스호와 같이 입항을 거부당한 비운의 배였다. 하지만 의외로 크루즈 선사들의 현금은 그렇게 빨리 소진되지 않았다. 은행에서는 만기가 도래한 대출을 연장해주고 있었고, 조선소에서도 새 선박의 건조 및 인도 일정을 미뤄줬다. 큰 고객을 잃고 싶지 않았기 때문이리라. 더욱 고무적인 것은 많은 고객이 예약을 취소하고 환불받는 것이 아니라 운항이 재개된 시점으로 탑승을 연기했다는 점이다. 프로모션 바우처를 제공하는 등 경영진의 기지와 순환 휴직으로 고통을 감내해준 승조원들의 협조가 있었기에 가능한 일이었다.

이렇게 주식시장 참여자의 시각이 엇갈린 대표적 장면을 소개한다. 〈돈워리스쿨 2〉 녹화 콘셉트를 논의하러 SBS 사무실에 들렀다. 우리가 회의를 시작하자 옆 팀에서 웅성거리기 시작했다. 아무래도 주식이 화두이던 시기라 〈돈워리스쿨 2〉 팀 회의에 어떤 내용이 오가는지 궁금했던 듯하다. 그런데 내가 아는 단어가 귀에 박히는 것이 아닌가. 그들이 카니발에 관해서 떠들고 있었다.

"저쪽에서 무슨 이야기를 하는 거예요?"

"아, 대표님께도 여쭤봐야겠다. 어제 슈카 님께서 왔다 가셨는데 개인 투자자들이 카니발이라는 크루즈회사에 많이 투자했대요. 그런데 재무 구조가 매우 위험해서 망할 수도 있다고 절대 투자하면 안 된다고 하고 가셨어요."

'뭐라고?' 울컥했다.

"저희 회사도 그렇고 저도 그렇고, 카니발을 제일 많이 가지고 있어요. 주가, 무조건 오릅니다. 저는 직접 운용하는 사람이고 슈카 형님은 인플루언서잖아요. 누구를 믿으시겠어요?"

얻을 것은 없고 잃을 일만 잔뜩인, 괜한 말을 했다. 그 팀과 주변 인들까지 깡그리 카니발 주식을 샀다고 전해 들었다. 주가가 올랐으니 참 다행이다. 주가가 많이 오르고 나서 만난 H 팀장은 '올인'을 해 큰돈을 벌었다고 했고 카니발의 광신도가 돼 있었다. "이제는 좀 파시죠" 해도 듣지 않더라.

위기일 때 사야 하는 주식

주식시장이 공포에 빠져 있을 때는 아무리 목청 터지라 영업을 하러 다녀도 주식을 사거나 금융상품에 가입하는 사람이 없다. 이 것은 일반 손님뿐만 아니라 PB들도 마찬가지다. 그래도 나는 열심히 다녔다. 이미 포트폴리오는 다 꾸렸으니 기다릴 일만 남았다. 그냥 앉아서 기다리면 무엇 하랴. 발품이라도 파는 것이 낫다. 지금 당장 고객이 늘지는 않더라도 나중에 "그것 보세요. 제가 뭐라고 했습니까?", "그때 사두면 오른다고 했죠?"라고 할 수 있다면 우리의 평판을 차곡차곡 쌓을 수 있고 그래야 다음 변곡점에서 말발이 조금 더 선다.

시황 전망 자료에 아마존 제프 베조스 회장의 말을 빌렸다. "'10년 후에는 뭐가 바뀔 것 같냐'라는 질문보다 '10년 후에도 바뀌지 않을 것은 무엇일까'라는 질문이 더 중요하다"고. 10년 후 어떤 상품이 잘 팔릴지 알 수 없지만, 원하는 상품을 쉽게 검색하고 가장 싼 가격에 구매해 빨리 배송받기를 바라는 마음은 변하지 않을 것이므로 아마존이 그런 플랫폼이 될 수 있도록 노력한다고.

코로나19로 바뀔 것을 찾기는 어렵다. 그러나 인간은 여전히 사회활동을 할 것이고, 코로나19가 종식되는 그때 해외여행을 다니고 자녀의 손을 잡고 놀이동산으로 떠날 것임은 분명하다고 말했다. 이미 많이 올랐으나 언젠가 사용량이 감소할 마스크나 손 세정제에 투자해서는 안 되며, 치료제 렘데시비르를 만든 길리어드사이언스Gilead Sciences나 화상회의 기업 줌Zoom Video Communications에도 투자하면 위험할 것이라고 강변했다. 대신 카니발이나 보잉, 디즈니에 투자하면 쉽게 돈을 벌 수 있는 국면이라고 이야기했다. 아무도 귀담아듣지 않았지만 1년이 지난 후 허겁지겁 주식을 사려는 그들 앞에 다시 서서 내가 이야기했던 순서대로 나열된 종목의 수익률 그래프를 보여주며 신뢰를 살 수 있었다.

종합주가지수의 저점은 3월 19일이었고 나는 23일 하루 휴가를 내고 전화를 돌리고 있었다. 10억 원 이상 위탁한 대형 고객들에게 "우리는 준비가 다 돼 있다. 걱정 안 해도 된다. 가능하면 돈을 더 맡기시라"라고 말했다. 물론 부자라고 해서 겁이 안 나는 것은 아니다. 돈을 추가로 맡긴 사람은 거의 없었다. 그런데 때마침 그날부터 주가가 급격히 반등하기 시작했다. 모두가 아는 동학개미 운동 때다.

카니발에 투자한 지 1년이 되어갈 무렵 좋은 소식이 들렸다. 미국 화이자와 독일 바이오엔테크BioNTech가 공동 개발한 백신이 영국에서 첫 접종을 시작했고, 미국의 식품의약품안전처 격인 FDA에서도 승인할 예정이라는 것이다. 너무나 기다려온 소식이었다. 1상, 2상, 3상 등 임상시험 결과가 어떻고 하는 뉴스를 접하고도 꾹 참고 기다려왔다. 1차 목표가는 이미 넘어서 있었다. 친애하는 펀드매니저 K 형님과 술을 마시고 있었는데 양해를 구하고 바로 회사로 향했다. 해외 주식은 야간 근무를 하는 증권사의 나이트데스크에 직접 주문을 내야 해서 원격 근무를 하기가 어렵다. 자정이 다 된 시각이었다. 술기운을 가라앉히며 차례차례 매도했다. 24달러였다. 치킨까지 시켜놓고 "너도 사는 데 동의했어", "너도 공범이야" 하며 손가락을 덜덜 떨며 매수했던 가격에서 3배가 넘게 올라 있었다. 기대한 대로 코로나19가 종식된다면 추가 상승 여지도 충분히 있겠지만, 이 시기에는 수익 대비 위험이 더 커지는 국면으로 판단했다. 임상 3상과 승인까지가 백신이 인류가 코로나19에 대항하는 수단이었다고 한다면, 실제 접종이 시작된 후에는 실제 효능과 부작용, 변이 바이러스까지 걱정해야 하기 때문이다.

돌이켜 보면 코로나19 때 우리의 대응은 반은 맞았고 반은 틀렸다. 일단 코로나19가 이렇게 오래갈 줄 몰랐다. 1년 정도면 충분히 종식될 줄 알았는데, 2022년 지금도 마스크를 쓰고 다닌다. 이 정도면 100년 전 스페인 독감 이래로 최악의 팬데믹이다. 시나리오를 공격적으로 수립했다면 투자한 기업이 도태되는 일도 겪었을 수 있다. 언택트와 집콕 테마의 부상을 놓친 것도 아쉬운 대목이다. 미국에 거주하던 선배한테 크록스Crocs 이야기를 들었을 때는 뒤통수를 세게 맞은 것 같았다. 한국과 달리 서양인들은 집에서도 신발을

신는다. 재택근무가 확산되자 신발은 신어야겠는데 운동화나 구두
는 불편하다. 그래서 판매량이 대폭 늘어난 것이 고무 재질의 샌들
이었다. 주변을 둘러보면 충분히 알 수 있는 정보였다. 우리가 자랑
하는 투자 방식인데 놓친 것이다. 굳이 자위하자면 반복적인 구매
가 발생하지 않는 분야이고, 언제일지는 모르지만 언젠가는 반드
시 끝날 트렌드이니 시기를 재단해야 하는 어려운 투자였다는 것
정도일까? 2020년 상반기 폭락장에서 고객의 자산을 안전하게 지
켜냈지만 콘택트 주식으로 샴페인을 너무 일찍 터뜨린 것이 우리
회사가 코로나19 시절 수익률 톱을 놓친 이유다.

자네,
주식으로 돈을 벌고 싶은가?

　나름대로 주식투자를 열심히 하면서 살아왔고 큰 실패도 겪지 않았다. 그런데 나는 왜 큰 부자가 되지 못했을까? 내 주변에는 주식투자만으로 수백억 원을 벌었다는 또래 친구들도 많은데, 나는 왜 그렇지 못할까? 어디서부터 잘못된 걸까?

　2020년에는 이런 생각을 부쩍 많이 했다. 성과급 순위가 3위로 내려갔기 때문이다. 우리 회사는 1년 단위로 성과급을 지급하는데 업종 특성상 누가 그해의 회사 손익에 얼마를 기여했는지 1원 단위까지 정확히 나타난다. 그리고 그 손익에 따라 성과급을 나누는데 여기는 직위나 연차의 고하가 전혀 반영되지 않는다. 신입사원이 대표이사보다 많이 받을 수도 있고, 하나도 기여하지 못했거나 손실을 끼쳤다면 대표이사라도 한 푼도 못 가져간다. 회사의 규모가 작지만 좋은 친구들이 입사를 결정하는 데에는 이런 투명한 구조도 영향을 줬으리라 짐작한다. 펀드매니저들에게 좀 더 열심히 하라고 압박할 필요가 없는 이유이기도 하다.

어쨌든 창업 이래 1, 2등 말고는 한 적이 없는데 8년 만에 처음으로 3등까지 하락했다. 성과급 문제도 있지만, 그보다 마음이 더 좋지 않았다. 겉으로는 나보다 성과급을 많이 받은 사람을 칭찬하고 우리 회사의 평등한 배분 구조를 홍보했지만 속마음은 쓰렸다. 언제까지나 그들과 주식 실력으로 견줄 수 없다는 것을 머리로는 알았지만 지금은 아니라고 생각했다. 이유를 찾아봤다. 도무지 생각이 나지 않았다. '방송 때문인가?' 달라진 것은 그것밖에 없었다. 하지만 이미 단순한 예능 활동은 그만뒀고, 적당한 기준을 두어 회사에 도움이 될 만한 곳에만 출연하고 있었다. 외부 판매 채널에 의존하지 않는 영업 방침을 가진 우리 회사 입장에서는 유일한 홍보 루트이고 큰 도움이 되고 있어서 대표이사로서 꼭 해야 할 일이었다.

자아 성찰을 해보니 나는 나에게 맞는 투자와 책에서 읽은 이상적인 투자법 사이에서 흔들리고 있었던 것 같다. 여기서 이상적인 투자법이란 주식투자를 사업처럼 생각해 주가 상승이 아니라 투자한 기업이 벌어들이는 돈을 내 수익이라고 느끼는 워런 버핏의 가르침이다. 하지만 실패했다. 최근 몇 년 동안 가장 크게 손실을 본 CJ CGV의 사례를 이야기해보겠다.

혹자는 영화가 흥행 비즈니스라고 하면서 블록버스터 개봉 일정과 실제 관람객 수를 집계하며 단기적으로 투자한다. 그러나 나는 영화관은 연간 단위로 보면 흥행 비즈니스가 아니라 플랫폼 비즈니스라고 생각한다. 요새는 플랫폼이 인터넷이나 모바일 환경에서 수요자와 공급자를 연결하는 정보기술 업체들을 통칭하는 말이 돼버렸지만, 원래 말뜻은 기차역 아닌가. 부동산의 입지에서 역세권이 중요한 이유는 그곳을 중심으로 사람들이 모이기 때문이다. 좋은 입지를 선점한 영화관은 그 자체로 집객 효과를 지닌다. 대형 쇼핑몰 사업자가 설계 단계에서부터 프랜차이즈 영화관을 입점시키려고 노력하는 것도 이 때문이다. 남녀가 '썸' 단계에서 가장 쉽게 찾는 곳도, 가끔 만나 약간은 어색한 친척들끼리 명절에 한 번씩 들르는 곳도 영화관이다. 물론 월이나 분기 단위로는 어떤 영화가 흥행했느냐에 따라 수입이 크게 변동하지만, 코로나19 이전 기준 연간 단위로는 꾸준히 2억 명 이상의 관객이 찾는다. 이는 연간 개봉 편수가 많은 대형 제작사나 배급사도 마찬가지다.

선두 플랫폼 사업자는 판매 가격 인상으로 자신의 경쟁력을 입증한다. 학생 때 통신사 카드를 제시하면 2,000원에도 볼 수 있었던 영화는 이제 조조 시간대를 골라도 1만 원에 육박한다. 기본적으로 좋은 비즈니스라는 뜻이다. 그중 CGV는 경쟁사인 롯데시네마나 메가박스보다 영화에 가장 진심인 사업자다. 메가박스는 오리온, 맥쿼리Macquarie 사모펀드 등 주인이 여러 차례 바뀌었고 현재도 M&A 시장에 잠재 매물로 나와 있는 것으로 안다. 그러니 제대로 된 투자를 할 수 있을 리 없다. 롯데시네마는 덩치는 크지만 롯데그룹의 모체인 유통 사업에 깍두기로 끼어든다는 인상을 지울 수 없다. 반면 CGV는 적극적인 투자와 신선한 시도로 고객 만족을 우선한다는 느낌이다. 영화 예매를 위해 각 회사의 모바일 앱만 들여다봐도 차이가 크다. 개인적으로 못해도 한 달에 1~2회는 영화관을 찾는 나로서는 CGV 외에는 대안이 없다고 보고 타 극장은 상영 시간표조차 검색하지 않는다. 나 같은 충성 고객은 CGV가 가진 우수한 무형자산이다.

CJ CGV 투자 아이디어의 핵심은 해외 상영관 확장과 4DX였다. 앞서 말한 대로 CGV가 관객을 즐겁게 하는 노하우를 갖추고 있다면, 한국보다 인당 영화 관람 횟수가 많게는 19분의 1에서 적게는 5분의 1까지 차이 나는 국가에 진출할 때 승산이 있다. 중국, 베트남, 터키, 인도네시아에 차례차례 공격적으로 진출해 상위 사업자로 자리매김했다.

4DX는 영화의 장면에 맞춰 움직이는 모션 시트와 바람, 빛, 안개, 향기, 진동, 물방울 등의 다양한 환경 효과를 느낄 수 있는 특별 상영관 브랜드다. 영화관 사업자가 매출을 크게 늘리기 위해서는 점포를 추가해야 한다. 이때 소요되는 비용이 수십억 원에 달한다. 4DX 사업을 전개하는 CGV의 자회사 CGV포디플렉스는 제작사에서 제공받은 콘텐츠를 자체 개발한 기술로 4DX 포맷에 맞게 재가공하는 일을 한다. 매출을 늘리기 위해 큰 설비 투자를 할 필요가 없어진 것이다. 특별관 영화 관람료는 일반 상영관보다 다소 높은데 4DX가 이 차액 중 3분의 1을 로열티로 수취한다. 당연히 수익

성도 높다.

화면비가 탁월한 대형 스크린과 웅장한 사운드를 자랑하는 아이맥스IMAX 영화를 본 적 있는가? 이들은 촬영과 상영 기술을 제공하고 로열티를 받는 비즈니스 모델을 가지고 있어 영화관 사업자들보다 투자자들의 지지를 더 받는 편이다. 4DX도 마찬가지다. 모회사 CGV의 데이터를 이용해 전 세계 영화관 사업자들에게 4DX 도입을 제안하고 있고, 그 성과는 대단하다. 2019년 말 기준으로 이미 65개국, 730개 상영관에 진출했다. 국내 CGV의 직영 스크린 수가 885개임을 고려할 때 실로 놀라운 수치다. 이제는 각국 주요 도시의 입지를 두고 경쟁사와 출혈 경쟁을 할 필요가 사라지고 있다.

이런 아이디어에도 불구하고 CJ CGV는 회사 내외부에서 항상 뜨거운 감자였다. "다른 종목은 다 좋은데, CGV만 빼면 안 되냐?" 하는 소리도 들었다. 다 알겠지만 OTT의 득세 때문이다. OTT는 'Over The Top'의 약자로 '셋톱박스를 넘어서'라는 의미를 갖고 있다. 전파나 케이블이 아닌 인터넷망으로 영상 콘텐츠를 제공하는 서비스를 통칭하며, 넷플릭스나 티빙TVING이 대표적이다. "집에서 싼값에 편안하게 넷플릭스 보면 되는데 누가 영화관 가겠어?" 가 주가를 짓누른 것이다. 실제로는 전혀 그렇지 않다. 케이블TV나 IPTV에서도 VOD 맞춤 영상정보 서비스 또는 주문형 비디오 조회 시스템을 제공한 지 오래다. 그래도 영화 관람객은 줄지 않았다. 오히려 늘어왔다. 미국에서 넷플릭스가 서비스를 시작한 이후의 통계를 봐도 마찬가지다. 데이트, 가족 나들이 수요를 비롯해 가정

내 TV로는 소화할 수 없는 블록버스터급 영화가 여전히 존재하기 때문이다. 마블의 어벤져스 시리즈가 개봉했는데 OTT에 올라올 때까지 스포일러를 당하지 않고 한 달 동안 기다릴 자신이 있는가? 또 영화를 만드는 쪽도 이를 노려 막대한 제작비를 회수하기 위해 영화관 개봉을 우선한다. 한 편당 1만 원 전후를 얻을 수 있는 영화관 수입이 한 달에 모든 콘텐츠를 다 합해 1만 원밖에 과금하지 못하는 OTT보다 압도적으로 높기 때문이다. 유동성 위기에 맞닥뜨린 한계 기업이 길어지는 코로나19 시기에 울며 겨자 먹기로 OTT에 선공개하는 것은 일부 사례다. 영화평론가 김태훈에 따르면, 지금도 여전히 거리두기 축소만을 기다리며 개봉하지 않고 쌓아둔 영화 재고가 100편이 넘는다고 한다.

그러나 결과적으로는 어려운 투자, 실패한 투자가 돼버렸다. 사실이 어쨌든 간에 주식은 다른 많은 사람이 사줘야 오른다. 그들이 OTT 리스크를 제기하며 공부하지 않으면 주가 상승 열차는 아예 출발하지 못한다. 그런 와중에 과도한 부채를 짊어지고 인수한 터키 법인과 자국 상영관을 우선시하는 정책에 제동이 걸린 중국 법인이 문제가 돼 처음에 예측했던 시나리오가 완전히 어긋나버렸다. 그래서 손실을 확정했다. 어떻게 보면 코로나19 이전에 팔게 된 것이 불행 중 다행인지 모른다. 굳이 많은 사람이 아니라고 하는 기업을 해외 진출 프리미엄까지 얹어서 비싸게 산 것이 패인이다.

이 정도로 치밀해야 투자라고 할 수 있다

투자했다면 큰일 날 뻔한 사례도 있다. 더퍼블릭자산운용은 투자 아이디어를 검증할 때 독립적인 사실 수집 방법을 사용한다. 독립적인 사실 수집이란 투자와 이해관계가 없는 정보들을 스스로 모아 투자의 근거로 삼는 것이다. 필립 피셔는 이를 스커틀부트scuttlebutt라고 불렀는데, 과거 범선의 한쪽에 놓인 '선원들이 물을 마시는 통'이라는 뜻에서 '가십거리'를 의미하는 뱃사람들의 속어로 변질된 단어다. 선원들이 주로 목을 축이며 뜬소문을 공유하는 데서 유래했다.

우리 회사도 기업탐방을 하고 애널리스트 보고서를 읽지만, 다소 전문적인 용어를 사용하고 내부적인 이야기를 담았을 뿐 누군가의 입에서 나온 정보라는 점에서 일방적인 청취에 불과하다. 이런 정보에 의존하면 처음에는 편할지 모르나 IR 담당자가 퇴사하거나 증권사 리서치센터에서 해당 기업을 분석 대상에서 제외할 경우 속수무책이 된다. 극단적으로는 '자본시장과 금융투자업에 관한 법률' 중 미공개 중요 정보 이용 행위 금지에 위반될 소지도 있다. 우리가 다소 불편하더라도 골관절염 치료제 회사에 투자하기 위해 전국 수백 군데의 정형외과와 마취통증의학과 의원에 매달 전화를 돌리고, 스크린 기능 도입 여부를 파악하기 위해 골프연습장을 돌아다니며 스크린 기능이 있는 타석과 없는 타석의 대기자 수를 센 것도 이런 이유에서다. 우리가 직접 얻어낸 정보이므로 누군가의 입김에 영향을 받지 않는다. 다른 회사는 다양한 종목을 분석해야 할 뿐 아니라 팀장이나 본부장, 사장의 요구에도 즉각적으로 답해야 하기 때문에 이렇게 품이 많이 들어가는 행동은 용납되지 않는다. 우리 회사는 오로지 고객 수익률이 목적이기 때문에 돈을 버는 방법이라면 합법적인 틀 내에서 무엇이든 용인한다.

사실 수집의 실패 사례를 말하기 전에, 부끄러우니 성공한 사례부터 이야기하겠다. 오래전 삼광글라스에 투자한 적이 있다. 전라북도에서 발전소를 운영하는 자회사 군장에너지의 가치 대비 워낙 저평가돼 있었다. 지금은 SGC에너지라는 이름으로 상장돼 있지만 당시에는 비상장이었기 때문에 모회사인 삼광글라스가 투자 대안으로 떠오른 것이다. 늘 그렇듯 저평가 상황에서는 아무도 관심을 두지 않지만 주가가 오르기 시작하면 갖은 이유를 붙이며 자신의 투자를 합리화하는 것이 주식시장이다. 삼광글라스는 자회사 가치 때문에 오른 것이 분명했지만, 우리보다 더 비싸게 산 쪽에서는 다른 이에게 폭탄을 넘겨야 했고 밀폐용기 중국 수출이라는 그럴싸한 스토리를 만들어냈다. 삼광글라스의 본업은 유리병을 만들어 음료회사에 공급하는 일인데, 같은 기술을 이용해 글라스락이라는 밀폐용기 사업도 하고 있었다. 경쟁사 락앤락이 중국에서 밀폐용기로 성공했으니 글라스락도 가능할 것이라는 추론이었다.

목표주가에 도달해 매도를 저울질할 때였지만 모 애널리스트의 말대로 글라스락의 중국 진출이 성공한다면 조금 더 보유해도 괜찮겠다고 생각했다. 그러나 과연 중국인들이 써줄까? 확신이 필요했다. 그렇다면 밀폐용기의 주요 구매층인 주부들에게 설문조사를 해보자. 인터넷을 통해 설문조사 기법과 통계적 유의성에 관해 공부한 후 직접 조사지를 만들어 당시 한국 최대 쇼핑몰이었던 영등포 타임스퀘어로 나갔다. 낮 시간대에는 주로 모임이나 간단한 쇼핑을 위해 나온 주부들이 많았고, 시간적 여유가 있어서인지 대부분 친절히 조사지를 작성해줬다. 결과는 놀라웠다. 당시 락앤락은 내열유리를, 삼광글라스는 강화유리를 가지고 서로의 제조 공법이 우수하다며 으르렁대고 있었다. 원래 이 설문조사는 삼광글라스 글라스락의 경쟁 우위가 있는지 없는지를 조사하기 위한 것이었는데 응답자가 선호하는 브랜드가 팽팽히 갈려 유의미한 결과를 찾아내지 못했다.

그런데 재미있는 것은 대부분의 응답자가 어떤 브랜드든 간에 해당 브랜드를 선택한 이유가 가족의 건강과 관련된 제품이므로 품질을 꼼꼼히 따졌기 때문이라고 했지만, 그 품질을 평가하는 요소가 객관적이지는 않다는 점이었다. 다시 말해 락앤락의 내열유리를 선택한 응답자는 락앤락이 홍보하는 자료의 내용만을 인지하고 있었고, 반대로 글라스락의 강화유리를 선택한 응답자는 삼광글라스의 광고문구 그대로 답했다. 밀폐용기 시장의 핵심 경쟁력은 제조 공법이나 브랜드가 아니라 마케팅이었다. 하지만 안타깝게도 삼광글라스는 본업이 태생적으로 저마진 사업인 데다 전방산업인 음료 분야의 성장성이 낮아 마케팅비 지출 여력이 별로 없었다. 락앤락이 중국에서 쏟아붓는 마케팅 공세를 따라잡지 못할 것 같았다. 목표가에서 매도하기로 결정했다. 우리의 예상이 맞았을까? 글라스락의 중국 성공 스토리는 펼쳐지지 못했다.

서울옥션을 분석할 때, 이 사실 수집도 나에게는 '남에게 보일' 수단이 아닌가 하는 생각이 들었다. 서울옥션은 케이옥션과 함께 한국 양대 미술품 경매회사다. 경매 비즈니스는 처음에 손님을 모으기가 어려워서 문제지, 어느 정도 손님을 유치하고 나면 네트워크 효과라는 강력한 진입장벽을 구축할 수 있다. 네트워크 효과는 이용자가 많아지면 많아질수록 그 서비스의 가치가 올라가는 경제적 해자의 일종이다. 예를 들어 피트니스 센터는 회원이 늘어날수록 회원들의 만족도는 떨어진다. 특정 기구를 이용하기 위해서 기다려야 하거나 너무 가까운 곳에 밀집해 운동하면 불쾌감을 느끼기도 하기 때문이다. 반면 미술품 경매장에는 구매자와 판매자가 많은 것이 장땡이다. 아무리 돈이 많은 컬렉터라도 그림이 몇 점 없는 곳이 가면 구매 유인이 떨어진다. 당장 가지고 있는 미술품을 팔아 현금을 손에 쥐고 싶은 판매자는 판매 수수료가 좀 높더라도 구매자가 많은 경매회사에 위탁하는 편이 거래 성사에 도움이 된다. 경합이 벌어져 더 높은 가격에 판매할 수도 있다. 이런 특징 때문에 항상 주목하는 업종인데, 소더비Sothby's가 프랑스의 재벌에게 인수되며 비공개 기업으로 전환하게 된 것은 상장주식 투자자로서 매우 유감이다.

서울옥션 주가가 2015~2016년 몇천 원대에서 2만 원 이상으로 몇 배 뛴 적이 있다. 소액을 투자하고 지켜보던 참이었는데 주가가 계속 오르니 속으로 안달이 났다. 주식시장에서는 몇 가지 가설을 내놓았다. '한국의 미술품 시장이 본격적으로 성장 궤도에 올랐다', '폐쇄적인 화랑 위주의 미술품 시장이 투명한 경매 쪽으로 기울고 있다', '해외 컬렉터들이 한국의 미술품에 관심을 두기 시작했다' 정도가 주가 추가 상승의 근거였다. 그러나 나는 다르게 생각했다. 서울옥션 낙찰액이 증가한 요인은 김환기, 박서보, 이우환 등 단색화 작가들의 인기다. 단색화는 한국 현대미술의 한 추상화 경향을 가리키는 용어로 한 가지 또는 비슷한 톤의 색만을 사용한 그림을 말한다. 한국 1세대 화가인 박수근·이중섭 선생이 사람이나 소와 같은 실재하는 대상을 그려 명성을 쌓았다면, 그 뒤를 잇는 작가들은 추상화로 이름을 알렸다. 이 그림들이 최고 수십억 원을 호가하며 거래됨으로써 서울옥션의 실적을 견인한 것이다.

단색화 인기가 계속될지 어떨지를 아는 것이 서울옥션 투자 집행에 가장 큰 요소가 된다고 생각한 나는 동생 찬스를 써서 홍익대학교 미술대 학장 김태호 교수를 만났다. 좋아하는 복요리 한 그릇이면 궁금한 점을 다 답해주겠다고 했다. 돈은 만인의 관심사이고 자신의 업을 설명하는 것을 싫어하는 사람은 없다. 펀드매니저가 자신의 전문 분야인 단색화에 관해 물으니 아마 즐거운 경험이었을 것이다. 나도 단색화의 미래에 이 이상의 인터뷰 대상은 없다고 생각했다. 김태호 교수는 특정 회화 스타일이 단기적인 유행으로 끝날지 장기적인 추세로 갈지는 미술 교과서나 논문을 보면 안다고 했다. 단색화는 한국 특유의 정서를 담고 있어 이미 세계 미술학

계에서는 모노크롬monochrome과 구별되는 하나의 사조로 자리 잡았다고 이야기했다. '됐다!'

김태호 교수는 자리가 재미있었는지 2차로 자기 작업실에서 차를 한잔하자고 청했다. 마음에 들면 그림도 한 점 준다고 했다. 서울옥션에 투자할 마음에 들떠 다음번을 기약하자며 공손히 거절했다. 김태호 교수가 김환기, 박서보 선생의 직속 후계자 격이고 그림 한 점에 수천만 원을 호가한다는 사실을 그림을 모으지 않던 그때는 미처 몰랐다.

그 이후 미술시장은 다시 경색되면서 서울옥션 주가도 몇 토막이 났다. 5년이 지나 미술품시장은 다시 활황이다. 김태호 교수를 비롯해 유명 단색화 작가들은 여전히 몸값 경신 행진을 하고 있다. 그러니 김태호 교수의 전망은 맞았다고 해야 할까?

하지만 2만 원짜리 주식이 다시 6,000원이 되는 동안 견딜 수 있는 투자자가 몇이나 될까? 전 고점을 회복하는 데 무려 6년이라는 시간이 필요했다. 우리는 어땠을까? 다행히 다른 팀원들의 제지로 투자하지 않았다. 내가 단색화의 거장까지 만나고 왔다는데 믿어주지 않는 동료들이 야속하기도 했지만 만장일치의 벽은 높았다. 미술품은 실물이지만 부동산의 임대료처럼 현금흐름이 발생하지 않으므로 적정 가격을 계산하기 어렵고, 그렇다면 그 가격은 전적으로 시장 참여자의 수요와 공급에 달려 있다는 그들의 말에 수긍했다. 미술품을 사고파는 이들 중 통계적 유의성을 확보할 수 있는 표본 집단에 모두 물어본 것이 아니므로 아무리 권위 있는 사람의 말이라고 하더라도 '일방적 청취'에 불과했던 것이다.

우리 회사에서 장기 투자로 높은 수익을 낸 것은 항상 내가 아니었다. 새벽배송 오아시스로 알려진 지어소프트나 모바일 전용 동영상 편집 툴 키네마스터(이전 회사명은 넥스트리밍이었으나 우리가 투자하는 동안 회사명을 제품명과 똑같이 바꾸었다)의 대박 모두 10루타 전문가 정호성 대표의 작품이다. 반도체 유통을 하던 다우인큐브(현 키다리스튜디오)가 웹툰 사업을 인수했다는 사실을 초기에 발견한 것은 K 팀장이다. 이들의 공통점은 투자를 검토할 때는 해당 비즈니스가 개화하기 전이었다는 점이다. 그래서 주식시장 참여자들로부터 아주 소외된 상태인데, 소비자나 투자자들의 마음을 혹하게 할 거리를 내포하고 있었다. 그러나 업력이 길지도 않고 돈을 잘 벌지도 못하고 있어서 내 스트라이크 존에는 들어오지 않았다.

자신만의 투자법을 개발하라

내가 높은 수익을 낸 종목들은 주로 코끼리 보아뱀 같은 주식들이다. 어른들이 중절모라고 생각하는 그림을 보고 어린 왕자는 코끼리를 삼킨 보아뱀이라고 한다는 소설《어린 왕자》속의 이야기다. 투자한 기업이 꾸준히 또는 적어도 한 단계 성장해 주가가 투자할 때보다 높은 가격에 머물러야 제대로 된 투자인데, 내가 돈을 번 주식들은 급격히 올랐다가 슬금슬금 내려오고 결국에는 기대감이

코끼리 보아뱀

없어지면서 급락해 제자리로 돌아왔다. 실질적인 기업가치의 개선보다는 낮은 주가에 사서 기대감이 부풀었을 때 팔고 나와야 하는 격 낮은 투자인 셈이다. 그래서 스스로 자조 섞인 목소리로 내 투자는 '코보(코끼리 보아뱀)' 투자라고 한다. 에머슨퍼시픽(현 아난티)도 부산 리조트 건설로 몇 배나 급등했지만 리조트 운영 수익이 얼마 되지 않자 다시 하락했다. 친환경 농산물을 큰 트렌드로 보고 화학 성분을 포함하지 않은 유기질 비료를 생산하는 효성오앤비에도 투자했지만 정부의 친환경 농산물 지원 정책이 종료되자 주가는 제자리를 찾아갔다.

아직 완성형 투자가가 아니기 때문에 능력의 범위를 계속 확장해왔다고는 자부한다. 원래는 저평가 주식, 경제적 해자가 있는 주식 위주로만 투자하다가 허니버터칩이 공전의 히트를 하는데도 주가가 반응하지 않는 것이 이상해 크라운제과 재무제표를 들여다보게 된 것이 히트상품형 투자 방식을 장착하게 된 계기다. 유튜브 〈와썹맨〉에 피부미용기기 슈링크가 PPL을 넣은 것을 보고 히트를 예감해 클래시스에 투자하게 됐는데, 공부하다 보니 피부미용기기 회사들은 장비를 팔고 끝내는 것이 아니라 시술할 때마다 쓰이는 소모품 공급을 통해 반복 구매를 유도한다는 점을 알게 됐다. 인기와 유행에 따라 기업의 가치가 들쭉날쭉한 것이 아니라 장비 구매 계약이 체결되는 순간 의사와 한배를 타는 것이고, 의사가 본인의 수입을 위해 열심히 홍보하고 시술하면 미용기기 회사의 소모품 매출은 따라온다. 기기 한 대가 보급되고 퇴역하는 데까지 벌어들일 미래 현금흐름을 계산할 수 있는 가치투자형 업종인 것이다. 그 이후 우리의 시야는 동종 업계인 파마리서치, 원텍, 심지어 이스라엘 기업인 인바식스Invasix로까지 확대됐다.

그러나 이제 불혹의 나이를 바라보고 있다. 언제까지 미완성인 상태로 여러 투자법을 기웃거릴 수는 없다. 남의 떡이 더 커 보인다고, 부자가 된 다른 사람을 보면 또 부러워질 것이다. 늙을 때까지 베타 테스트만 거치다가 내 몸에 맞지 않는 옷임을 50, 60줄에 깨달으면 얼마나 황망하겠는가. 나만의 투자법에 정착해 그 방법을 고도화해야 한다. 이런 관점에서 생각해보니 나는 큰돈을 잃은 적은 거의 없다. 코보 주식들도 처음 샀을 때보다 주가가 더 내려가지는 않기 때문에 주가의 고점에서 추격 매수를 하지 않는 이상 손실을 볼 우려는 작다. 크게 돈을 버는 사람들은 큰 위험을 감수한다. 내 장점은 싸게 사는 데 있었다. 이곳저곳 기웃거리고 새로운 것에 도전하다가 실패하는 것까지 포함해도 연간 수익률 20퍼센트 이상은 기록해왔다. 조금 다듬으면 그보다 더 높은 수익도 가능할 것 같다. 이제는 콤마가 많이 찍힌 숫자로 표현될 뿐인 돈에 욕심이 있지도 않다.

싸게 사는 장점을 더 개발해서 부각해보자. 그때 머리에 들어온 것이 모니시 파브라이의 단도Dhandho 투자 개념이다. 단도를 직역하면 '부를 창출하는 노력'이다. 모니시 파브라이는 이를 성공하면 왕창 벌고, 실패해도 조금밖에 잃지 않는 투자라고 설명한다(더 자세한 내용이 궁금하다면 그의 저서 《투자를 어떻게 할 것인가》(이레미디어, 2018)를 읽어보라. 추천하는 책이다). 나는 이것을 현재는 부수적이거나 외부적인 요소 탓에 소외돼 있지만, 태생적으로 매력적인 비즈니스 모델을 가지고 있어 형편이 나아지면 주식시장의 '원 픽'이 될 수 있는 기업에 투자하는 것으로 재정의하기로 했다. 코보 투자가 주식시장에서 유명하지 않은 기업이 좋은 모멘텀을 만나 주가가 오르기를 기다리는 방법이라면, 내가 현재 추구하는 방법은 원래 좋은 기업이 일시적으로 저평가됐을 때 투자하는 것이다.

서브프라임 모기지 사태가 한창일 때 외국인 전용 카지노를 운영하는 파라다이스가 주가 2,000원대, 시가총액으로는 1,000억 원대로 하락했다. 회사 내에 보유하고 있는 순현금만 해도 시가총액을 넘어서는 수준이었다. 카지노는 정부의 허가를 받아야만 운영할 수 있는 업종이고, 주가가 하락했을 뿐 영업은 여전히 잘되고 있었다. 금융위기가 지나고 나면 반드시 주가가 회복하리라 믿고 투자했다. 당연하게도, 결과는 대성공이었다.

하나만 제대로 찾아도
부자가 되기 충분하다

JYP를 놓쳤다면 SM은 잡아야지

코로나19는 그런 기회를 몇 차례 더 줬다. 그중 두 가지만 소개해보고자 한다. 먼저 에스엠엔터테인먼트다. 이 이야기를 하려면 다른 회사 이야기부터 해야 한다. 몇 년 전 JYP엔터테인먼트 주가가 엄청나게 오른 적이 있다. 걸그룹 트와이스가 가요계를 집어삼켰기 때문이다. 그 모습을 보고 "치얼업 베베"를 외치면서도 수익을 못 내 눈물을 삼키곤 했다.

인터넷 서핑을 하던 중 일본에서 한국의 걸그룹이 인기를 끌고 있다는 글을 봤다. 아직 정식 데뷔도 하기 전인데 멤버 중 일부가 일본인이라 그들의 고향에서는 이미 인지도가 상당하다는 현지 기사들도 첨부돼 있었다. 내가 인터넷 커뮤니티를 꽤 많이 보는 편이고 그중 그다지 인기가 많은 글은 아니었다. 일본과 관련된 글이어서 괜한 친근감이 들어 클릭했던 것이라 아마 여의도 아저씨들 스탠더드와는 거리가 좀 있었을 것이다. 방탄소년단이 그 공식을 송두리째 바꿔놓았지만 그때만 해도 한국 가수 기획사들은 구매력이 높은 일본 시장에서 성공하는 것이 재무제표상 의미 있는 수익을 올릴 수 있는 거의 유일한 길이었다. 소녀시대와 카라 이후 잠잠했던 가요계를 강타할 만한 뉴스였기에 흥분된 마음을 감추지 못했다. 몇 날 며칠을 공부했다.

그런데 그런 기운에 찬물을 끼얹는 일이 벌어졌다. 모 증권사에서 JYP엔터테인먼트에 관해 긍정적인 전망의 보고서를 낸 것이다. 소외된 중·소형주는 증권사에서 보고서를 하나 내는 것만으로도 큰 반향이 일어난다. 아마 상한가 가까이 올랐던 것으로 기억한다. 사실 내가 생각하는 목표주가까지는 아직도 한참 남았지만 그냥 기분이 나빴다. 다른 사람이 먼저 건드린 것에 내가 힘을 실어주기도 싫었고, 그렇게 시류에 편승해서 수익을 내는 것으로 비치는 것은 더더욱 사양하고 싶었다. 바보 같은 일이다. 돈에는 꼬리표가 없을뿐더러 넓디넓은 자본시장에서 나 따위를 그렇게 주목하지도 않을 텐데……. 결국 JYP엔터테인먼트는 그 이후로도 몇 배나 더 올라 그해의 스타 주식이 됐다. 투자 방법론과는 무관한 이상한 승부욕이 또 들었다. 다시는 엔터테인먼트 주식으로 실수하고 싶지 않왔다.

그런 나에게 2020년 설욕의 기회가 찾아왔다. 코로나19로 많은 종목의 주가가 하락했는데 에스엠엔터테인먼트는 특히 더 그랬다. 주가 하락의 요인을 전체 산업에 걸친 문제와 에스엠 개별 문제로 나눠볼 수 있었다. 에스엠뿐만 아니라 모든 엔터테인먼트 업계를 괴롭히는 것은 감염병 유행으로 콘서트를 개최하지 못한다는 점이었다. 사드 미사일 배치 이후 아티스트들이 중국에서 공연이나 방송 출연을 하지 못하게 된 한한령은 해소될 기미가 보이지 않았다. 에스엠 개별적으로는 주력 아티스트인 EXO의 입대 문제와 이수만 대표 프로듀서가 개인 회사 라이크기획을 통해 과도한 수수료를 수령한다는 등의 지배구조 문제도 불거진 상황이었다.

다 이해한다. 하지만 빅히트(현 하이브)의 5분의 1에서 10분의 1 정도의 수준, 여기에 JYP나 YG보다도 작은 시가총액은 너무하지 않은가? 기본적으로 가수를 양성하고 관리하는 엔터테인먼트 업계는 소속 아티스트가 지불 의사를 가진 팬을 얼마나 끌어모으는지가 가치의 척도여야 한다. 그리고 그것은 앨범과 콘서트 티켓 판매량으로 가늠할 수 있다. 조사해본 결과 에스엠은 한국 엔터테인먼트 업계가 전 세계에 발매하는 앨범 판매량의 30퍼센트를 넘게 차지하고 있다. 빅히트는? 20퍼센트 정도다. YG와 JYP는 각각 10퍼센트 정도에 불과하다. 콘서트 모객은 어떨까? 2019년 기준으로 에스엠이 2,670만 명, 빅히트(라고 쓰고 방탄소년단이라 읽는다)는 1,510만 명을 불러 모았다. JYP는 924만 명으로 추정된다. 방탄소

년단과 그들을 길러낸 방시혁 의장은 정말 대단한 일을 했고 한국의 명예를 드높인 훌륭한 사람이다. 하지만 돈은 냉정하다. 꼬리표가 없다. 한 팀이 많은 수익을 올리는 편이 부대비용이 덜 들어간다는 점에서 유리한 점은 있지만, 그 팀의 의존도가 높아 수익의 안정성이 떨어지거나 재계약을 할 때 협상에서 불리하다. 여러 팀을 길러낸 쪽은 아티스트의 성공이 운이라는 오명에서도 자유롭다. 아티스트나 제작 환경을 빼고도 콘텐츠 제작이 어렵다는 연예계에서 영향력이 있을뿐더러 브이라이브 플랫폼과 버블 앱을 성공시킨 에스엠의 DNA를 아는 사람이라면 그렇게 말하기도 어렵겠지만, 하이브가 단순히 음악 레이블이 아니라 팬 커뮤니티 위버스를 위시한 거대 콘텐츠 플랫폼 기업이라고 십분 양보하더라도 시가총액 차이가 너무 컸다. 내가 생각하는 시가총액 순서는 하이브, 에스엠, JYP, YG 순이었다.

외부 환경도 나쁘지 않게 흘러가고 있었다. 코로나19로 오프라인 콘서트 개최가 어려워진 것은 사실이나, 온라인 콘서트라는 대체재가 등장했다. 내가 에스엠을 눈여겨보고 있었던 것은 VR·AR 같은 가상현실 기술을 다음 메가 트렌드로 점찍었기 때문이다. 가상현실 기술이 보편화됐을 때 가장 먼저 수익화에 성공할 분야는 스포츠나 공연 업계라고 생각했다. 손흥민 선수의 경기를 토트넘 홋스퍼 스타디움 1열에서 직접 보는 느낌이 든다면, 누구라도 일반 중계방송보다 돈을 좀 더 지불하지 않겠는가. 프로 구단이나 중계권을 가진 방송사는 더 큰 수익을 창출할 수 있다. 기술이 더 발달해 현장감을 완벽하게 구현할 수 있다면 이론적으로 경기장 수용 인원이 무제한으로 확장된다. 코로나19가 콘서트 업계에서 이런 흐름을 앞당겼다고 보면 된다. 에스엠의 온라인 콘서트 브랜드 '비욘드 라이브'는 세계 최초로 유료 모객을 성황리에 치렀다. K-POP은 세계 각지로 뻗어나가고 있다. 그러나 물리적인 한계로 투어 공연을 개최할 수 있는 일시와 도시는 한정돼 있다. 그에 비해 온라인 콘서트는 거리와 시차의 한계를 뛰어넘는다. 아직 소득 수준이 낮아 평균 30만 원에 달하는 콘서트 티켓을 구매하기 어려웠던 동남아시아 지역의 팬들도 10분의 1 가격에 '최애(가장 사랑하는 대상)'를 만날 수 있다.

여기에 앨범 판매와 음원 스트리밍 재생도 역대급 실적을 보여주고 있었다. (나는 아직도 이해되지 않지만) '사서 응원하자'라는 문화가 생겨 좋아하는 아티스트의 앨범을 한두 장이 아니라 열 장, 스무 장씩 구매하고 있었다. 어차피 콘서트를 가지 못하니 그 돈을 '우리 오빠'에게 줄 다른 방법을 찾은 것이다. 유튜브 뮤직이나 스포티파이Spotify 같은 대형 음원 스트리밍 플랫폼의 등장도 엔터 업계에 긍정적 영향을 주고 있었다. 곡당 판매 가격을 계산하면 앨범보다 훨씬 작지만, 음악 시장 자체가 스트리밍 위주로 재편돼 표적 시장의 규모가 어마어마한 데다 파일 형태이기 때문에 제작 비용이 제로에 수렴해 이익률이 90퍼센트에 달했다. 앨범의 2배 수준이다. 결론적으로 코로나19로 엔터테인먼트 업체들은 피해를 본 것이 아니라 과거보다 더 많은 돈을 벌고 있었다. 주가만 내려간 것이다.

에스엠엔터테인먼트 개별적인 리스크도 하나하나 제거됐다. 가장 큰 비중을 차지하는 아티스트 EXO가 멤버별로 속속 입대를 해야 하는 것은 사실이었다. 그러나 에스엠에는 EXO 이전에도 동방신기, 슈퍼주니어, 샤이니와 같은 선배 남자 아이돌이 있었다. 과거 실적을 연구해보니 항상 같은 우려가 있었으나 실제로 속 빈 강정 같은 모습을 보인 적은 없었다. 입대 전후 집중적으로 활동하고, 멤버 간 입대 시기를 조율해 삼삼오오 별개의 '유닛' 활동을 해 타격을 최소화한 것이다. 여기에 지금의 NCT나 에스파 같은 신성들이 화수분처럼 생겨나 그들의 빈자리를 채워나갔다.

지배구조 문제도 상반된 시각에서 바라볼 여지가 있다. 수많은 관계회사를 만들어 투자자들이 분석하기 어렵게 하고, 매년 개인 회사로 천문학적인 금액을 송금하는 것은 기업가치를 훼손하는 일이다. 하지만 그 때문에 투자 기회가 생긴다고 볼 수도 있다. KB자산운용이 주주제안을 보내고, 얼라이언스파트너스자산운용이 주주총회에서 표 대결을 펼쳐 감사를 선임하는 등 이미 세간의 이목이 집중돼 있다. 어지간한 대도大盜가 아니고서야 앞으로 눈에 띄는 일을 하기는 어렵다. 그대로 가면 현상 유지요, 투자자들이 원하는 지배구조로 조금씩이나마 움직인다면 기업가치는 극적으로 개선될 수 있다. 또 아티스트들이 일흔이 넘은 창업자를 '선생님' 하며 살갑게 대하는 것은 비단 회사의 최대 주주이기 때문만은 아닐 것이다. 실질적, 정신적으로 그들이 어려운 연예계 생활을 잘 헤쳐나갈 수 있도록 이끌어줬기 때문에 나오는 자연스러운 행동이라고 볼 수도 있지 않을까? 만일 이것이 사실이라면, 근래의 주주운동을 통해 산업의 어른으로서 공개 기업에 빨대를 꽂는 것이 아니라는 점을 자본시장 전문가들의 조력을 얻어 제대로 입증하는 계기가 됐으면 하는 바람이다.

투자한 이래 에스엠엔터테인먼트 주가는 4배 가까이 올랐다. 우리도 3배 수익을 냈다. 물론 나도 CJ그룹이나 카카오의 인수전을 예상하지는 못했다. 하지만 저력 있는 기업을 싸게 사두면 그 이유까지는 알 수 없어도 언젠가 제값을 받을 날이 온다는 것을 한 번 더 증명했다.

기회는 반드시 온다

임플란트 기업 덴티움도 그랬다. 임플란트 시술을 하는 치과의사는 웬만해서는 손에 익은 제품에서 벗어나려고 하지 않는다. 그래서 한 국가에서 먼저 구축된 시장 점유율은 쉽게 바뀌지 않는다. 임플란트 시술은 국가마다 소득 수준이 다르기 때문에 보급되는 시기가 각기 다르다. 한국 임플란트 기업들이 이 간극을 잘 파고들었다. 어느 분야를 보나 세계 최대 시장을 자랑하는 중국에 아주 일찍 진출한 것이다. 일부 부유층만 종합병원에서 하던 시술이 동네의원급으로 확산되는 시점에 시장 점유율을 획득하니 시장 성장의 과실을 온전히 얻을 수 있게 된 것이다. 덴티움과 오스템임플란트의 중국 시장 점유율은 50퍼센트가 넘는다. 세계 시장에서는 10퍼센트 남짓인 것과 비교하면 괄목할 만한 성과다.

그러나 덴티움은 공격적인 생산능력 확장과 영업 방식 탓에 영업이익률이 하락하면서 주가도 하락 일로를 걸었다. 여기에 코로나19가 겹치면서 매수 기회를 줬다. 감염병 위기가 닥치자 사람들은 상대적으로 필수성이 떨어지는 임플란트 시술을 미뤘다. 그러나 평생 이가 빠진 채로 살 수는 없다. 경제가 재개되기 시작하니 이연됐던 수요가 폭발적으로 되살아났다. 항공이나 여행과 같은 주식들이 한 차례 오른 뒤 찾은 숨은 리오프닝reopening(경제활동 재개) 수혜주였다. 덴티움에 문의해보니 공장과 인력의 투자는 일단락됐고, 당분간 가동률이 상승하면서 이익률이 개선될 것이라고 했다. 또 아이러니하게도 국경이 봉쇄되면서 해외 직접 영업이 불가능해지고 온라인 지원으로 대체되면서 영업비용이 줄어들어 수익성이 전에 없이 좋아졌다. 회사는 '직접 얼굴을 맞대야만 영업이 되는 것은 아니구나'라는 것을 학습했다.

임플란트 기업들은 어느새 여의도 페이버릿favorite이 돼 있었고, 주식 좀 한다는 사람치고 오스템임플란트나 덴티움에 투자하지 않는 사람이 없었다. 에스엠이 얼마 전까지 그랬던 것처럼. 우연히 이후 오스템임플란트에서 대규모 횡령 사건이 있었는데 이것을 알고 덴티움을 선택했느냐는 질문도 몇 번 들었다. 전혀 알지 못했다. 덴티움이 상장 당시 매출채권이나 재고자산을 처리하는 문제로 홍역을 앓았던 적이 있어 면밀히 들여다보기는 했지만, 회사가 마음먹고 분식회계를 하거나 횡령을 하면 당해낼 재간이 없다. 그냥 오스템임플란트는 해외 법인이 너무 많고 그들과의 내부 거래가 많아 분석하기가 어려웠을 따름이다. 그런 요소가 상대적 저평가 이유라고도 생각한 적이 있고, 오스템임플란트의 주가 상승이 더 컸을 때는 '또 잘못 골랐나?' 하는 생각도 했다. 오스템임플란트 횡령 범죄에 관한 확실한 수사와 단죄 그리고 소액 투자자들의 피해 복구를 기원한다.

2021년에는 다시 사내 수익 기여도 1위로 복귀했다. 책을 내고, 외부 활동이 더 많았음에도 목표를 달성했기 때문에 2020년의 내 생각이 변명에 지나지 않았음을 알게 됨과 동시에 '내 실력 아직 죽지 않았어!'라는 뿌듯함도 느꼈다. 내가 17년 동안 걸어온 길은 틀리지 않았다. 이리저리 흔들리며 왔지만 그 뿌리는 깊게 박혀 있었던 것 같다. 나만의 투자법에 내재한 단점은 그 기회가 드물다는 데 있다. 하지만 조급하지 않으면 기회는 찾아온다. 〈타짜〉의 고니가 다시 말한다.

"확실하지 않으면 승부를 걸지 마라. 이런 것 안 배웠어?"

어설프게 자금을 투입하다 보면 손실이 조금씩 누적되고, 정작 필요한 곳에 투자할 수 없다. 한 종목으로 2~3배 벌 수 있다는 자신감이 있다면 몇 년에 하나만 잘 찾아도 부자가 될 수 있다. 이제 하루가 다르게 성장하는 후배들을 마음껏 응원해주고 싶다.

다시 출발선에 서다

이제 처음 사업을 시작할 때 목표는 다 이뤘다. 고객 자산이 1,000억 원을 넘겼고 회사는 충분한 자본을 모아 직원 월급이나 금융투자업 최저 자기자본 기준을 걱정할 일도 없다. 개인적으로 집도, 차도 있고 결혼도 했다. 가고 싶을 때 여행 가고 먹고 싶은 음식 먹을 정도의 소소한 경제적 자유도 이뤘다. 그럼 다음은 무엇일까? 그냥 이대로 흘러가듯 살아가는 것은 내 취향이 아니다.

내 은퇴 시기는 언제인지, 지금의 꿈은 무엇인지, 앞으로 10년 후에는 어떤 삶을 살고 있을지 묻는다면 몇 가지 갈래로 나눠 대답해야 할 것 같다. 가장 먼저 우리 회사다. 더퍼블릭자산운용은 운용 규모 3,000억 원에 공모자산운용사라는 새로운 비전을 설정했다. 나와 정호성 대표는 목표를 이뤘으니 현상 유지만 해도 괜찮겠다는 생각을 할 수도 있다. 그러나 직원들의 생각은 달랐다. 회사의 비전과 진로가 일치할 때 자아 성취를 할 수 있는데, 각기 입사 시기가 다르기 때문에 자신들이 목표하는 회사의 크기와 모습도 다른 것이다.

사업을 하면서 많은 이상향을 포기하고 세상의 기준에 맞춰왔지만 아직 포기하지 못한 것은 사람이다. 중소기업을 운영하는 분들은 "다 각자의 깜냥이 있다", "모든 사람을 데려가려 하지 마라", "어차피 또 나갈 사람들이니 적당히 역할에 꿰맞춰라" 등의 말을 한다. 사람마다 적성과 역할이 다른 것까지는 이해한다. 하지만 좋은 사람들과 즐겁게 일하는 것이 그렇게 어려운 일이었던가? 우리 친구들은 벌써 1,000억 원이 아니라 3,000억 원을 바라보고 있다. 3,000억 원은 업계에서 성공한 독립계 자산운용사를 가르는 하나의 기준으로 쓰인다. 경험상으로도 여러 방면으로 사업을 벌이지 않고 하나의 투자 상품으로 그 이상 규모를 키운 금융투자업자는 별로 보지 못했다.

투자가로서 필립 피셔를 존경한다면, 투자회사 경영자로서 닮고 싶은 롤 모델은 에셋플러스자산운용 강방천 회장과 사와카미투자신탁운용의 사와카미 아쓰토澤上篤人 회장이다. 강방천 회장이 미래의 조류를 읽고 그곳에서 강한 경쟁력을 가진 회사에 장기 투자한다면, 사와카미 회장은 경기 순환 주기에 따라 불황기에 있는 업종을 고르는 농경식 투자를 하기 때문에 투자 방식은 완연히 다르다. 그러나 두 분 다 나에게 귀감이 된다. 금융투자업자로서 공통점은 자신의 투자 철학을 집대성한 펀드를 내고, 고객들에게 직접 판매했다는 점이다.

더퍼블릭자산운용도 맵플러스라는 비대면 랩 어카운트 서비스를 통해 최소 가입 금액을 100만 원까지 낮췄지만, 이 또한 일반 투자자에게는 뭉칫돈일 수 있다. 내 계좌를 일임하고 더퍼블릭은 그 계좌의 운용자에게 투자자문을 한다는 랩 어카운트 개념도 생소할 것이다. "그냥 펀드 같은 거 없어요?"에 응답하고 싶다.

자본총계 20억 원을 추가로 갖추거나 전문사모집합투자업을 영위한 지 3년이 지나면 공모펀드를 운용할 수 있는 집합투자업 자격을 얻을 수 있다. 우리는 이미 진입장벽을 넘었다. 공모펀드는 당신이 아는 그것이다. 1,000원부터 가입할 수 있고, 원하면 언제든지 넣었다 뺐다 할 수 있는 말 그대로의 '펀드'다. 신용 불량자만 아니라면, 더퍼블릭자산운용의 투자 철학에 공감하는 사람 누구나 아무 진입장벽 없이 함께 자산을 증식할 수 있는 수단이다.

공모펀드의 장점이 하나 더 있다. 한국의 급여소득자라면 대부분 경험해봤을 퇴직연금 상품을 만들 수 있다는 것이다. 퇴직연금은 상품의 특성상 가입 기간이 초장기이고 고객의 이탈이 적으므로 많은 운용사가 군침을 흘리는 분야다. 투자 스타일상 장기 투자를 선호하는 우리 회사와는 더 찰떡이다. 그리고 나를 포함한 우리 회사 임직원들도 매월 퇴직연금에 불입하고 있는데 투자 전문가로서 다른 회사 펀드에 가입하는 것이 썩 내키지 않는다. 상징적인 의

미도 가지는 것이다.

펀드를 직접 판매한다는 것은 투자 철학을 고객에게 이식할 수 있다는 점에서 매우 큰 장점이다. 우리 회사의 다이렉트 고객이 되려면 거의 한 시간 이상 우리 회사 임직원과 상담을 해야 한다. 마케팅팀과 운용본부 인원들이 돌아가면서 상담을 맡는다. 긴 시간을 들여 우리 회사 투자 철학을 설명하고 고객의 자금 사정이나 투자 성향이 적합한지 이야기를 나눈다. 여기에는 나도 예외가 아니다. 간혹 콕 집어 나를 찾거나 내가 순번이 아닌 날인데 인사만이라도 할 수 있게 해달라는 분들도 있다. '부캐' 연반인으로서 너무 황송한 일이지만, 이 자리를 빌려 확실히 말할 수 있는 것은 우리 임직원은 긴 훈련을 거쳐 고객을 대면할 능력이 충분하기 때문에 앞에 내보내는 것이다.

그런데 '누구나' 가입할 수 있는 공모펀드를 출시하면 이 업무가 급격히 늘어나 본업을 해칠 수 있다. 충분한 설명과 소통, 운용자산의 건강한 수익률이 양립하기 위해서는 판매액 성장을 어느 정도 포기해야 할 수도 있다. '우리는 운용사니까 고객서비스는 판매사에 맡겨야지' 하는 생각으로 조금만 눈감으면 큰돈을 쉽게 벌 수 있는데 이 유혹을 뿌리치기는 어렵다. 그래서 에셋플러스자산운용과 사와카미투자신탁운용이 대단한 것이다.

나와 정호성 대표는 돈보다는 명예와 자존심이 중요한 사람이다. 공모펀드를 출시하려는 이유도 창업 때부터 놓지 않은 '대중'이라는 큰 명분 때문이다. 그렇기에 가능하다고 믿는다. 금융 시스템이 선진화되고 IT 인프라가 발달했기 때문에 강방천 회장이 끌어온 그때보다는 수월하리라고도 기대한다. 계좌 개설이나 금융상품 가입이 비대면으로도 가능하기 때문에 판매창구가 반드시 필요하지도 않다. 챗봇 기능을 잘 만들어두면 콜센터 인원도 많을 필요가 없을 것이다. 유튜브와 같은 소통 플랫폼을 이용하면 꼭 1:1이 아니더라도 우리의 투자 철학을 공유할 다양한 방법을 찾을 수 있다.

이때쯤이면 회사 본점을 한두 번쯤 옮겨야 할 것이다. 상근 직원이 여덟 명일 때 지금 사무실로 이사 오면서 자리를 열두 개로 늘렸다. 그리고 2년이 좀 지났는데 벌써 한 자리만 빼고 가득 찼다. 인턴십을 하는 친구들이 있다가 없다가 하는 것까지 고려하면 슬슬 이사를 준비해야 할 시점이다. 왜 여의도로 안 들어오냐는 질문도 많이 받는다. 그런데 사실 지금도 별로 불편함을 느끼지 않기에 왜 꼭 여의도로 가야 하는지 모르겠다고 반문한다. 심지어 여의도는 임차료가 10배 가까이 비싸다. 정말 10배다. IFC와 같은 으리으리한 랜드마크 격 건물은 20배까지도 받는다. 약간 있어 보이는 느낌은 가질 수 있겠지만 그 느낌만으로 억대의 비용을 감수하고 싶지는 않다. 직원 한 명당 성과급이 1,000만 원씩은 더 돌아갈 금액이다. 농담 삼아 "IFC에 있는 5성급 콘래드 호텔 한 층을 다 빌려 사무실로 개조할 정도의 돈을 벌면 가겠다"라는 말은 한다.

다음다음 정도 사무실로는 사옥 건축을 생각하고 있다. 우리 회사 임직원들과 고객들만을 위한 공간. 북적북적한 도심일 필요도 없다(뻥 뚫린 자유로에 널찍하게 근사한 건물들이 자리 잡아 마치 외국의 한

마을에 온 듯한 파주는 어떨까. 난 파주 마니아다. 하지만 이 안은 동료들에게 단칼에 거절당했다). 너른 주차장이 있고, 그 앞에 초록 잔디가 깔린 마당이 있으면 좋겠다. 누워서 맥주 한잔과 함께 책을 읽을 수 있는 선베드도 몇 개 둔다. 1층은 층고가 높은 리셉션 공간으로 쓰고, 업무 공간은 2층이나 3층으로 한다. 기본적으로는 카페나 공유오피스, 구글 캠퍼스 같은 자유로운 분위기로 만들어서 재기발랄한 아이디어를 공유하고 한편에는 집중하고 싶은 사람들을 위한 조용한 공간을 마련한다. 다른 층에는 마사지숍이나 필라테스실 같은 복지시설도 갖추고 싶다. 대략 조사해보니 입지에 따라 다르지만 토지대금 몇십억 원에 건축비는 몇억 원 정도면 된다고 한다. 대출을 일으키면 큰돈은 필요 없고, 그에 따르는 이자 비용은 현재 지불하는 임차료에서 일부 상계되니 부담이 덜하다. 이런 독특한 사옥은 전경에서부터 우리의 기업 문화를 뿜어낼 것이다.

한국의 빌리언스를 꿈꾸며

투자가로서는 내가 즐겨 보는 미국 드라마 〈빌리언스〉의 주인공처럼 되고 싶다. 시즌이 거듭될수록 재미가 없어져 안타깝지만 시즌 2까지는 강력히 추천할 수 있다. 제목 그대로 수십억 달러, 우리 돈으로는 조 단위 이상의 자산을 가진 부자들의 이야기인데 주인공 액스Axe의 직업은 헤지펀드 창업자이자 펀드매니저다. 내가 이 드라마를 재미있게 본 이유는 작가들이 업계의 에피소드들을 잘

고증한 덕이다. 대형 할인점의 매출액을 추정하기 위해 인공위성에서 찍은 주차장 사진을 이용하고(한국에도 이 서비스를 제공하는 회사가 있다!), 스마트폰에 쓰이는 희토류의 사용량을 파악하기 위해 가차 없이 스마트폰을 부순다. 과장된 면이 없지 않지만 내가 하는 일을 이렇게 가깝게 조망한 콘텐츠가 별로 없다. 더퍼블릭자산운용 신입 운용역들은 입사 전 필수적으로 감상해야 한다.

배경은 미국이다. 나는 자본주의의 본고장 미국에서 투자하고 싶다. 평생 외국에서 살아보지 못한 아쉬움 때문일 수도 있지만, 글로벌 투자를 하면서 다양한 경험이 필수적이라는 사실을 절절히 깨닫고 있다. 어떤 기업을 발견했을 때 분석을 하거나 투자 이후에 다른 시장 참여자보다 높은 수익을 올리는 것은 이제 가능하다고 확신한다. 문제는 투자 아이디어를 발견하는 빈도다. 한국 사람이니까 지금 포켓몬빵이 유행한다는 사실을 알고, 판교를 중심으로 소프트웨어 개발자 몸값이 치솟는 것을 체감한다. 그런데 지금 전 세계인들이 코로나19가 종식되고 마스크를 벗게 되면 어떤 미용시술을 할지는 잘 모르겠다. 한국 아이돌과 드라마가 유행이라고 하는데 어느 정도인지 피부에 와닿지는 않는다.

어차피 모든 아이디어가 투자로 연결되는 것은 아니다. 실생활에서 발견한 사실이 나만의 생각일 수도 있고, 비상장기업이라 투자할 방법이 묘연할 수도 있다. 좋은 기업이지만 이미 많은 투자자가 아는 종목이라 비싸게 거래돼도 좋은 투자 대상이 아니다. 따라서 발견하는 빈도를 높이는 것이 중요한데 여행이나 지인의 이야기, 대중 매체를 통한 간접 경험으로는 한계가 있다. 어차피 우리 회사 운용역 수는 한정돼 있고 각자의 몸은 하나다. 여러 국가를 자주 돌아다니는 것은 타율이 낮다. 한 달 살기의 경험상 최소 두세 달은 돼야 현지인과 같은 삶이 시작되고, 그 이후 몇 개월이나 더 지나야 현지 친구들을 사귈 수 있다. 어쩔 수 없이 한두 국가를 정해서 오래 머무르는 수밖에 없다. 그렇다면 미국이다. 전 세계에서 가장 큰 소비 시장을 가졌고 많은 문화가 생성되고 어우러지는 곳이기 때문이다.

몇 년 지연됐으나 미국 법인도 준비하고 있다. 비자와 세금 문제가 민감해서 현지법인일지, 연락사무소일지 등 다양한 안을 검토하기 위해 법무법인과도 미팅을 했다. 주별로 법이 달라 지역을 정하는 것이 급선무라고 하기에 따뜻한 캘리포니아주로 정했다. 우리 회사에서 나를 비롯해 한 명 정도가 더 나가고 한국어와 영어를 모두 구사하는 직원도 채용할 계획이다. 어차피 미국의 법률상 미국 국적의 인력을 절반은 채용해야 하니 잘된 일이다. 공부하기 좋아하는 배우자는 MBA에 다닐 수 있도록 따로 준비 중이다.

사실 코로나19 사태가 없었다면 지금쯤 미국 법인장이 돼 있었을 것이다. 이것 말고도 지연된 이유가 하나 더 있다. 어릴 때 우리의 요구로 해외 체류를 하고, 돌아온 후에는 해외운용팀을 이끌던 L 팀장이 미국행을 고사했기 때문이다.

어느 날 그가 우리 집 주변에서 소주 한잔을 하자고 청했다. 분위기를 잡더니 말을 꺼냈다.

"형, 저 미국 안 가면 안 될까요?"

"왜? 이유가 있어?"

"한국에서 결혼하고 싶어요."

지금 만나는 여자친구와 결혼하고 싶다는데 어떤 상사가 이를 말릴 수 있을까? 수긍했다. 미국을 꼭 이 친구와 가야 하는 것은 아니니까. 때마침(?) 코로나가 찾아오면서 자연스럽게 한국 사업을 좀 더 키우는 쪽을 우선하게 됐다. 지금은 운용본부 직원들에게 해외 원격 근무를 명한 상황이다. 하반기 중에 스스로 원하는 지역을 찾아 다들 해외로 떠날 예정이다. 물론 이번에는 왕복 교통비와 체재비를 회사에서 댄다. 해외에 법인을 세우고 수익화를 하는 것은 내 몫이지만 어떤 친구가 해외 근무에 적합한지 그리고 해외 근무에서 예상치 못한 돌발 변수는 무엇이 있는지 기초적인 것부터 검증하는 것이 직원들의 임무다. 일테면 혼자 외국에 있기에 외로울 수도 있지 않겠는가. 주재원으로 낙점돼서 출국한 후에 이런 문제가 발생하면 안 되기 때문이다.

개인적 꿈인 엔젤 투자를 위해서도 미국이 제격이다. 가장 많은 회사가 태어나고, 가장 커지는 회사들도 그곳에서 나온다. 기왕 젊은이들에게 투자하기로 했다면 더 큰 꿈을 바라보는 이들에게 하고 싶고, 그래야 나도 다양한 시야를 틔울 수 있을 것이다. 그만큼 돈도 많이 몰릴 것이라 쉬운 게임만은 아니겠지만 말이다. 어려운 것에 도전하고 해결해냈을 때 그 기쁨을 이제는 너무나 잘 안다.

그리고 내가 너무 좋아하는 K 선배가 그랬듯 나이나 연차와 관계없이 계속해서 투자가 가장 즐거운 어른이 되고 싶다. K 선배를 처음 만난 것은 키움증권을 다닐 때쯤이었으니 벌써 10년이 다 됐다. 그래도 삼촌뻘인 85학번이니 그때의 K 선배가 지금의 나보다도 나이가 훨씬 많았다. 처음 나를 만났을 때 보령제약이라는 주식을 설명했는데 그때의 들뜬 목소리와 눈빛을 아직도 잊지 못한다. 원래는 그 시절의 선배들이 누구나 그랬듯 조선업과 같은 전통적인 회사들로 부를 일궜는데, 이제는 새로운 시대라며 의사인 친구들을 수소문해 신약의 효과를 검증하고 있다고 했다. 짐작하겠지만, 지금도 여전히 주식 앞에서는 어린아이 같은 분이다.

이미 우리 회사 차원에서는 비상장 투자를 몇 년째 해오고 있는데 아직 많이 부족하다. 비상장치고는 정보가 많이 공개된 코넥스나 K-OTC 상장주식, 곧 거래소 상장을 앞둔 공모주들에 투자했다. 지금은 벤처캐피탈을 통해 몇 군데 스타트업에 투자해 벤처시장의 생리를 이해하는 한편 아주 초기 단계의 기업들은 직접 미팅을 요청해 투자를 검토하기도 한다.

빌리언스의 주인공처럼 투자하고 싶다는 것은 비상장 투자와도 관련이 있다. 액스가 운영하는 헤지펀드는 정말 아무거나 투자할 수 있는 펀드라 마음에 들거나 돈이 된다 싶으면 무엇이든 사버린다. 자신의 소울푸드인 피자 가게를 인수한 다음 프랜차이즈로 만들거나 원자재 가격이 오를 것 같으면 아예 그 원자재를 매점매석하기도 하고, 재개발 예정지를 입도선매해 큰 차익을 남기기도 한다. 어떻게 보면 테슬라 창업자 일론 머스크가 전기차 배터리에 쓰이는 니켈 가격 상승을 대비해 아예 니켈 광산을 사둔 것과 비슷한 기법이다.

상장주식 투자자로서 어떤 일이 벌어지면 그와 관련된 수혜주를 찾는 것이 한편으로는 재밌는 일이지만, 가끔은 자괴감이 들 때도 있다. 코로나19 이후 리오프닝이 되면 항공권 티켓 가격이 오를 것으로 예상되는데 이때 항공주를 사는 것이 아니라 여행사를 인수하거나 항공사와 협상해서 항공권 좌석을 통째로 사는 것이 더 직접적인 투자가 된다. 미래에 TV보다는 유튜브가 시청자의 눈을 사로잡아 콘텐츠 시장의 주류로 부상할 것 같다면 그냥 100만 유튜브 채널들을 인수하는 것이다. 그편이 인플루언서들이 콘텐츠를 생산할 수 있도록 지원하고 광고수입의 일부를 나눠 수익으로 인식하는 MCN 기업에 간접적으로 투자하는 것보다 더 나을 수 있다.

한국의 제도상 펀드 안에 다양한 종류의 자산을 담는 것은 다소 어려움이 있다. 고객들도 새로운 투자법에 더퍼블릭자산운용이 여전히 강점을 가지고 있을지 의구심을 제기할 수 있다. 그러나 우리는 계속해서 능력의 범위를 확장해나갈 것이다. 정 대표와는 경영참여형 사모펀드 설립이나 저축은행 인수 등을 위해 우리가 시도할 수 있는 현실적인 안들을 검토 중이다. 더퍼블릭투자홀딩스가 빛을 볼 시간이다.

내가 미국으로 떠나고 현재 우리 회사가 주력 사업 분야로 삼고 있는 상장주식 외 다른 분야로 확장하기 위해서는 후배 양성과 시스템 구축이 선행되어야 한다. 나 한 명 없다고 해서 회사가 제대로 굴러가지 않는다면 주주들과 고객들에게 면목이 없다. 나 또한 본업이 잘돼야 새로운 시도를 할 만한 심적, 금전적 안정감을 가질 수 있다.

훌륭한 투자가는 떡잎부터 알아볼 수 있지만 그 숫자가 워낙 적다. 운 좋게 잘 찾아낸 후배들은 계속해서 가까이서 지켜보고 관리해서 우리의 투자 스타일 내에 머물도록 해야 한다. 그러다가 실력이 여물면 그들이 마음껏 뛰놀 수 있는 환경을 조성해 모셔 와야 한다. 그래서 인턴십과 싱크탱크think tank 제도를 운영 중이다. 인턴십의 대상은 주식을 좋아하는 사람으로 한정하되 별다른 커트라인을 두지 않는다. 적성만 맞는다면 누구나 할 수 있는 것이 주식투자이고 최대한 많은 인물을 만나야 인재 풀이 넓어지기 때문이다. 그렇게 쉽게 들어온 인턴십이라도 수료는 쉽지 않다. 엄격한 평가를 거쳐 수료한 친구들은 싱크탱크라는 이름으로 매월 얼굴을 보며 여의도의 부정적인 문화에 빠지지 않도록 관리한다.

경영지원 부문의 시스템도 중요하다. 사람 한두 명이 바뀌거나 빠진다고 해서 회사의 근간이 흔들려서는 안 된다. 계속해서 더 크고 복잡한 사업을 할 수 있도록 많은 일을 IT 투자를 통해 자동화·루틴화해야 한다. 그럼으로써 지금의 인력은 자아를 실현할 수 있는 더 고차원적인 일을 하거나 같은 일을 하더라도 더 편하게 할 수 있어야 한다. 오래 같이 일하기 위해서 말이다.

이런 밑그림이 다 그려지고 나면 나는 또 새로운 도전을 위해 떠날 것이다.

더 솔직해지고 싶은 마음

인플루언서로서의 목표는 무엇이냐고 물을 사람도 있을지 몰라 마지막으로 몇 자 적어본다. 만약 내 재미를 위해서가 아니라 사회에 좋은 영향력을 줄 목적으로 방송 활동을 할 수 있다면 나만이 할 수 있는 이야기를 하고 싶다. 방송을 통해 회사를 더 알릴 필요도 없어 아무런 이해관계가 없어진다면 정말 솔직하게, 지금보다 더 솔직하게 투자와 금융투자 업계에 관해 털어놓고 싶다. 지금은 미디어에 노출되는 것이 회사에 도움이 되는 면이 있고, 직접 운용을 하고 있다 보니 실정법에 위배될 수 있는 부분도 있어 매사가 조심스럽다. 또 업계의 부조리한 모습도 가끔 발견하지만 아직은 일반 투자자들의 이익보다는 동종 업계 종사자로서 동업자 정신이 앞서는 때도 있다. 한국의 투자 문화가 대중매체의 영향으로 빠르게 바뀌었고 그만큼 큰 영향력을 행사한다는 점에서 감사하지만, 우려하는 부분을 언젠가는 짚고 싶다.

미안하지만 이 책은 훌륭한 주식투자서도, 위대한 인물의 자서전도 아니다. 굳이 설명하자면 어쩌다 실제로 가진 것보다 더 부풀려 알려진 평범한 사람에 관한 TMI 정도 되겠다. 그런데도 이 책을 선택해준 독자에게 감사드린다. 하지만 성공과 실패를 막론하고 가능한 한 솔직한 이야기를 담아 이 또한 내 전작들처럼 세상에 없던 책이 되게끔 노력했다.

부끄러운 저작물을 세상에 내놓게 해준 분들께 지면을 빌려 인사를 전한다. 먼저 위즈덤하우스 임경은 대리님께 감사드린다. 이 책은 내 가치관을 이해하고 나와 출판사 모두를 설득한 그녀 덕분에 출간됐다. 까다로운 저자와 일하느라 힘들었을 기간에 심심한

위로를 전한다.

이 책의 제목《에이블able》은 무엇이든 할 수 있다는 자세로 살아온 내 인생을 담고 있다. 가진 것 하나 없이 시작했지만 '에이블' 정신으로 운용자산 1,200억 원, 수익률 963퍼센트를 달성했다. 책을 관통하는 메시지를 하나 적으라고 한다면 '성공할 때까지 포기하지 않는다면 실패하지 않는다'이다. 각자 원하는 바를 이루는 데 이책이 미약하게나마 도움이 된다면 더 바랄 것이 없겠다.

소중한 팬들 '에이블리able+lovely'도 큰 역할을 했다. 하와이에서 머물 때 개인 방송에서 전한 에피소드들에 "재미있다", "기대된다"라고 30일간 변함없이 말해준 응원의 댓글들이 출간에 확신을 심어주었다. 앞으로도 '에이블'이 제2의 '시크릿', '미라클 모닝' 열풍으로 이어질 수 있도록 열성적인 전도사 역할을 해주리라 믿는다.

어떤 상황에서도 나를 지지해주는 아내와 부모님을 포함한 가족 모두에게 사랑을 보낸다. 지금의 나를 만든 것은 온전히 부모님의 가르침이며 아내는 어려운 시기를 함께 보냈다. 내게 부와 명예가 있다면 모두 그들 몫이다.

마지막으로 정호성 대표를 비롯해 이 책에서 나와 함께해준 모든 분에게 감사드린다. 즐거웠던 기억도, 아팠던 기억도 모두 나를 단단하게 성장시키는 밑거름이 됐다. 나도 그들에게 조금이나마 도움이 되는 존재로 기억되기를 바란다.